新しい階級社会と労働者像

日本労働社会学会年報

第⑬号

2002

日本労働社会学会
The Japanese Association of Labor Sociology

2002 ─────────── 目　　次 ─────────── 日本労働社会学会年報13

特集1　新しい階級社会と労働者像 ──────────── 1

1　階級論の復位 ……………………………………渡辺　雅男… 3
2　今日における失業者の実態と「公的部門における
　　直接的雇用創出策」の意義 ……………………白井　邦彦… 25
　　──「基金事業」制度を題材として──
3　日本における看護・介護職者の就業構造と
　　労働の変化 ………………………………………林　　千冬… 59

特集2　フィールド調査"職人芸"の伝承（第3部） ──── 83

1　鉄鋼調査「あれこれ」……………………………木村　保茂… 85
2　フィールドワークとしての生活史 ……………大山　信義… 99
　　──ナラティヴ・アプローチの伝承と革新──
3　社会調査における調査目的と人間理解の問題 ………藤井　史朗…107

投稿論文 ──────────────────────── 115

1　日本における労働市場の特性：賃金構造と
　　技能形成 …………………………………………飯田　祐史…117
　　──製造業と金融保険業の賃金プロファイル比較を通して──
2　高年齢ホワイトカラーの能力とキャリア ……高木　朋代…137
　　──雇用継続者選別の論理と条件──
3　専門学校と職業教育 ……………………………浅川　和幸…167
　　──北海道情報系専門学校を事例に──

書　評 ───────────────────────── 199

1　山下　充著『工作機械産業の職場史 1889－1945
　　──「職人わざ」に挑んだ技術者たち──』……柴田　弘捷…200

日本労働社会学会会則(207)　編集委員会規定(210)　編集規定(211)
年報投稿規定(211)　役員名簿(212)　編集後記(213)

ANNUAL REVIEW OF LABOR SOCIOLOGY

November 2002, No.13

Contents

Special Issue 1   New Class Society and Workers

1. Reappraisal of the Class Approach .... Masao Watanabe
2. The Actual Conditions of the Present Unemployed and the Significance of "Direct Job Creation in the Public Sector" .... Kunihiko Shirai
3. Employment and Work Changes in Nurses and New Care Workers in Japan .... Chifuyu Hayashi

Special Issue 2   Succession of Field Research "Craftsmanship" (Part 3)

1. The Research on the Rationalization of the Steel Industry .... Yasushige Kimura
2. Life History as Field Works: A Narrative Turn to Social Realities .... Nobuyoshi Oyama
3. My Investigation Purpose in a Social Reseach, and a Problem of Human Understanding .... Shiro Fujii

Articles

1. The Characteristics of the Labor Market in Japan: Earnings Profile and Skill ——Earnings Profile Comparison between the Manufacturing Industries and the Financial Insurance Business in Japan—— .... Hiroshi Iida
2. The Employability and Career of Elder White-Collars ——The Conditons of Selection on the Continued Employment after Retirement—— .... Tomoyo Takagi
3. Special Training School and Vocational Education ——With Special Reference to Special Training School in Hokkaido in the Field of IT—— .... Kazuyuki Asakawa

Book Reviews

1. Mitsuru Yamashita, *Engineers and Workers in the Machine Tool Industry of Japan 1889-1945* .... Hirotoshi Shibata

The Japanese Association of Labor Sociology

特集1 新しい階級社会と労働者像

1 階級論の復位 　　　　　　　　　　　　　　渡辺　雅男

2 今日における失業者の実態と「公共部門
　 における直接的雇用創出策」の意義 　　　　白井　邦彦
　 ――「基金事業」制度を題材として――

3 日本における看護・介護職者の
　 就業構造と労働の変化 　　　　　　　　　　林　　千冬

階級論の復位

渡辺　雅男
(一橋大学)

1. 企業社会論から階級社会論へ：問題意識の転換を

　80年代末から90年代初頭にかけて一世を風靡した企業社会論はいまや重大な岐路に立たされている。そもそも社会的統合の点で稀に見る成功を収めた日本社会を企業中心社会、会社主義の社会として批判する企業社会論は[1]、方法論的に見れば、いくつかの問題点を本来抱えていた。すなわち、それが、第一に日本特殊論と結びつきやすく（＝「国際的に見ても日本は特殊」）、第二に大企業・男子・大卒・ホワイトカラー（＝「企業戦士」）を暗黙の内に想定し、それゆえ第三に労働世界の現実的多様性・階層性を軽視しがちであり（企業社会などという概念には包摂しきれない労働世界が存在する）、第四に企業という経営体を議論の中心概念としたことで理論的無理（＝経営体の特殊概念を社会という一般概念に直接結びつけることから生じる論理的短絡）を重ねていることである。現実世界を見ても、バブル経済の崩壊とともに日本的経営への国民的自信が揺らぎ、社会的統合にはたす企業の役割も減退し、企業経営者自身の口からは「第二の敗戦」や「企業社会の終焉」といった言葉が聞こえてくるようになると、人々の意識は「新たな階級社会」の到来という影に怯えるようになる。長く忘却の彼方に忘れさられていた「階級」概念が突如マスコミや論壇におどろおどろしく登場する。だが、それに本来呼応すべき日本の社会科学の学問世界では「階級研究」が依然タブー視され、「全般的な停滞状況」のなかに置かれている。このような奇妙なコントラストこそ、現在の特殊日本的な知的状況である。

　結局、企業社会論はバブルの時代の対抗言説[2]にすぎなかったのではないか。

2. なぜ日本の社会科学者は階級を問題にしないのか：国外からの声、国内からの声

「階級研究の全般的停滞状況」という戦後日本の特異な知的傾向について、国内外から批判の声が挙がっている。いくつかの声を拾ってみよう。

第一は国外からのものである。「日本の社会科学者は日本で階級意識をもっとも鮮明にしている資本家階級をなぜ問題にしないのか。」

これはイギリス（スターリング大学）にあって日本研究を続ける政治学者ジョン・クランプの問いである。[3]日本の社会科学者が階級概念を見失っている一つの原因を、彼は、階級概念に関心を寄せる日本の人々がしばしば、労働者階級の視点からしか社会を見ようとしない点にあると考える。たしかに日本において労働者階級の階級意識は脆弱であり、ほとんど無に近いものがある。[4]そうだとすれば、階級概念の有効性が現実味を失っていくのも当然である。だが、クランプによれば、これは社会を一方の極から眺めていることの弊害であって、ひとたびもう一方の極、資本家階級の側から眺めれば、とくに個々の資本家個人ではなく、全体としての資本家階級の意思（それを彼は「日経連」を例に説明している）を問題にすれば、日本ほど彼らの階級利害が鮮明に表明され、追求されている社会も珍しいと言える。

労働者階級の視点からしか階級を問題にしようとしない日本の社会科学者について、クランプは彼らの間に奇妙な西欧コンプレックスがあると指摘する。彼らの劣等感は、日本の労働者階級が西欧の労働者階級に比べて遅れているとか、あるいは欠陥を抱えているとかといった形で表現される。クランプが典型的な例として挙げるのは、欧米の労働者は歴史的に階級意識の鮮明な「分立」社会を築き上げたが、日本の労働者は資本に労働が絡め取られた「融合」社会に囲い込まれていると主張する熊沢誠の議論である。[5]

だが、クランプに言わせれば、これは「イギリスの労働者階級を理想化した見方であり、サッチャー以前に由来する見方、また、1960年代、1970年代にあっても、体制順応的であることの多かった労働者階級のなかで、典型的とはいえない一部の戦闘的労働者の例を一般化した見方」にすぎないのである。

熊沢への批判の当否は別にしても、日本の批判的社会科学者がしばしば西欧の

労働者階級の例外的な戦闘性を理想化する傾向にあることは事実であり、そのことが、日本における資本家階級の強力な階級意識を問題にする以前に、日本が西欧と違って階級社会ではないという結論に安易に直結させられてしまう傾向があることもまた事実である。クランプの批判はこの点を衝いているわけである。

　第二の批判も国外からのものである。「日本での経済的不平等に対する学問的な無視は、不可解な謎である。」

　これはアメリカ（イリノイ大学）にあって民族問題を中心に日韓両国の社会研究を続ける韓国生まれ日本（およびハワイ）育ちの社会学者ジョン・リーの問いかけである。彼は、戦後（敗戦から1995年まで）の日本の社会科学研究を紹介する膨大なレポートを書き上げ、International Sociological Associationの機関誌に発表した。600件以上の日本に関する文献（日本語と英語）を問題別に整理し、日本の戦後の社会科学の流れを批判的に再構成した本論文は、それ自体きわめて有意義な「トレンド・レポート」であるが、その第5章が「階級、ジェンダー、エスニシティー」と題され、「社会的不平等の三大基軸」としての「階級、ジェンダー、エスニシティー」の各概念についての戦後日本の社会科学的問題関心の流れが克明に跡づけられている。先の自らの問いに答えるかのようにして展開される議論の流れを要約して紹介すれば、以下のようになる。

　日本が無階級社会であるという神話的言説が積極的に流されるようになったのは、人々が「成長」と比較して「不平等」を二義的な問題と考えるようになった高度経済成長以降のことである（例えば、村上泰亮の「中間大衆」社会論）。たしかに、敗戦直後のマルクス主義の影響力の強さを考えれば、この情勢の変化はにわかには信じがたいほどである。だが、労働運動や労働組合、農民層分解についての経験的研究を量産することにエネルギーを費やした日本のマルクス主義が、労働者階級とそれ以外の階級との関係の分析や、あるいは、社会的不平等の解明などにほとんど関心を示さなかったことは事実である。その一方で、階級概念の無視は日本の社会学者の顕著な特徴として広く定着した。ふつう社会学の世界では不平等についての専門家なら社会移動の研究に向かうものである。だが、日本の社会学者は、アメリカの地位達成研究（ブラウ、ダンカン）の影響を受けて、構造的不平等の問題を回避し、地位達成と社会移動の問題を追跡する方向へと走った（安田三郎がその典型である）。その場合の中心概念や分析枠組みは能力主義（メリト

クラシー）と平等主義（エガリタリアニズム）に求められたから、社会学者にとって、分析的カテゴリーとしての階級は使用を慎むべき概念とされたのである。場合によっては、階級意識の欠如を示す社会調査や社会心理学の研究成果を使って、階級概念の抹殺が正当化された。なかでも、1955年以降10年ごとに行われているSSM調査（「社会階層と社会移動全国調査」）は、収斂論や産業化仮説に基づいて行われているため、それ自体重大な問題を孕んでいる。「アメリカ社会学の圧倒的な影響力のもとにありながら、SSM調査は、ジェンダーおよびエスニシティーによる不平等を軽視ないし無視するという点で、アメリカ社会学に大きく『立ち遅れ』ている。例えば、SSM調査がエスニシティーについての質問項目を用意していないのは、おそらく、ほとんどの社会学者が日本は単一民族社会だと考えているからであろう。この紛れもない怠慢は、日本の社会学者による階層研究が抱える問題のほんの一例にすぎない。」現代の日本社会に貧困や差別や格差が広がっていることは、さまざまな観察からも実証できるのであって、日本が平等主義の社会であるとの社会学者の神話的仮説はもはや立ち行かない段階にさしかかっている。リーの批判を一言で要約するなら、日本の社会科学者は階級格差をなぜ問題にしないのかということである。われわれはこの批判に応える必要がある。

　最後に日本国内からの声を一つ挙げよう。「『だれが日本を支配しているのか』。かつてはこういう問いかけが日本の社会科学者の間でなされたものだが、いまではこんな質問自体が消えてしまったかにみえる。」

　これは、日本の「会社本位」の原理を体系的かつ全体的にとらえようと独自の思索を重ねている奥村宏『法人資本主義』第三章冒頭の書き出しである[7]。奥村の問いかけは、次のように続く。「もっとも、多くの大衆の中にはこういう問いかけは生きており、そしてそれぞれの生活体験から、ある人は総理大臣が日本を支配していると答え、また別の人は大金持ちだと答える。こういう大衆の疑問をみずからの問題としてそれを実証的、そして理論的に明らかにするのが社会科学者の社会的責任だが、日本ではその責任が放棄されて久しい。このことが日本の支配構造を一般大衆に見えなくし、そしてそれぞれが実感で答えるしかなくしている第一の理由である。これは外国文献の輸入と訓詁学にエネルギーを使い果たし、日本の現実から自前の理論を作ることをしなかった日本の学者の責任である。」もっともな批判である。彼の批判を一言で要約すれば、日本の社会科学者は階級支配

をなぜ問題にしないのかということである。階級論の究極的課題がこの点にあることをわれわれは肝に銘じなければならない。

　内外のこうした批判の声にもかかわらず、日本の社会学者は階級否定の姿勢を崩そうとしていない。その代表的な例を、日本社会学会の機関誌である『社会学評論』が特集「階級・階層の現代像」を組んだ際に、その巻頭論文として掲げられた盛山和夫の論文「近代の階層システムとその変容」のなかに見てみたい。

　盛山は論文冒頭で「近代において階級・階層とは何であったか」と問いかける。そして、「まず、階級はどのように概念化されてきたか」と問いを進めたうえで、なによりもヴェーバーの言う「階級状況とはすなわち市場状況のことである」という主張を議論の出発点として確認するのである。ところが、この後突然、彼は、この「市場」にはそもそも「利害対立」など存在しなかったのだと大胆な発言を行って、読者を驚かせる。曰く、「市場における経済的取引関係は、本来的にゼロ・サム・ゲームではなくポジティブ・サム・ゲームである」のだから、「ここには、従来考えられてきたような『本来的』で『客観的』な利害対立なるものは存在しない」。

　ヴェーバーが「階級状況とはすなわち市場状況のことである」と述べたとき、彼は同時に「『所有』と『非所有』はあらゆる階級状況の基本範疇である」と喝破し、市場状況の背後には「所有」と「非所有」の決定的対立が潜んでいることを見抜いていた。このことを知る者にとっては、上述の盛山の発言はヴェーバーからの驚くべき飛躍、不可解な逸脱と目に映る。たしかに、表面的に見れば市場では等価交換が行われているし、滞りなく取引が行われている。そのかぎりでは、不公正は目につかない。だから、等価交換の世界は自由、平等、博愛の世界だと主張するのなら、それはそれで市場経済の表面をとらえた皮相な観察者の発言として許されないわけではない。だが、盛山の主張はそうではない。市場取引はそれが成立しなかったときの「ゼロの利潤とゼロの賃金」と比較されて「ポジティブ・サム・ゲーム」だと言われるのである（そもそも「ゼロ」と比較されればどんな場合でも「ポジティブ・サム・ゲーム」となるのはあたりまえのことである）。等価であれ不等価であれ、なんらかの対価が交換で与えられれば（つまり、「互酬的」でありさえすれば）、彼の理屈からすれば市場はつねに「ポジティブ・サム・ゲーム」なのである。

　もちろん、このような論理に無理があることは盛山自身も十分に気がついているはずである。だからこそ、彼は、「明示的な理論ではないが、それぞれのプレイ

ヤー達は取引において自らの取り分をできるだけ多くしたいと思っており、その点においてゼロ・サム的な利害対立が存在するという常識的な理解」が成り立つことをいったんは認めるのである。だが、不可解なことに、彼は急ぎ次のように付け加える。「たしかに、ペルシャのバザールでの絨毯の売り手と買い手とはそうした利害対立にさらされている。企業の粗収益から、どれだけ賃金支払いに回しどれだけを株主配当に回すかにも、同様の対立がある。しかしこうした対立は、相手を倒さなければ自分が倒されるといった類のものではない。合意あるいは共同が本来的に両者にとって利益なのである。」

この記述も、大胆な論理の飛躍という点で、常識的な読者を驚かすに十分である。中近東型の競り市（「ペルシャのバザール」）にも、現代株式会社の内部にも「ゼロ・サム的な利害対立が存在する」ことをいったんは認めたものの、「しかしこうした対立は、相手を倒さなければ自分が倒されるといった類のものではない」から、あるいはまた、「合意あるいは共同が本来的に両者にとって利益なのである」から、それは「『本来的』で『客観的』な利害対立」ではないと盛山は主張しているのである。

だが、よく考えてみれば、この主張もおかしな話しである。対立がつねに「相手を倒さなければ自分が倒されるといった類」のものであるとしたら、歴史と社会はいつでもカタストロフィーの連続になってしまうだろう。利害の対立とはそんな単純な、そんな画一的な、そんな粗野なものではない。対立が潜在的なものにとどまるか、それとも顕在化するか、あるいは、対立が融和的なものにとどまるか、それとも敵対化するか、あるいはまた、対立が制度に埋め込まれているか、それとも制度の枠外で表面化するか、それはひとえに利害対立が置かれた状況や情勢にかかっている。利害と利害関係の内容や質にもかかっている。だが、いずれにせよ、そこに「本来的」で「客観的」な利害対立が存在しなければ、それが無限に多様な形態をとって現象することの可能性はないはずである。そして、それが誰の目にも見えるほど明示的であるならば、それを解明するのに別段これといって科学の手を借りる必要もないわけである。

ちなみに、経済学者である森嶋通夫は、市場にはさまざまな市場（例えば、需給によって価格が変化する市場と、価格が固定されていて市場で需給数量が調節される市場）があり、取引にもさまざまな取引（例えば、相対取引、入札取引、競り売

買)があることを指摘したうえで、市場を新古典派(ないしはいわゆるワルラス経済学)のように「中近東の競り売買」と同一視することがいかに危険であるかを警告している。こうした警告を念頭に盛山の市場論議を改めて読み直してみると、この社会学者の抱く市場イメージが新古典派に輪をかけて貧困であることに改めて驚かされる。市場における価格決定の説明にあたって売り手と買い手の勢力関係が大きな影響を与えているという事実は市場の実態を現実的に考えようとする経済学者にとって広く共有された共通認識であるのだが、盛山にこの共通認識は届いていないようである。

　では、こうした奇妙な論理で盛山は何を目指そうとしているのか。一言で言えば階級調和である。もちろん、これだけなら、階級対立の不可避性を認め、それをなんとか融和的、調和的、実際的に処理しようと思いをめぐらせた人類のこれまでの歴史的で知的な階級調和の営みを一歩も踏み出るものではない。これまでのそうした知的伝統とこの社会学者の特異な議論とを決定的に分かつものは何か。それは、そもそも階級とは対立を前提にした概念ではなく、調和を前提にした概念だったという彼の主張であり、そして、対立と見えたのは、実は階級対立ではなく前近代的な身分対立(「近代前期」においてはその残存物)だったという彼の特異主張である。否、主張と言うより、読み替えである。「異なる生産要素の提供者として市場において出会うそれぞれの階級は、対立よりも共同利益によって相互に結びついている」のであって、「対立は市場状況においてよりもむしろ身分状況と階層状況を基盤としていたのである」とする主張こそが独自であり特異なのである。彼は「階級は死んだ」が「階層は死んでいない」と言う。では、対立状況を把握するという本来階級研究が担っていた学問的課題は階層研究へと手渡されたのだろうか。盛山の階層概念によってそれはよりよく把握されているのだろうか。残念ながら答えはノーである。この社会学者が「後期近代の階層システム」について指摘できるのはせいぜい階層の多元性であり、その複雑性であって、社会に潜在的に存在するさまざまな対立の諸相を「本来的」で「客観的」な姿でとらえることではない。

　先にも触れたように「階級状況とはすなわち市場状況のことである」とヴェーバーが述べたとき、彼は同時に「『所有』と『非所有』はあらゆる階級状況の基本範疇である」という主張を明確にしていた。このことは、少なくともヴェーバーが

特集1　新しい階級社会と労働者像

「『所有』と『非所有』」という利害対立を「階級状況の基本範疇」と考えていたことを明瞭に物語っている。階級概念を葬り去ろうとして社会学者がたどり着いた一つの奇妙な結論は、市場というこの「万人に対する万人の戦い」の場を利害対立の世界から利害調和の世界へと読み替えることであった。それによって、市場で成立ないし顕在化する階級という概念から対立の要素を抜き取り、調和の要素で埋め戻すことであった。だが、皮肉なことに、階級から対立の要素を消し去ったとき、階層にもそれを引き受ける力はもはや失われている。彼の目の前には、「『階級』の存立基盤は基本的に失われた」という主張とともに、利害対立の消えた世界（「後期近代社会」）が広がっている。もちろん、こんな世界は幻想のなかにしか存在しない。だが、まさにそれは今日のグローバル化した市場原理の時代にふさわしい幻想である。

3. 最近の「中流崩壊」論争について

ところが、皮肉なことに、わが国の社会学者による階級概念追放あるいは撲滅のキャンペーンが最終的な成果を収めつつあった90年代末期、バブル崩壊後の長期不況に苦しむ現実世界は階級概念否認のこの支配的言説に対して明確な不信感を表明する。そのことは90年代後半から登場してきたさまざまな「不平等」論のなかによく表現されている（苅谷剛彦『大衆教育社会のゆくえ』中公新書、1995年、橘木俊詔『日本の経済格差』岩波新書、1998年、佐藤俊樹『不平等社会日本』中公新書、2000年）。それに呼応するかのように、時流を見るに敏な社会科学者の一部はさまざまな「格差」論や「不平等化」論、果ては「階級」論さえ積極的に口にし始める（『論争・中流崩壊』中公新書ラクレ、2001年）。彼等の議論によれば、「以前は平等だったが、最近になって不平等化した。」だが、はたして、そうだろうか。私には疑問である。所得、資産、教育機会、意識、その他について「今も昔も、等しく不平等である」のではないのか。[11]

4. 橋本健二氏の階級論の意義と問題点

こうしたなかにあって、日本の階級研究の伝統は一部の研究者によって細々と守られてきた。[12] 振り返って70年代が大橋隆憲[13]、80年代が濱嶋朗[14]によってわが国の階級研究が代表されるとすれば、90年代は本学会の構成メンバーでもある橋本健

二の研究によって代表される。

　橋本の研究の理論的意義は、次の３点に要約できるだろう。第一点は、橋本が企業社会論を批判して階級論の有効性を主張したことである。事実、彼は企業社会論の特徴を分析して、「いわば『企業社会』論は、新中間層の拡大や所有と経営の分離によってマルクス主義階級理論の有効性を否定する議論の、『左翼』版ともいうべき存在なのである」と喝破しているが、これなど、日本の社会科学研究のなかでの階級研究の全般的衰退状況を長く横目で睨みながら自己の研究を続けてきた彼だからこそ言える、まさに正鵠を射た表現である。第二点は、しばしば対立的な関係とされてきたジェンダーと階級の二元論を彼が克服し、両者の「弁証法」的な関係を「階級構造のジェンダー化」としてとらえ直したことである。女性は「家族と連接化した階級所属」によって、男性は「キャリアとしての階級所属」によって「階級所属のアップグレード」を受けると彼は主張しているが、この認識こそまさに彼の言う階級とジェンダーの「構成的な関係」を的確に表現したものにほかならない。第三点は、「近代社会では一般的に、学歴が階級所属の重要な決定要因になっている」として、階級編成に際して学歴の果たす役割を橋本がきわめて重視していることである。

　だが、こうした特長と同時に彼の議論には問題点もまた存在する。その第一点は、橋本が何をもって中間階層と中間階級とを区別しているのか必ずしも明確ではないことである。彼自身も認めるように、その研究の初期の段階で橋本は「新中間層」という語を用いていたが、2000年の著書出版に際してそれを「新中間階級」という語で「統一」した。彼によれば、その理由は「第３章の理論的分析、第５章以下の実証分析を経て」「新中間層」の「一つの階級としての独自性」が「明確になった」からである。だが、この「独自性」とは何か。「新中間階級への所属を決定するのは学歴である」という主張に見られるように、ここで彼が考えているのは、「学歴」を有する労働者階級の一部が企業内で昇進を果たし、キャリア・アップを行ってきたという、右肩上がりの成長の時代に広く見られた過去の事実にほかならない。だが、たとえそうした事実を認めるにしても、学歴であれ学校歴であれ、それらが労働者を独自の階級に帰属させる理論的根拠になるかどうかは大いに疑問である。かつて労働者階級の上層は熟練によって中層や下層から区別されていた。熟練労働者は半熟練、未熟練労働者と、そのキャリアにおいても、賃金にお

特集1　新しい階級社会と労働者像

いても、生活習慣や文化状況や階級意識においても、歴然と区別されて存在した。にもかかわらず、彼らが労働者階級の一部であるという事実認識については橋本にも異論がないはずである。今日、労働市場の階層性を示すメルクマールが一部とはいえ熟練から学歴（あるいは学校歴）に移行したからといって、労働者階級の上層部分が突然「新中間階級」として独立するのだというのは、あまりに唐突な議論ではないだろうか。

　第二は、階級論におけるイデオロギー的偏向をどのように克服すべきかという問題提起に関わる。橋本は、現代日本における「階級研究の全般的停滞状況」の責任を、政治主義的な階級論議を繰り広げた（と彼が批判する）正統派のマルクス主義者により多く帰着させ、その元凶として大橋隆憲の議論をやり玉に挙げ、それが日本共産党の政治イデオロギーの強い影響下にあった点を批判する。たしかに政治主義的な偏向はいかなる社会科学にあってもこれを避けるべきである。だが、戦後日本の社会科学の歴史を振り返ったとき、「階級研究の全般的停滞状況」をもたらした最大の責任は、階級研究の衰退の流れに抗しきれなかった正統派マルクス主義者ではなく、むしろ階級概念の撲滅に躍起となり、学問的な世界からそれを事実上放逐した講壇社会学の研究者達のほうにこそある。ここで言う講壇社会学者とは、階級論一般をマルクス主義と同一視し、その克服と超克を旗印に歴代SSM研究会に結集した社会学者達のことであり、近代化論や産業化仮説や地位達成研究など、さまざまの対抗的イデオロギーによって武装した自覚的な階級否定論者のことである。少なくとも、こうした責任の所在について無自覚であることがバランスを欠いた橋本のイデオロギー的批判の最大の弱点となっている。

　第三に、現代の資本家階級をどのように考えるべきかという点に関しても、橋本の議論には見るべきものがない。現代株式会社制度のもとでの資本家階級は、基本的には、オーナー資本家と経営資本家とで構成されている。そして、経営資本家階級は労働者階級上層のエリート部分との間に法的、慣習的、実務的、その他さまざまな階級的分断線を抱えている。橋本の議論には、こうした現実認識が驚くほど希薄である。彼は、平社員から社長、取締役まで社内のキャリア形成がなだらかな一直線を描いて進んでいくと考えているに違いない。そして、役員と従業員とを分かつ質的な分断線を見いだせないでいることが、彼らを一緒くたにした新中間階級という概念に安んじて依拠することのできる真の理由であるのか

もしれない。

　以上のような難点を橋本の議論に与えることになったのは、学歴であれ所有であれ、彼の議論に階級関係の制度化という視点が欠落しているからである。この視点を導入することは複雑化した現代の階級状況の解明にとって、つまり、階級論の現代化にとってきわめて重要であると私は考えている。

5.　階級関係の制度化という視点から現代日本の階級社会を考える

(1)　剥き出しの（naked）階級関係から制度化された（institutionalized）階級関係へ

　かつてマルクスは『資本論』のなかに次のような一節を残した。「資本主義的生産が進むにつれて、教育や伝統や慣習によってこの生産様式の諸要求を自明な自然法則として認める労働者階級が発達してくる。」（『資本論』第1巻第24章）これは古典的な階級関係が日常世界で受容される（そして再生産される）条件をマルクスが述べた箇所である。こうした古典的な階級関係のもとでは、学歴はあくまで資産家のものであり、彼らの財産目録の一種にすぎなかった。また、自然発生的で歴史的な産物としての伝統や慣習は、独自の階級文化となって階級コミュニティーの内部で結晶化した。労働者階級が学歴とは長く無縁の生活環境に置かれ、彼らの階級文化が伝統と慣習とによって固く守られていた過去の時代を思い起こせば、このことは直ちに理解できるはずである。ところが、現代にそのような状況は存在しない。タテマエとはいえ、学歴はすべての階級に向けて開かれている。伝統や慣習は自然発生性や歴史性を弱め、ますます人為的で政策的な産物、というよりも制度的な産物となって、階級を構成する個人にその受容を迫っている。このことは、「教育や伝統や慣習」が制度化され、それを通して「生産様式の諸要求」が労働者階級に押しつけられていることを意味する。階級関係の再生産の条件が根本的に変わったのである。ちなみに、ここで言う制度とは、社会活動を導く、慣習や慣例や慣行といった社会規範の体系化、複合化のことである。

　こうした制度化の歴史的過程をよりよく物語るのが、普遍的シティズンシップの成立（T.H.マーシャル『シティズンシップと社会階級』）による階級社会の市民（社会）化の歴史である。すなわち、市民権が公民権、政治権、社会権の発展を通じて確立し、それによって階級的不平等が社会の表面から遠ざけられ、一般にはそ

特集1　新しい階級社会と労働者像

れが解消されたかのような仮象さえ成立したことである。少なくとも戦後資本主義の黄金時代にこうした仮象が説得力をもって成り立ったことは事実である。実際マーシャルはシティズンシップの成立を通して階級原理の克服が可能であると考えたが、それはマーシャルの見果てぬ夢でこそあれ、現実には階級原理は社会の基底に埋め込まれたまま、その上を市民原理が貫徹し、階級社会と市民社会の二重構造が成立したにすぎなかった。とはいえ、もはや不平等の階級原理が剥き出しの形で噴出することはない。階級闘争は制度化され、階級対立は安定化した。そのためにこそ、階級社会は平等原則に従う市民社会という仮象を身に纏う必要があったわけであり、階級関係は剥き出しの段階から、市民権によって平等が保証された制度化の段階へと進んだわけである。[27]

(2)　階級関係の制度化を支える四つの主要な柱

階級関係の制度化を支える四本の主要な柱は、家族、市場、政治、教育である。

まず階級関係の制度化に際して家族が問題になるのは、福祉国家への家族の関わりにおいてである。階級社会に対抗しつつ市民社会を自立させ、社会の二重構造を成立させる究極の保証原理は福祉国家にある。国家もまた社会の二重化に対応して、階級国家と福祉国家に二重化する。ただ、福祉国家において家族がどのような位置を占めるかという問題は、従来必ずしも注目を浴びてこなかった。この点を自覚的に追究したのが、エスピン-アンデルセンの1999年の著作である。[28] 市場、国家、家族のあいだの相互関係を福祉レジームという概念で理解しようとする彼は、福祉国家の諸類型のなかで家族がどのような地位を占めているかを明らかにした。それにより、脱家族主義化した北欧型、家族主義的な地中海型（その変種としての日本型）、「男性を一家の稼ぎ手とする」「稼得者モデル」など、福祉国家のなかでの家族のさまざまなあり方を析出し、整理することに成功した。もし階級関係が福祉国家に媒介されることで制度化され、そうした制度化を通じて階級社会の市民社会化が成し遂げられるのだとすれば、その際に家族がどのような関わりを行っているかを解き明かす手がかりはエスピン・アンデルセンが注目するこの事実のうちにある。

第二の柱は市場であり、階級的搾取の制度化を可能にする、資本市場と労働市場の組織化されたあり方である。

そもそも、株式会社制度の発達は、所有制度の質的な転換に支えられている。かつての古典的な個人企業やその直接的な発展形態である合名会社では、資本の所有者は会社の債権者に対して無限責任を負っていた。だから、ひとたび会社が破産でもしようものなら、投資した資本額に関わりなく、それを超えた債務についても責任を負い、投資家は個人財産をすべて吐き出すことも要求された。これに対し、現代の株式会社は、会社の債権者に対する有限責任をもっとも徹底して保証する企業形態であるから、出資額(株式の持ち分)の範囲で責任を負うだけで済む。この有限責任制度の上に、株式を売却したり購入したりするための株式市場が組織される。資本市場としての株式市場は所有権の流動化を可能にする現実的制度であり、その内部規約などにより現実的裏付けを与えられている。また、法的にも証券取引法などにより制度化の法的裏付けが与えられている。(29)このような資本市場が成立するためには、無限責任から有限責任への私的所有の転換が行われなければならない。そして、こうした資本市場の組織化の背後では、私的所有の制度的変換が現実的裏付け(証券取引所の成立)と法的裏付け(証券取引法の成立)とを伴って行われているのである。

　他方、労働市場の制度化は、主に教育制度と資格制度を通じて進められている。例えば、熟練労働者のための職業別労働市場を考えてみよう。かつては徒弟制度によって労働市場の規制が行われていた。今日では、医師や看護婦、弁護士や教員などを見ても分かるように、高等専門教育と国家による資格検定制度とがその労働市場を組織化し、規制している。半熟練労働者のための企業別労働市場を考えてみても、徒弟的な訓練の機会は急速にその必要性を失い、中等学校教育による基礎的な技術知識の獲得がそれに代わって重要性を高めている。学歴不問である不熟練労働者の地域別労働市場でも、職業紹介制度や失業保険制度、最低賃金制など国の施策による制度化が進行した。つまり、労働市場の階層化がこうした制度的措置を通じて再生産されているのである。(30)

　では、こうした資本市場と労働市場の制度化は階級関係にどのような影響をもたらすのだろうか。資本市場の組織化は調達される資本の巨大化をもたらす。それに寄与する最大の要因が株式市場を通しての増資による新資本の調達である。調達された巨大資本の助けを借りて企業は生産面と流通面の双方で独占的優位を確立する。生産面での優位は新たな生産技術の開発と独占、生産資源の買い入れ

市場の独占、自社製品の独占供給、系列融資の強化などを通じて維持され、他方、流通面での優位はブランドや宣伝などによる市場独占、デザインなどのパテント支配、販売網の支配によって維持される。政府の優遇措置がこれに加われば、独占的優位は揺るぎないものとなる。(31)このようにして、企業は、経営上の独占的優位を獲得することによって独占利潤を手に入れる。そして、この仕組みこそ、現実に行われているさまざまな階級的搾取の新たな制度化を理解する鍵である。古典的な階級関係のもとでも階級的搾取は一様ではなかったし、画一的でもなかった。今日、その新たな仕組みが制度化されることによって、労働者階級が生み出した剰余価値は、独占利潤という形で経営の独占的優位を確保する企業へと流れ込むのである。他方、労働市場の制度化は、労働市場が抱える階層性を制度的に保証するものとなる。階層的労働市場の編成原理が、熟練や専門技術といった歴史的要因から学歴や資格といった制度的要因へと変化する。それによって、労働者階級内部のさまざまな搾取的条件の違いが制度化されるのである。

　以上見たように、市場の組織化（資本市場の組織化と労働市場の組織化）は階級的搾取の制度化に向けた新たな次元を切り開いた。すなわち、「経営上の独占的優位」を保つことで独占利潤を実現することを可能にしたのであり、そのような仕組みを構造化したのである。

　第三の柱は政治である。階級闘争（階級支配）の制度化により、民主主義的代議制度の階級的本質が隠蔽される。

　「あらゆる近代的民主主義国家では、さまざまな集団間の闘争は、基本的には『階級闘争の民主的表現』を代表している政党を通して表現される。」(32)

　こう指摘したのはアメリカの政治社会学者リプセットである。近代民主主義国家が代議制度と普通選挙制度によって支えられていることは一般的に認められた歴史的事実であり、普通選挙権の確立は普遍的シティズンシップの歴史的発展のなかで被支配階級が獲得した大きな成果である。もし近代民主主義国家の政党政治をめぐる全制度を通じて、階級的利害の独自の政治的表現が確認できるとするなら、それは、これらの仕組みが階級闘争の制度化であることを強く示唆するものといえる。リプセットは「民主主義的秩序の諸条件」を明らかにするという一般的目的のもとで、アメリカを代表例に取り上げながら、民主的な政党政治が「階級闘争を制度化するという問題を処理してきた方法」を探っているが、それは、階級

関係の政治的表現である階級政治が、近代的な民主主義的政治制度のもとでいかに制度化されていったかを、その結果から逆に照射しようとする一つの知的努力である。もちろん、彼によれば、このことは、政党選択を通じて政治的利害を代表させる現代民主主義制度が「階級的立場(具体的にこれは、教育、所得、地位、権力、職業、ないし資産上の地位で測定される)」によって一元的に決定されるという粗野な階級政治を主張することではない。あるいは、リプセットの言葉を借りれば、「そのことは激烈な階級闘争の承認を意味するのではなくて、労働組合は労働者を代表し、商業会議所は実業家を代表するという通説と同種類の意味で、政党の代表機能に関する同意を意味するのである。階級的分裂の継続は、体制にたいして破壊的結果を意味するものではない。……安定したデモクラシーは、政治闘争の本質に関する合意を必要とし、またこのことは、さまざまな集団がいろいろな政党によって最も効果的に利用されるのだ、という前提を包含している。」

「民主的階級闘争の表現」である「選挙」についてもこのことは確認できる。投票行動が階級的利害に基づいて行われるという経験的事実は、さまざまな「例外」的要因、例えば、宗教上の差異、民族的な差異、人種的な差異、地域的な差異、年齢、性別などによって無限の修正を受けながらも、「基本的な理論的一般化」として確認可能である。端的に表現すれば、「何はともあれ、政党の闘争は階級間の葛藤であり、政党支持についての最もはっきりした唯一の事実は、実際に経済的に発展したすべての国では、低所得集団は主として左翼政党に投票するが、高所得集団は、おもに右翼政党に投票するということである。」

もちろん、これはいささか乱暴すぎる「一般化」である。なぜなら、「貧しい者でも保守党に投票する者は多いし、金持ちの中にも社会主義政党や共産党に投票する者もある」からである。あるいは、「特定の状況においては、社会的、経済的地位が高いとか低いとかいうこと(すなわち、階級的要因…引用者)よりも、それ以外の特性と宗教的信仰からの集団加入といったもの(すなわち、例外的要因…引用者)がはるかに目だっている場合もある」からである。明らかに、階級的立場と政治的立場とのあいだには矛盾や食い違いが存在する。両者はストレートに一致しない。そして、この経験的事実は、しばしば現代における階級政治の終焉を主張する際の有力な根拠に使われているのである。だが、リプセットを待つまでもなく、複雑化した社会での階級政治というものがこうした矛盾や食い違いを本来

含んでいるものと理解することが重要である。

　階級闘争の制度化という問題を処理してきた方法が民主主義的政党政治だったとすれば、同じ問題を処理してきた場所が高度に発達し、複雑化した階級構造であったことを、リプセットの議論は強く示唆している。彼が取り上げる「ある官吏」の例は、社会学者がしばしば「地位の非一貫性」と呼ぶケース（所得と権力の多寡が一致していない、つまり、一貫していない個人のケース）であるが、リプセットの議論はそれが「階級構造」の複雑さに起因する結果でこそあれ、日本の講壇社会学者がしばしば期待するような「階級構造」の消滅を示唆する証拠ではないことを強く主張している。

　階級と政治との食い違いを示す最大のケースは、特定の社会階級に基礎を置く政党がしばしばその利害を超えた支持基盤を獲得するような場合に現れる。階級政党がつねに特定の階級との結びつきしか主張できないとすれば、その階級が一枚岩の団結を保ち、社会の圧倒的多数を構成しているのでもないかぎり、政権を手に入れる可能性はないからである。ここから、どの政党も階級的な支持基盤をもちながら、その基盤を超えて（あるいは、極端な場合それを裏切って）「民主主義的なゲーム」に参加しようとする現実的動機が生まれる。そのなかで、階級的利害と現実政治との食い違いが顕在化する。

　階級闘争の制度化として現代の民主主義的政党政治を理解しようとする場合に突き当たる難問の多くは、一見すると階級と政治とがストレートに一致しないケースが多数存在することであり、それらをどう説明するかということである。それについては現実の政治をまさに実際に即して観察する以外に方法はない。そのなかで本質的な次元での階級的利害の政治的対立が現象的な次元での政党政治（個人的な投票行動）へとどのような独自の政治的チャンネルを経て結びついていくかを解明するのである。もちろん、この場合でも、階級闘争の制度化としてまずもって民主主義的政党政治を確認しておくことは、普遍的シティズンシップのもとに包摂された階級関係の現代的あり方を理解するための第一歩である。

　第四の柱は教育である。国民教育の制度化は公民権（市民権）、政治権に続く普遍的シティズンシップの第三の発展段階、つまり、社会権の実質的内容を構成する。明治以降、日本でも、初等教育の義務化から始まり、戦後の高等教育の大衆化に至るまで、教育制度を通じた国民総体の秩序化（序列化）が壮大な規模で進行

した。試験制度であれ、資格認定制度であれ、国家が労働市場を規制する手段として日本の教育はまさに十分に機能した。エスピン-アンデルセンは、「先進資本主義社会は今日、工業化の時代にはほとんど存在しなかった制度によって規制されている」と指摘し、「重要な制度的フィルター」として福祉国家、団体交渉のシステム、現代企業と並んで大衆教育を挙げている。

　教育の普及により、教育を受ける権利は普遍的で平等に認められた市民の権利(社会権)の一部となりつつある。そのような社会権の一部として大衆化することにより、教育はますます本来の意味(文化の世代間伝達)を失い、階級選抜の制度化(教育の選別機能)としての意味を強めるようになっていった(R.ドーア)。そして、いまや、能力主義の思想が教育選抜と階級選抜とを結びつける上で大きなイデオロギー的役割を果たしている。能力が選抜を正当化する口実となり、皮肉なことに、いつしかそれが逆転して、選抜が能力を正当化する。つまり、「能力があるから試験で選抜される」という口実が、いつのまにか「試験で選抜されるから能力があるはずだ」という言い訳にすり替わっていくのである。

　能力主義でイデオロギー武装された、階級選抜の制度化としての現代日本の教育は、同時にジェンダー選別の制度的機構でもある。日本の女性が置かれている社会的劣位が労働市場の構造、教育構造、家族構造を通じて意図的に生み出されていることを指摘したのはアメリカの社会学者メアリー・ブリントンであるが、彼女によれば、市場、教育、家族という三つの制度は相互に関連しあいながら、女性のライフコースを制約する条件を形づくっている。とくに市場と教育に注目すれば、学校レベルでのトラッキング・システム、同一年齢で輪切りにされ、年次進行でやり直しのきかない教育システム、企業内教育による昇進制度といった日本的特徴が女性の劣位を制度的に生み出す支えになっている。

　高度に組織化された選抜機構としての教育制度は、階級選抜が普遍的シティズンシップの発展(社会権としての教育権)を媒介にしてどのように制度化されていったかを明らかにしていると言えよう。

(3)　制度の機能不全と凍結解除 (unfreezing) への流れ

　以上見てきたような、階級関係の制度化は一定の歴史的条件のもとにおいてのみ成り立つ。条件がひとたび失われるや、もはやその再生産は立ち行かない。固

定化されていた制度的基盤がその新たな編成を求めて胎動を開始する。凍結されていた制度が凍結解除のときを迎えるのである。[37]昨今の日本社会の状況はこの事態を暗示している。

　家族主義的福祉国家はもはや立ち行かない。介護であれ育児であれ、少子高齢化の急速な進行のなかで、戦後の核家族そのものがもはやそれを担う力を失ってきているからである。高齢者の介護を介護保険によって社会化せざるをえないことも、保育や育児について共働き家庭が家庭の外にその担い手を求めざるをえないことも、福祉ケアにおける家族主義の崩壊を示す証拠である。他方、組織化された市場も、いまや深刻な機能不全に陥っている。その活力を取り戻すために、規制緩和、市場原理の復活が声高に唱えられている。労働市場は規制緩和により労働者間格差の拡大をあえて指向し、資本市場は経済のグローバル化のなかで国際競争力の回復に躍起となっている。資本の淘汰を迫られるなかで、資本家階級の内部での足並みの乱れと、同盟関係にあった独立自営階級（農民層と零細企業主層）の利害切り捨て（同盟解消）が同時進行している。[38]教育問題に見られる平等と不平等の原理的相克、深刻な人間性破壊は誰の目にも明らかである。

6. 研究の方法論的反省のために

　階級研究の全般的停滞状況を克服することと、われわれが置かれた以上のような知的状況を突破することとは同義である。そのために必要なのはわれわれが「壮大な疑問、示唆的なライトモチーフの周りに結集すること[39]」であり、その際、文化人類学の立場から日本の労働現場を参与観察している外国人研究者の業績は一つの手がかりとなるだろう。それによって、外からの視点を内からの視点に生かすことができると考えられるからである。70年代以降の日本研究の新たな流れを象徴する「特殊論を超え多元的分析へ」（杉本＝マオア）という呼びかけに応え、[40]労働現場の理論的「因果連関」と、「経験的な現実分析」とに立ち戻ることが急務ではないだろうか。労働社会学会はこの課題を自覚的に担うことのできる数少ない学術団体の一つであると私は信じている。

〔注〕
　(1)　それに期待されたイデオロギー的立場は、馬場宏二「現代日本と会社主義」『UP』1992

年2月によく表現されている。
(2) それは、東京大学社会科学研究所編『現代日本社会』全7巻、1992年に集大成されている。
(3) John Crump, "Class and Class Consciousness in Japan", *Proceedings* (The Japan Society), no.130, Winter 1997, pp.22-35.
(4) 必ずしもそうは言えないことが、欧米の社会人類学者によって参与観察されている。例えば、Christena L. Turner, *Japanese Workers in Protest: An Ethnography of Consciousness and Experience,* University of California Press, 1995.
(5) Kumazawa Makoto, *Portraits of the Japanese Workplace,* Westview Press, 1996. これは、熊沢誠『新編・日本の労働者像』筑摩書房(ちくま学芸文庫)、1981年の英訳である。
(6) John Lie, "Sociology of Contemporary Japan", *Current Sociology*, vol.44 no.1, Spring 1996.
(7) 奥村宏『法人資本主義・「会社本位」の体系(改訂版)』朝日文庫、1991年、130頁。
(8) 盛山和夫「近代の階層システムとその変容」『社会学評論』第50巻第2号、1999年、143-163頁。
(9) M・ウェーバー(濱嶋朗訳)『権力と支配』みすず書房、1954年、218-219頁。
(10) 森嶋通夫『思想としての近代経済学』岩波新書、1994年、6-7頁。
(11) この点については紙幅の関係上、ここで触れることはできない。拙稿「補論・国際比較から見た日本社会の不平等性」(旧稿「中流意識論への疑問」『数研AGORA』No.27、2000年1月、これは「現代日本における資本家階級の発見」『一橋大学社会学研究年報』42、2003年に再録)や、同じく拙稿「現代日本における階級格差とその固定化」その1～4『一橋大学社会学研究年報』31～34、1993～1995年(その中国語版である『現代日本的階層差別及其固定化』中央編譯社[北京]、1998)を参照されたい。
(12) これとは別に、生活調査の流れのなかには階級概念と親和的な階層研究の豊かな伝統(籠山京、江口英一、鎌田とし子・哲宏、布施鉄治、等)が存在する。詳しくは、木本喜美子「生活調査の戦後的展開」(石井・橋本・浜谷編『社会調査—歴史と視点』ミネルヴァ書房、1994年、第8章)を参照。
(13) 大橋隆憲『日本の階級構成』岩波新書、1971年。
(14) 濱嶋朗『現代社会と階級』東京大学出版会、1991年。
(15) 橋本健二『現代日本の階級構造』東信堂、2000年。以下、引用は同書から。
(16) 橋本による大橋批判は、大橋が「新中間階級」の独立した存在を否定して、それを労働者階級の上層に「いわゆるサラリーマン層」(「専門的・技術的職業従事者」と「事務従事者」)として位置づけたという点(「大橋方式」)に向けられている。だとすると、係争点は、「階層」と「階級」をいかに区別するかという問題になる。ところが、先に見たように、橋本が与える「新中間階級」所属のメルクマールとは学歴とキャリア形成でしかない。その程度のことであるならば、大橋の「いわゆるサラリーマン層」の性格規定には当然含まれている。これでは、大橋を批判したことにはならない。また、新中間階級を労働者階級から独立させ、自立的存在として考えようというのが橋本の階級論の眼目であり、しかも、その主張は「両極分解」説への反発を直接の契機

特集1　新しい階級社会と労働者像

　　としている。ところが、「新中間階級の拡大」による「両極分解」論の崩壊という彼の
　　シナリオは、彼自身のその後の実証分析によってむしろ事実上否定されている（同書、
　　第5章）。
(17) 政治主義への嫌悪と警戒からか、橋本の階級研究には政治（権力）関係に対する問
　　題関心がきわめて希薄である。
(18) 言うまでもないことだが、階級論をマルクス主義の専売特許と考えるのは、社会科
　　学の歴史に対する無知と、マルクス主義に対する誤解とに由来する。マルクス自身も
　　認めているように、階級概念の発見はマルクスが行ったことではないし、それ以降の
　　社会科学の歴史を考えてみても、マルクス主義に対抗するさまざまな階級論が登場し
　　ている事実は否定しようがない。
(19) 80年代に入ってマルクス主義への対抗という旗印が実質的な意味を失うと、この運
　　動も深刻な自信喪失の時代を迎える。1985年のSSM調査の内部報告書の冒頭に掲げら
　　れた盛山和夫の「序文」（1985年社会階層と社会移動全国調査委員会編『1985年 社会
　　階層と社会移動全国調査報告書 第1巻 社会階層の構造と過程』非売品、1988年）を読
　　むと、そのことはよく分かる。
(20) 橋本がマルクスの『共産党宣言』モデルを『資本論』モデルと安易に対立させてい
　　る点も問題である。しかも『共産党宣言』と『資本論』を十分に理解したうえで彼が
　　この対立を説いているかと言えば、そうではなさそうである。『共産党宣言』について
　　見ても、橋本がネオ・マルクス派の専売特許と誤解して高く評価する副次的搾取の議論
　　は、まさに彼が忌み嫌う政治綱領たる『共産党宣言』のなかにすでに存在している。
　　『資本論』についても、彼は『資本論』第3巻で述べられている機能資本家を現代の経
　　営者のことであると誤認し、株式会社制度以前の経営を前提にした『資本論』の「機
　　能と所有の分離」論を、株式会社制度のもとでの経営者の議論と同一視している。ネ
　　オ・マルクス派を自認する橋本のマルクス解釈にはいささか問題が多い。
(21) 拙稿「現代日本における資本家階級の発見」『一橋大学社会学研究年報』42、2003年
　　を参照。
(22) 大学卒業者に選挙権を与える「イギリスの新選挙法改正法案」（1859年）を論じるに
　　あたって、マルクスは、この学歴資格が「学識とは無縁」であること、さらに、「この
　　資格に関係ある階級の教育が『ある相当額の投資を要した』ことを想定する」だけの
　　「財産資格の一般的カテゴリー」に入るものにすぎないことを鋭く見抜いていた。もち
　　ろん、こうした文脈で言われる学歴とは制度化される以前の段階での古典的な学歴の
　　ことであり、現代の制度化された学歴のあり方ではない（マルクス「イギリスの新選
　　挙法改正法案」『マルクス・エンゲルス全集』第13巻、大月書店、所収）。
(23) 初期のカルチュラル・スタディーズが注目したのは大衆文化の波に浸食され始めた
　　労働者階級の伝統的な階級文化であった（リチャード・ホガート〔香内三郎訳〕『読み
　　書き能力の効用』晶文社、1974年）。
(24) 現代においてもなおこうした伝統的で自然発生的な階級文化を追い求めるとしたら、
　　それはいささか時代錯誤であり、無駄な努力というべきである。
(25) もちろん、これがタテマエにすぎないことは教育社会学者の実態調査によって昨今

明らかにされている。偏差値の高い（威信の高い）大学が近年ますます豊かで威信の高い職業階層の子弟によって占められていることは教育社会学の世界での常識である。

(26) T.H. Marshall, *Citizenship and Social Class*, Oxford University Press, 1950. T.H.マーシャル、トム・ボットモア（岩崎信彦・中村健吾訳）『シティズンシップと社会的階級：近現代を総括するマニフェスト』法律文化社、1993年。

(27) 伊藤周平「市民権の社会学再考―マーシャル以後の市民権理論の再構築に向けて」『大原社会問題研究所雑誌』No.417, 1993. 8.

(28) G.Esping-Andersen, *Social Foundations of Postindustrial Economies*, Oxford University Press, 1999. エスピン－アンデルセン（渡辺雅男・渡辺景子訳）『ポスト工業経済の社会的基礎』桜井書店、2000年。

(29) 間宮陽介『法人企業と現代資本主義』岩波書店、1993年、63-82頁。

(30) 高梨昌「労働市場の制度と政策」日本労働研究機構編『労働市場の制度と政策』日本労働研究機構、1997年、16-18頁。

(31) 宮崎義一『現代資本主義と多国籍企業、現代資本主義分析10』岩波書店、1982年、136-137頁。

(32) Seymour Martin Lipset, *Political man: the social bases of politics*, Heinemann, 1960, p.220. S.M.リプセット（内山秀夫訳）『政治のなかの人間：ポリティカル・マン』東京創元新社、1963年、188頁。以下、引用は同書から。

(33) 天野郁夫『試験の社会史：近代日本の試験・教育・社会』東京大学出版会、1983年を参照。

(34) G. Esping-Andersen, *Changing Classes: Srtatification and mobility in post-industrial societies*, Sage, 1993, pp.8-9.

(35) Ronald Dore, *The Diploma Disease: Education, Qualification and Development*, Allen and Unwin, 1976. R.P.ドーア（松居弘道訳）『学歴社会：新しい文明病』岩波書店、1978年。

(36) Mary Brinton, *Women and the Economic Miracle*, University of California Press, 1993, pp.71-89.

(37) ロッカンとリプセットの「凍結」仮説については、Seymour M. Lipset and Stein Rokkan (eds.), *Party Systems and Voter Alignments: Cross-National Perspectives*, Free Press, 1967 を参照。また、この仮説を日本に適用し、戦後の政党政治の変化を凍結（freezing）から凍結解除（unfreezing）への流れとして描き出した労作としては、Carmen Schmidt, *Sozialstruktur und Politisches System in Japan*, Tectum Verlag, 2001を参照。

(38) 戦後日本でどのようにしてこの階級的同盟関係が成立し、結果的に長期の保守支配が可能になったかを描いた労作として、樋渡展洋『戦後日本の市場と政治』東京大学出版会、1991年がある。

(39) 詳しくは、エスピン－アンデルセン（渡辺雅男・渡辺景子訳）『福祉国家の可能性』桜井書店、2001年、第6章を参照。

(40) 杉本良夫、ロス・マオア『日本人は「日本的」か―特殊論を超え多元的分析へ』東洋経済新報社、1982年（『日本人論の方程式』ちくま学芸文庫、1995年として復刊）。

今日における失業者の実態と「公的部門における直接的雇用創出策」の意義
――「基金事業」制度を題材として――

白井　邦彦
（青山学院大学）

1. はじめに――課題と問題意識――

　本稿の課題は、今日における失業者の実態と「公的部門における直接的雇用創出策」の意義を解明するという目的のもとに、政府の「緊急雇用対策及び産業競争力強化対策について」（99年6月11日発表）で提唱され99年度から2001年度末までにかけて実施された一種の「公的部門における直接的雇用創出策」というべき「緊急地域雇用特別交付金に基づく基金事業（以下「基金事業」と略）」への就労者（失業者）の実態を明らかにし、その結果等に基づいて同施策への評価を行う、ということである。筆者が本稿の課題をこのように設定したとき、「失業者」「雇用失業政策」（「基金事業」制度＝「公的部門における直接的雇用創出策」は我が国で実施されている「雇用失業政策」の中で「雇用保険」制度を除けば失業者に対し直接に支援を行う唯一の制度であったといってよい）の分析を行うことと、今回の労働社会学会の主題「新しい階級社会と労働者像」とはどのような関係にあるのか、別言すれば、「新しい階級社会と労働者像」といった場合「失業者」「雇用失業政策」に焦点を絞るのはなぜか、という疑問が当然に生ずるであろう。近年の失業者数の急激な増大、失業問題の質的深刻化という事態の進展が「失業者」「雇用失業政策」に焦点を絞るひとつの理由をなしていることはいうまでもない。しかし理由はそれにとどまるものではない。その点について証明することは、筆者の「新しい階級社会と労働者像」に対する問題意識を明らかにすることにもなるので、本論に入るまえにまずその点について、簡単に述べておくことにしよう。

　「新しい階級社会と労働者像」というテーマが意図することは、労働者階級各階層間の関係を明らかにし、階級社会における労働者階級の位置、ひいては階級社

特集1　新しい階級社会と労働者像

会の構造を解明し、そこから労働者階級の状態の改善の道筋を展望する、ということにあるだろう。では労働者階級各階層間の関係を明らかにするにはどうしたらいいのだろうか。それは労働者階級諸階層の中で、労働者階級が直面する矛盾を最も集約的に体現している階層に焦点をあて、その実態を解明することではないだろうか。そして労働者階級が直面する矛盾のうち、最も中心的なものは「失業」と「貧困」であろう。そうであれば、労働者階級が直面する矛盾を最も集約的に体現している階層とは「失業者」であろう。筆者が「新しい階級社会と労働者像」というテーマにおいて、「失業者」「雇用失業政策」に焦点を絞り、それを論じるのはなによりもそうした理由からである（こうした把え方については例えば唐鎌・大須 [1990] 参照）。

　さて、本論に先立ってあらかじめ本稿の内容を簡単に述べれば、次のように要約できよう。

(1)　「基金事業」就労者の多くはその職業生活のかなりの期間を「不安定就業」に属する職業に従事し（ただし一方で「安定就業」から直接「失業」へといったコースをたどる者も少なくなく、このように「安定就業」と「不安定就業」「失業」とをへだつ壁がかってより低く薄くなっているのではないかということの一端を示唆する事実もあることには留意）非自発的理由で失業に陥った者である。彼らの属する世帯も「不安定就業」世帯というべきものであり、そのため世帯収入も低く、苦しい生活状態にある。彼らの多くは生活のためには就労せざるを得ない状況にありながら仕事がなく、とはいっても社会保障制度等にも頼れず、そのため、「生活維持」のために「基金事業」に就労した。「基金事業」就労終了後比較的早い時期に再就職を果たしているケースも少なくないが、その仕事も「不安定就業」に属する仕事である。彼らの「基金事業」前後に就労した仕事の条件と比較すれば「基金事業」の就労条件は必ずしもそれ程劣悪とはいえない。こうした事実の故か彼らの「基金事業」に対する満足度は「就労期間」を除き高いものとなっている。

(2)　我が国「基金事業」制度は、「公的部門における直接的雇用創出策」の国際的な動向に照らせば、①「民間営利企業への委託方式」中心、②「一人一回限り最大6ヵ月までという就労期間制限」、③補助金の人口比配分原則と、事業費全額国庫負担原則、④「新規事業原則」、⑤「対象者が無限定」、という5つの制度的特質を有するといえる。こうした同制度を、「基金事業」就労者の実態等に即して考察すれば、

その職業生活全体として比較した場合、必ずしも劣悪とはいえない条件の就労・所得確保の手段を、失業者にとりあえず公的な責任で提供している点、事業費全額国庫負担原則など、プラスに評価できる側面もある一方で、5つの各制度的特質にはそれぞれ本論で述べるような難点も多い。とりわけ「一人一回限り最大6カ月まで」「対象者の無限定性」といった特質は、それ自体否定的に評価せざるをえない。今後はこうした難点を改善した形の「公的部門における直接的雇用創出策」の展開が要請されるだろう。

以下本論では以上の点についてより詳細に分析することにしよう。なお、本論3.での議論は、白井[2002c]での分析を基にしたものである。白井[2002c]もあわせて参照していただければ幸いである。

2. 「基金事業」制度の概要と「基金事業」就労者の実態

(1) 「公的部門における直接的雇用創出策」と「基金事業」制度の概要

「公的部門における直接的雇用創出策」とは、国、地方自治体等の公的機関、NPO等の非行政非営利機関（まれには民間企業）に、公的資金により失業者吸収を目的とした事業を実施させ、そこに失業者を就労させることで、あるいは公的機関の行う既存の業務に補助要員として失業者を就労させることで、失業者に就労と所得の機会を与える、という失業対策のことである。

「公的部門における直接的雇用創出策」（以下「直接的雇用創出策」と略）の歴史は古く、19世紀イギリスで1886年、1892年に発せられた「チャンバレン回章」（Chamberlain Circular）による失業救済事業に端を発するといわれている（氏原[1966:309]参照、ほぼ同様の指摘は大木[1979:240-244]）。同施策はその後1930年代の大恐慌時に資本主義各国において大規模に展開された（そのうち最も有名なものはアメリカのニューデール政策のもとで展開されたWPA〔Works Progress Administration〕である）。また戦後においても資本主義各国の失業政策において、失業保険制度と並ぶ重要な位置を占めてきたのであるが、特に1970年代半ばの第一次オイルショックに端を発する世界同時不況以来、主要失業政策のひとつとして大いに活用されるようになった。その後80年代半ば以降一時多くの国で若干の縮小傾向がみられる時期があったとはいえ、今日においても多くの諸国で依然として失業政策の中で重要な位置を占めている。しかも近年にいたってその重要性

特集1　新しい階級社会と労働者像

を増して国もいくつか存在している程である（**表1**参照、近年重要性が増している国としては例えばフランス、ドイツ、スイス、アメリカ等があげられる。なおアメリカ及び欧州諸国の最近の動向を総括したものとしてBrodsky［2000］参照）。

　さて我が国についてみれば、「直接的雇用創出策」の歴史は戦前の1925年に実施された「六大都市冬季失業救済事業」にまでさかのぼる。戦前においてはそうした施策はファシズム期の「労働力」不足の中で終焉させられていったのであるが（戦前の失業救済事業の歴史については加瀬［1998］参照）、戦後、失業多発期に若干の改革を経て、1949年に「失業対策事業」として再確立された。しかしその後高度成長期のいわゆる「労働力不足」の中で「役割終焉」が指摘されるように、紆余曲折の末、96年3月をもって「失業対策事業」は一旦は完全に廃止された（戦後の「失業対策事業」の歴史については、労働省［1996］、加瀬［2000：97以下］参照）。その直後の97年以降、長引く平成不況の中で、失業率、失業者数共急上昇し、何らかの新しい雇用失業政策の設立が要請される事態となった。その一環として設立されたもののひとつが99年6月に政府の「緊急雇用対策及び産業競争力強化対策について」で提唱され99年度から2001年度末までにかけて実施された一種の「公的部門における直接的雇用創出策」といえる「緊急地域雇用特別交付金」制度である。ではそれはどのような制度であったであろうか。旧労働省の「緊急地域雇用特別基金事業実施要領」に基づき、同制度の内容を簡単に概観することにしよう（以下「　」内は同要領）。

　まず同制度は、「現下の厳しい雇用失業情勢を踏まえ、臨時応急の措置として、緊急地域雇用特別交付金（「交付金」）を都道府県に交付して基金を造成し、この基金を活用することにより、各地域の実情に応じて、都道府県及び市区町村の創意工夫に基づいた緊急に対応すべき事業（「基金事業」）を実施し、雇用・就業機会の創出をはかることとする」というものである。つまり、地方公共団体が同交付金による基金をもとに、雇用・就業機会の創出を図ることを目的とした事業（「基金事業」）を実施するというものである。ちなみに同交付金は、人口比に基づき各地方自治体に配分され、又「基金事業」にかかわる費用は全額交付金によってまかなわれる（つまり事業費全額国庫負担）とされている。なおここで目的として「雇用・就業機会の創出」とあることからわかるように、同事業就労者の対象については、特に限定されていないということ（つまり失業者に限定されているわけではないこ

今日における失業者の実態と「公的部門における直接的雇用創出策」の意義

表1　OECD各国の全労働市場政策支出費に占める「公的部門における直接的雇用創出策」への支出割合

(単位：%)

	85	86	87	88	89	90	91	92	93	94	95	96	97	98	99	2000	01
オーストラリア	8.6	6.0	4.0	2.0	0	0	0.5	3.7	3.4	5.5	10.3	5.9	4.0	4.4	6.0	6.3	
オーストリア	0.6	2.0	2.3	1.7	2.2	2.3	2.8	0.7	0.6	0.5	1.7	1.7	2.3	1.8	1.8	2.5	1.9
ベルギー	17.0	18.5	15.8	13.9	14.2	15.4	14.1	13.9	12.9	13.6	13.5	13.3	12.5	12.4	13.7	13.8	
カナダ	0.9	0.8	0.7	0.8	1.0	0.8	0.7	0.7	0.8	0.9	1.6	1.2	2.8	3.5	3.2	1.8	
デンマーク		0.08	0.009	0	0	3.5	3.6	3.5	4.3	4.3	4.1	4.4	4.0	4.1	3.9	3.3	
フィンランド	16.9	15.0	15.1	18.9	19.5	18.5	16.8	12.9	8.6	8.5	9.6	10.0	8.5	7.3	5.3	4.2	4.1
フランス	0.9	0.009	0.2	0.3		0.4	1.8	2.7	4.2	5.9	7.1	7.0	5.6	5.8	6.1	6.1	
※ドイツ	5.3	6.3	6.7	6.7	6.2	4.7	8.9	11.8	9.1	7.0	8.9	7.9	6.9	9.0	9.6	8.0	6.1
ギリシャ	1.6	2.6	1.4	1.1	1.1	1.0	0	0	0	0	0	0	0	0	0		
アイルランド	1.8	4.5	4.9	5.1	4.1	5.5	5.9			12.2	15.3	15.5	3.4	3.3	3.4		
イタリア	0	0	0	0	0	0	0	0	0	0	0.5	2.0	0	0	0		
日本			1.8	1.6	2.0	0	0	0	0	0	0	0	0	0	0		
ルクセンブルク	0.1	0.4	0.4	0.4	1.8	0	1.0	3.0	2.7	3.1	2.0	2.7	4.2	8.0	8.5	9.4	9.6
オランダ	1.0	1.8	1.1	0.4	1.1	0.6	0.6	1.6	2.1	2.0	1.6	2.0	1.8	1.4	0.9	0.5	0.5
ニュージーランド	40.1	19.3	1.7	0	2.0	2.9	1.5	1.6	1.5	0	0	0	0	0	0	0	0
ノルウェー	16.2	3.8	0.4	0.4	0.9	6.9	8.3	8.2	9.7	7.2	5.7	4.7	1.2	3.2	3.1	3.3	3.0
ポルトガル		3.4	6.0	6.3	5.3	2.6	1.5	0.6	0.5	0.5	1.8	1.7	3.1	3.2	2.9	2.8	2.9
スペイン	4.0	4.3	3.8	3.9	4.0	3.8	2.3	1.4	1.5	1.4	1.5	変更年	2.6	3.6	2.9	2.6	
スウェーデン	10.7	8.4	6.4	5.7	5.8	4.3	3.9	6.1	10.2	9.9	9.5	8.6	10.7	10.1	5.7	7.5	7.6
スイス	0	0	0	0	0	0	0	0	0.5	2.1	4.9	変更年	10.2	11.2	10.3		
イギリス	6.7	9.6	10.5	7.5	0	0	0	1.4	0.5	0.5	0.6	0	0.9	0	0		
アメリカ	0.9	1.0	1.0	1.1	1.0	1.4	1.2	1.4	1.8	1.8	0	2.4	2.4	2.4	2.6	2.2	

注1）※の90年以前は西ドイツ。
2）空欄は不明（0とは限らない）。
3）「直接的雇用創出策」や「職業紹介」に対する支出であっても、その「直接的雇用創出策」が「職業訓練」「職業紹介」の要素を含む形で実施されている場合には、その支出は「職業訓練」や「職業紹介」として計上されているということがあり得る。実際今日、欧州各国では「職業訓練」「職業紹介」の要素を含めるような形でOECDの制度改革がなされる傾向にある。その点について白井[2002c] 3. (3)参照。

出所 OECD [1990:98-130] 及びOECD Employment Outlook, 1995〜2002年版から算出。

と)には、注意すべきである。

　その基金事業には主として「雇用・就業機会の創出を図るために、民間企業、特定非営利活動促進法に基づく特定非営利活動法人（「NPO法人」）等に対する委託により行う事業」＝「委託事業」と、「雇用・就業機会の創出を図るために、自ら実施することができる事業」＝「直接実施事業」の二種類がある。すなわち、必ずしも地方公共団体が直接実施するとは限らないわけである（というより後にみるように、実際には「委託事業」の方に主眼が置かれている）。

　この二種類の事業それぞれについて詳しくみてみよう。

　まず「委託事業」であるが、委託の対象とされているのは「法人企業、NPO法人、その他の法人又は法人以外の団体であって、当該業務を的確に遂行するに足る能力を有するもの」とされている。それゆえ、委託対象は必ずしも「民間営利企業」である必要はないのであるが、実際には民間営利企業が中心となっている[1]。「委託事業」の要件としては、「⑴教育・文化、福祉、環境、リサイクル等緊急に実施する必要性が高い事業であること。ただし、建設・土木及び地方公共団体において当該事業の実施による直接的な収益を見込んだ事業は委託事業の対象とはならないこと、⑵基金の設置期間に限って実施する事業であること、⑶新規雇用・就業の機会を生じる効果が高い事業であること、⑷基金の造成以降に新たに実施する事業であり、既存の事業を肩代わりするものでないこと、⑸国が当該事業の経費の一部を負担し、又は補助する事業でないこと、⑹事業の実施に伴う新規雇用は、6カ月未満の期間雇用に限定し、雇用期間の更新は行わないものであること」、ということがあげられている。

　他方「直接実施事業」として実施できるのは、上述の要件を満たす、「学校教育の一環として行われる、臨時講師による情報教育及び外国語教育並びに生活指導員による生活指導」か、「事業の特殊性により、地方公共団体が直接失業者等を雇用し又は就業させてみずから行うのでなければ、実施が困難なもの」のいずれかであるとされている[2]。

　以上をまとめれば、1.「基金事業」の実施方法は民間営利企業等への委託方式を基本とし、直接実施方式で実施できるのは、主として学校教育に関わる事業のみであること、2.建設・土木関連の事業は不可であること、3.「基金事業」として実施できる事業は、「新規事業」のみであり、既存の事業の（「基金事業」による）肩代わ

りは不可であること、4.同事業による雇用は一人一回限り、6カ月未満に限定されること（雇い主がかわっても、かって一度でも同事業に就労経験のあるものは就労できないとされている）、ということが定められているのである。

(2) 「基金事業」就労者の実態——北海道A市における実態調査を中心として——

ではそうした「基金事業」に就労した就労者の実態はどうであろうか。北海道A市（人口19万人弱の道東地域）で99年度に実施された「基金事業」に就労した就労者9名に対し筆者が行った調査（以下「A市就労者調査」と略）を中心に、筆者もメンバーの一人として参加して建設政策研究所北海道センターによって同研究所の

表2　99年度にA市で実施された「基金事業」の内容

事 業 内 容	電子地図作成
事 業 委 託 先	大手住宅地図メーカー
請 負 単 価	2,272万7,000円(内人件費2,112万円計上)
期　　　　間	2000.1/21～2/29日(土日除く毎日)
雇 用 人 数	入力工(パソコン)8名(25歳位若い人)
	調査・設置工(シール張り)65名(高齢者中心)
求 人 経 路	シルバー人材センターからの紹介、口コミ
勤 務 時 間	入力工 9:00～17:00
	設置・調査工　午前か午後3時間程度
時　　　　給	入力工 1,500円
	設置・調査工 700円
	(人件費総額661万5,000円(29.1%)30日勤務として)
事 業 内 容	A駅、東A駅構内でのSL運行に際しての警備
事 業 委 託 先	警備保障会社
請 負 単 価	699万2,782円(内人件費468万9,300円計上)
期　　　　間	2000.1/8～3/20(ほぼ毎日)
雇 用 人 数	6名(内2名は事業終了後同社に入社)
求 人 経 路	職安経由で採用
勤 務 時 間	8:00～17:00(実際はSLの発車と到着時のみ)
時　　　　給	1,000円(交通費込み)
	(人件費総額355万2,000円(50.8%)、74日就労)
事 業 内 容	市有林管理(つる切り、除伐、枝打ち)事業
事 業 委 託 先	A支庁管内の森林組合
請 負 単 価	1,050万円(人件費605万円計上)
期　　　　間	2000.1/7～3/21(土日を除くほぼ毎日 2名54日、1名57日就労)
雇 用 人 数	3名(いずれも経験者)
求 人 経 路	2名は職安、1名は知り合い
勤 務 時 間	8:00～16:00
日　　　　給	16,000円(ただし機械、燃料は自分持ち)
	(人件費総額264万円(25.1%))

出所)聞き取り調査に基づき作成。

特集1 新しい階級社会と労働者像

「緊急地域雇用特別交付金についての調査研究」の一環として実施された「基金事業で就労された方々の労働、生活実態アンケート調査」(以下「センター就労者調査」と略、なお同調査の結果の概要は建設政策研究所北海道センター[2002]第4章(椎名恒執筆)参照)の結果をからめながらみていくことにしよう(同調査研究のメンバーは椎名(代表)、佐藤陵一、若月清人、飯田茂、川村雅則の諸氏と白井)。

表2はA市で99年度に実施された「基金事業」(すなわち調査対象者が就労した基金事業)の内容、そこでの労働条件についてみたものである。ちなみにこれらの「基金事業」の労働条件は、「基金事業」就労者がそれまで就いた職業、及び「基金事業」就労終了後についた職業の就労条件(後述)と比べれば、必ずしも劣悪とはいえない、という点には留意すべきである。

就労者9名の内訳は男性4名、女性5名、男性は50歳代1名、60歳代3名、女性は20歳代2名、30歳代1名、50歳代1名、主たる家計の負担者は50歳代の男性1名と60歳代の男性2名の合計3名であった。これに対し「センター就労者調査」における調査対象者の年齢、性別構成は**表3**のとおりである。なお「センター就労者調査」においては、「主たる家計の負担者」が本人であるものと、そうでないものがほぼ半々であった。

まず彼らの基金事業就労(失業)にまで至る職業遍歴、および失業に陥った直接のきっかけ(直前職の離職理由)をみてみよう。それを示したのが**表4**である。ここからは、①基金事業就労者はその職業生活の多くの部分を「不安定就業」に属する職業で送ってきたこと、②直前職も多くは不安定で低賃金・低報酬の仕事であること、③「倒産」「事業所閉鎖」等いわゆる「非自発的理由」に属する理由により失業に陥っているケースが多いこと、といったことがわかる(ちなみに離職理由の中で「いじめ」「人間関係」があげられている点も興味深い点である)。

こうした特徴は「センター就労者調査」の調査結果からもほぼ推測できるところである。表5は同調査に

表3 調査対象者の属性

(単位:人、%)

性別		年齢	
男 性	67(65.7)	30歳未満	27(26.2)
女 性	35(34.3)	30歳代	17(16.5)
		40歳代	13(12.6)
		50歳代以上	46(44.7)
合 計	102(100.0)	合 計	103(100.0)

注)( )内は構成比、以下同。
出所)建設政策研究所北海道センター「基金事業で就労された方々の労働、生活実態アンケート」(以下「センター就労者調査」と略)、その結果については建設政策研究所北海道センター[2002]第4章(椎名恒執筆)参照。

表4　「基金事業」就労者の「基金事業」就労に至るまでの職業遍歴

○50代男性	23～48歳、正社員（5～9人規模企業のセールス） 98年10月会社倒産により失職、失職時月収30万円
○60代男性	31～45歳、就労（仕事内容不明）→不明→53～65歳、5～11月の季節雇（役場、屋外作業） 99年2月職場の閉鎖により失職、失職時月収20万円
20代女性	18～23歳、正社員（15人規模企業の電算事務）、やりたい仕事をするために退職→24～25歳、正社員（15人規模企業の設計関連）、99年11月いじめを受け退職 退職時月収17万円
20代女性	21～23歳、正規従業員（医療関連）、人間関係により退職→23～26歳、正規従業員（医療関連）、98年12月健康上の理由により退職 退職時月収16万円
60代男性	35～47歳、会社経営者（10～29人規模、建設関連）会社閉鎖→不明→56歳～60歳、自営業主（10～29人規模、製造業関連）、仕事を辞めた時の月収35万円
30代女性	18～24歳、正社員（10～29人規模企業の事務職）、94年3月結婚のため退職 退職時月収11万円
50代女性	43～50歳、季節雇（5人未満規模企業、建設関連）、99年9月会社閉鎖により失職
○60代男性	～60歳、自営業主（建設関連）97年、高齢のため辞める。

注）○印は本人が主たる家計の負担者。退職時月収は手取り額。
出所）「A市就労者調査」。

よる直前職の雇用形態（「センター調査」では基金事業就労までの職業で集計しているのは「直前職」のみ）をみたものである。直前職が明らかに「不安定就業」に属する「臨時・契約・アルバイト」（17名、構成比20.2％）と「日雇・季節」（19名、構成比22.6％）である者だけで全体の4割以上を占めている。しかも「正規従業員」「自営、家族従業員」の中にも実質的には「不安定就業」に含めるべきである者も存在することも考えれば、「基金事業」就労者の決して少なくない層が、「不安定就業」に属する職業とその職業生活において深い関連をもっていることの一端が示されているのではないだろうか。ただし確実に「安定就業」といえる「公務員」（4名、構成比4.8％）、その中の一定部分は「安定就業」といえる「正規従業員」（35名、構成比41.7％）も少なくない比率を占めているということにも（「公務員」「正規従業員」を合わせた数の方が「臨時・契約・アルバイト」「日雇・季節」を合わせた数よ

表5　基金事業就労者の直前職の雇用形態

（単位：人、％）

正規従業員	35（41.7）
臨時・契約・パート アルバイト	17（20.2）
日雇・季節	19（22.6）
自営・家族従業員・法人役員	6（7.1）
公務員	4（4.8）
その他	3（3.6）
合　計	84（100.0）

出所）「センター就労者調査」。

特集1　新しい階級社会と労働者像

表6　直前職離職理由
(単位:人、%)

より条件の良い仕事への転職	8	(10.7)
自分に合わない	11	(14.7)
結婚・出産・育児	2	(2.7)
契約期間終了	15	(20.0)
定　年	9	(12.0)
高齢のため	5	(6.7)
健康上の理由	8	(10.7)
規模縮小・閉鎖 人員整理	12	(16.0)
その他	5	(6.7)
合　計	75	(100.0)

出所)「センター就労者調査」。

り多い)注目すべきであろう。この事実は「安定就業」と「不安定就業」「失業」とをへだつ壁がかってより低く薄くなっていることを示唆しているのである。

表6は「センター就労者調査」における直前職離職理由を示したものである。これによると「契約期間の終了」「定年のため」「規模縮小・閉鎖・人員整理」といった明らかに「非自発的理由」が全体の半数近く(48％)を占めている。これに対しとりあえず「自発的理由」としていい「より条件の良い仕事に転職するため」、「自分に合わなかったから」はあわせて25.4％を占めるにすぎない。「高齢のため」、「健康上の理由」、「結婚・出産・育児のため」はその後「基金事業」に就労していることを考えれば、「自発的理由」よりもむしろ「非自発的理由」の側面が強いのではないのではないだろうか。

「基金事業」就労者が「基金事業」に就労した理由としては、「A市就労者調査」によれば、彼らの世帯の生活状況(後述)、最終職離職理由を反映して、大多数が「求職中であったため」(5名)「自分と家族の生活を維持するため」(4名)、といういわゆる経済的理由をあげている。これに対して「時間に余裕があったため」(2名)、「生きがいのため」(1名)といった理由をあげた者は少数であった(複数回答可)。こうした点は「センター就労者調査」においても端的に示されている。同調査によれば回答者のかなりの部分が「基金事業」就労理由として「生活維持のため」「求職中であったため」のどちらかをあげているのに対し、「生きがい、社会参加のため」「健康のため」という理由はあわせて13％にとどまっている(**表7**)。また、「基金事業」就労時点の主な収入源としては、彼らのうち7割以上の人々が自らの「賃金」か「家族の収入・仕送り」をあげており、「雇用保険」や「年金」といった社会保障制度、あるいは「家賃・地代」「預金」といった項目をあげている者は少数であった(**表8**)。ここからは生活のためには就労せざ

表7　「基金事業」就労理由 (M.A)
(単位:人、%)

自分と家族の生活維持	47	(51.1)
生活水準向上	8	(8.7)
求職中であったため	41	(44.6)
生きがい、社会参加	8	(8.7)
健康のため	4	(4.3)
その他	11	(12.0)
合　計	92	(100.0)

出所)「センター就労者調査」。

表8　「基金事業」就労者の就労時点の収入源（M.A）
（単位：人、％）

年　金	13（16.5）
賃　金	32（40.5）
預　金	14（17.7）
家賃・地代	3（3.8）
雇用保険	8（10.1）
家族の収入・仕送り	34（43.0）
その他	4（5.1）
合　計	79（100.0）

出所)「センター就労者調査」。

表9　「基金事業」就労経路
（単位：人、％）

職安の斡旋紹介	29.5	(34.7)
職安以外の求人広告	18.5	(21.8)
家族、友人等の紹介斡旋	20	(23.5)
受注先からの紹介斡旋	12	(14.1)
自己開拓	2	(2.4)
その他	3	(3.5)
合　計	85	(100.0)

注) 2つの項目に回答したものは0.5として計算。
出所)「センター就労者調査」。

を得ない状況にありながら仕事がなく、とはいっても社会保障等にも頼れず、そのため、「生活維持のため」に「基金事業」に就労せざるを得なかった、といった姿が浮かび上がってくるだろう。ちなみに彼らの「基金事業」就労の経路としては、「A市就労者調査」によれば、「職安の斡旋紹介」4名、「家族・親戚・友人・知人の紹介・斡旋」4名、「シルバー人材センターの斡旋」2名となっており、「センター就労者調査」の結果は表9のとおりである。

さてA市における「基金事業」就労者の「基金事業」での労働条件は先に述べたとおりであるが、これに対し表10、11は「センター就労者調査」により、同調査対象者の「賃金形態」「賃金額」「就労日数」をみたものである（一日の「労働時間」は平均7.8時間、最低4時間、最高11時間であった）。ここから、1.賃金額としては平均

表10　「基金事業」就労者の賃金形態、賃金額
（単位：人、％、円）

賃金形態		賃金額	
時給	40（50.6）	平均	875
		最大	1,500
		最小	650
日給	33（41.8）	平均	8,339
		最大	22,000
		最小	5,100
月給	6（7.6）	平均	135,000
		最大	190,000
		最小	80,000
合計	79（100.0）		

出所)「センター就労者調査」。

表11　「基金事業」就労日数
（単位：人、％）

20日未満	8	(11.8)
20～40日未満	11	(16.2)
40～60日未満	4	(5.9)
60～80日未満	5	(7.4)
80～100日未満	10	(14.7)
100～120日未満	16	(23.5)
120～140日未満	15	(22.1)
140日以上	7	(10.3)
合　計	68	(100.0)

出所)「センター就労者調査」。

特集1　新しい階級社会と労働者像

表12　「基金事業」就労前の雇用保険受給動向
（単位：人、％）

受給申請中	2　(2.7)
受給中	6　(8.1)
受給完了	22　(29.7)
受給しなかった	44　(59.5)
合　計	74　(100.0)

出所)「センター就労者調査」。

で時給879円、日給8,339円、月給135,000円であり、明らかに高いとはいえないが、北海道の賃金相場、彼らのそれまでの職業遍歴、及び雇用保険の受給状況（**表12参照**）を考えれば生活維持のために一定意義を有するであろう額であること、2. 就労期間は最大6カ月までという制度的な限度があるが、実際には半数以上（51.4％）が3カ月未満と、制度的限界よりかなり少なくなっている、ということがいえよう。

「基金事業」就労者の「基金事業」に対する満足度についてみると「A市就労者調査」では「賃金」については「十分満足」4人、「大体満足」5人、「労働時間」については「十分満足」5人、「大体満足」3人、「仕事のきつさ」については「十分満足」3人、「大体満足」4人、「どちらともいえない」1人、「仕事の内容」については「十分満足」2人、「大体満足」6人、「どちらともいえない」1人、「やや不満」1人、「仕事の期間」については、「十分満足」3人、「大体満足」2人、「どちらともいえない」2人、「やや不満」1人、「かなり不満」1人となっており、全体的にどの項目も満足度は高いが相対的にいって「仕事の期間」についてやや満足度が低くなっている。こうした傾向は「センター就労者調査」においても同様にみられるところである（**表13参照**）。

「基金事業」就労者は同事業就労終了後、調査時点でどのような就労状況にあったであろうか。「A市就労者調査」の結果は**表14**のとおりである。5名が調査時点で再就職していたのであるが、彼らについてみれば再就職に至るまでの期間は比較的短いこと、とはいえ就職先をみると必ずしも「安定就労」とはいえないような

表13　「基金事業」に対する満足度
（単位：人、％）

	賃　金	労働時間	労働強度	仕事内容	就労場所	就労期間
十分満足	17 (18.1)	17 (17.9)	16 (17.2)	17 (17.7)	20 (21.5)	4 (4.4)
大体満足	35 (37.2)	44 (46.3)	38 (40.9)	38 (39.6)	37 (39.8)	19 (20.9)
どちらともいえない	20 (21.3)	20 (21.1)	24 (25.8)	24 (25.0)	18 (19.4)	18 (19.8)
やや不満	11 (11.7)	9 (9.5)	9 (9.7)	9 (9.4)	10 (10.8)	21 (23.1)
かなり不満	11 (11.7)	5 (5.3)	6 (6.5)	6 (6.3)	8 (8.6)	29 (31.9)
合　計	94 (100.0)	95 (100.0)	93 (100.0)	96 (100.0)	93 (100.0)	91 (100.0)

出所)「センター就労者調査」。

表14　調査時点での基金事業就労者の仕事——就いたきっかけ、時期、月収

○50代男性
　4月より4～12月の季節雇(30～99人規模企業、林業関連)に家族・親戚・友人等の斡旋紹介で就労、月収25万円
○60代男性
　5月より季節雇(林業関連)で就労、月収12万円
　20代女性
　5月より300～999人規模企業、設計技術職の正社員で就労、求人広告による。月収17万円。
　20代女性
　6月より医療関連で正規従業員として就労、民間職業紹介機関の紹介による。月収15万円
　60歳男性
　5月より10～29人規模の製造業関連の自営業主、月収年金込みで30万円

注)○印は本人が主たる家計の負担者。月収は手取り額。
出所)「A市就労者調査」。

職業であること、がわかる。また現在仕事に就いていない者4名のうち「求職活動中」2名、「求職活動を行っていない」1名、「不明」1名であった。そして「求職活動を行っていない」者はその理由として「家庭上の理由から家事専業の必要があるから」ということをあげている。なお「センター就労者調査」によれば彼らの調査時点での就労状況は、「就労」46名、「未就労」42名、「不明」17名であった。

彼らの調査時点現在の総月収(手取り)は「A市就労者調査」によれば5万円以下2名(内1人は0)、11～15万円2人、16～20万円2人、21～25万円2人、26～30万円1人となっており、その就いている仕事の種類を反映してかなり低いことがわかる。

ところで人の生活の単位は世帯であり、その人の生活実態の分析にあたっては世帯単位で行う必要があろう。そこで以下では基金事業就労者の世帯の生活状況についてみていくことにしよう。

まず世帯員数については、「A市就労者調査」においては一人世帯(一人暮らし)の者は存在せず、二人世帯5名、三人世帯1人、四人世帯2人、五人以上世帯1人であった(「センター就労者調査」の結果は表15参照)。世帯の形態としては「夫婦のみ世帯」三世帯、「両親夫婦子供世帯」一世帯、「義姉夫婦子供世帯」一世帯、「祖母両親本人世帯」一世帯となっている。主たる家計の負担者については、本人

表15　「基金事業」就労者の世帯員数
（単位：人、％）

1　人	20 （ 19.2）
2　人	47 （ 45.2）
3　人	14 （ 13.5）
4　人	14 （ 13.5）
5　人	9 （ 8.7）
6人以上	0 （ 0.0）
合　計	104 （100.0）

出所)「センター就労者調査」。

特集1　新しい階級社会と労働者像

表16　主たる家計の負担者の現在の職業（本人を除く）

```
20代女性の夫
　団体職員事務職として1年半勤務、月収10万強
50代女性の？
　5～12月の季節雇(建設関連)として20年勤務、月収18万弱
60代男性の妻
　4～11月の季節雇として10年勤務、月収10万弱
30代女性の夫
　正社員(30～99人規模企業、設計関連業務)に10年勤務、月収20万前後
50代女性の夫
　4～11月の季節雇(漁業関連)として4カ月勤務、月収25万円
```
注)他に年金生活1名。月収は手取り。
出所)「A市就労者調査」。

3人、配偶者4人、父1人となっていた。主たる家計の負担者の内の一人は年金生活者であり、それ以外の者の職業は**表16**のとおりであり、本人と同様多くは「不安定就業」に分類されるべきものである。なかでも夏場を中心とした「季節雇」が目につく。

　各世帯の収入源については、「A市就労者調査」では「賃金」四世帯、「事業収入」三世帯、「家賃・地代」一世帯、「貯金・貯金の利子」一世帯、「家族の収入・家族からの仕送り」四世帯となっており（収入源についてすべてあげてもらった）、主として本人ないしその家族の賃金・事業収入に依存していることがわかる（表8より、「センター就労者調査」での調査対象者もほぼ同様の事情であることがうかがわれる）。それゆえその職業の多くが「不安定就業」に類するものであるということは、直接世帯収入に反映され、その世帯収入（調査時点、00年6月）は、20万円以下二世帯、21～25万円三世帯、26～30万円一世帯、31～40万円二世帯と、かなりの低水準であった。この数値を単純に12倍したものを年収とすると（職業の性格上賞与等が期待できないケースが多いことを考えると実際の年収に近いように思われる）、五世帯が300万円以下となる。次に調査月の支出をみると20万円以下三世帯、21～25万円二世帯、26～30万円二世帯、31～40万円一世帯となっており、どの世帯もほぼギリギリ（場合によっては赤字）の生活を送っていることが推測できよう。この点は暮らしぶりについての設問の結果によっても確認されているところであり、生活に「余裕がある」「やや余裕がある」と答えた世帯は存在せず、「ぎりぎり

表17　現在の暮らしぶり	
	(単位：人、％)
かなり苦しい	30（30.6）
やや苦しい	16（16.3）
ぎりぎりなんとかやっている	41（41.8）
やや余裕がある	11（11.2）
合　計	98（100.0）

出所)「センター就労者調査」。

表18　生活不安の有無	
	(単位：人、％)
不安がある	75（83.3）
わからない	7（7.8）
不安がない	8（8.9）
合　計	90（100.0）

出所)「センター就労者調査」。

何とかやっている状態」三世帯、「やや苦しい」二世帯、「かなり苦しい」一世帯となっている。ちなみに「センター就労者調査」においても「やや余裕がある」はわずか11.2％にすぎず、逆に46.9％が「かなり苦しい」「やや苦しい」を回答している（**表17**参照）。

　こうした苦しい生活の中で具体的には、どのような項目に対する支出が負担となり、どのような項目に対する支出を切り詰めているのだろうか。「A市就労者調査」によれば「負担になっている項目」としては「保険・医療費」三世帯、「冠婚葬祭費」三世帯、「副食費」二世帯、「交際費」二世帯、「こづかい」二世帯、「水道・光熱費」二世帯、「切り詰めている項目」としては「副食費」四世帯、「煙草代」二世帯、「娯楽用耐久財費」二世帯、「外食費」二世帯、「水道・光熱費」二世帯となっている。生命の再生産にあたって最も基本的な「食」に関する項目が負担・切り詰め項目とされている点に彼らの生活の困難性が示されているように思える（「住居費」があがってこない点は後述の住居の状況との関係で留意すべき点である）。こうした中で全世帯とも何らかの生活上の不安を抱えており（「センター就労者調査」における生活不安の有無については**表18**参照）、具体的には「老後の生活設計」八世帯を筆頭に、「生活費」三世帯、「失業・倒産等」二世帯、「子育て・教育」二世帯、「医療費」二世帯、「介護問題」二世帯、「職場の人間関係」一世帯、「住宅問題」一世帯となっている。貯金については「毎月している」三世帯、「たまにしかできない」四世帯、「全くできない」四世帯となっており、毎月行っている世帯の貯金額は大体2～3万円であり、上述のような状況にもかかわらず（あるいはそうした状況だからというべきか）何とか苦しい中からやり繰りして貯金しようとしている状況が読み

表19　預金状況	
	(単位：人、％)
全くできない	58（68.2）
ボーナス時にたまに	10（11.8）
毎月している	17（20.0）
合　計	85（100.0）

出所)「センター就労者調査」。

特集1　新しい階級社会と労働者像

表20　生活保護受給希望の有無
(単位：人、％)

あり	15 (20.3)
なし	59 (79.7)
合計	74 (100.0)

出所)「センター就労者調査」。

取れる。なお「センター就労者調査」における貯金の状況は表19のとおりである。

世帯の生活の場である住居状況をみると、「A市就労者調査」によれば、「一戸建持ち家」六世帯、「民間賃貸住宅・アパート」一世帯、「公営住宅」一世帯となっており持ち家の比率が高い。これを反映して毎月の住居費(家賃・ローン等)も2万円以下一世帯、3万円以下一世帯、5〜7万円一世帯、10万円以上一世帯と(10万円以上世帯が一世帯あるとはいえ)比較的低い水準となっている。こうした住居の状況は彼らの苦しい生活をなんとか支えるもののひとつといえよう。ただこの点は道東のA市という立地条件のゆえという点もあり、全国的状況としてはむしろ住居費が彼らの生活にとって負担となっている場合が多いと思われる(ちなみに「センター就労者調査」によれば「持ち家」39％に対して「借地・借家」53％であった)。

以上のような苦しい生活状況を反映して我が国の生活保護制度では稼働能力を有する者が保護を受けることは不可能に近い状況にもかかわらず、「センター就労者調査」によれば20.3％が「生活保護」の受給を希望していた(表20)。

3. 雇用失業政策としての「基金事業」制度

(1)　国際的動向からみた「基金事業」制度の制度的特質

前節で述べたような、「基金事業」就労者(＝「失業者」といっていいだろう)の実態からは、「基金事業」制度は雇用失業政策としてどのように評価されるべきであろうか。同制度の評価を行うにあたってまず、同制度の制度的特質を「公的部門における直接的雇用創出策」をめぐる国際的な動向を基に析出することにしよう。

「基金事業」制度の概要については先に述べたとおりであるが、国際的にみて同制度の主たる制度的特質として、次の5点を指摘することができよう。

第一は「民間営利企業への委託方式」中心という特徴である。すなわち地方公共団体が直接、プロジェクトを実施し、そこに失業者を就労させるという方式ではなく、民間営利企業にプロジェクトを委託し、就労者の雇用は民間営利企業が行うという方式を主としている点である。各国の制度(各国の制度については例えば、Brodsky [2000]、白井[2002a] [2002c]等参照)を概観すると、確かに民間企業

が事業の受け皿となれるという制度も存在しているようである（デンマーク"Job Offer"〔この制度については例えばOECD［1988a：41-42］及びOECD［1996：30-31］参照〕、ドイツABM等）。そしてドイツのABMに関しては、事業の受け皿となれるのは民間企業のみとされた時期（97年）も一時存在した（その理由は民業非圧迫の徹底、ABMの抑制のため）。しかしドイツについては、その後その措置は事実上撤回されたのであり（OECD［1998：108-110］、特にp.109参照）、その他の国についても、民間企業の営利活動は対象外としているのが一般的であると思われる（例えばOECD［1980：13、44］の叙述等より）。それゆえ国際的にみれば、「基金事業」制度におけるように「民間営利企業への委託方式」中心というのは、例外的存在であり、それゆえ「基金事業」の制度的特質のひとつといえよう。

第二は「一人一回限り最大6カ月まで」という就労期間の限定である。ちなみに「一人一回限り」という限定からわかるように、以前に基金事業への就労経験を有するものは、その後失業状態が続いていても、基金事業で働くことはできないというものである。筆者の知る限り、各国の制度の中で、就労者が無期限にいつまでも「直接的雇用創出策」に就労できるという制度は少数[4]である。また、6カ月という就労期間はやや短いようにみえるが、大幅に短いとはいえないようである（一人一回限りという限定を設けているケースはまれであると思われるが……）。その意味で各国の制度と比較した場合、一回限りとの限定はともかくとして、6カ月との限定については、必ずしも特異とまではいえない、といえるかもしれない。しかし各国の制度との比較を行う場合は、1.「直接的雇用創出策」への一定期間の就労により失業保険受給資格を取得できるとなっている国も存在すること（それゆえ、「直接的雇用創出策」への一定期間の就労→失業保険受給資格取得→失業・失業保険受給→「直接的雇用創出策」への就労、という繰り返しが制度上可能となっている国もある）、2. 我が国の場合の失業政策の不十分さ、すなわち諸外国と我が国との、失業保険（我が国は「雇用保険」）の受給額・期間の相違、失業保険終了後の所得保障制度の充実度等の違い、を留意すべきである。ちなみにOECDその他での「就労期間」についての議論をみる限り、この問題は、①同政策への滞留の防止・正規雇用への移行促進、と、②能力開発機会の提供、必要で一定の質のサービスの提供、という2つの基準をもとに、議論が展開されているように思われる（OECD［1980］、Nathan［1981］等の論述参照）。

第三は交付金（補助金）の配分基準とその助成対象に関してである。すなわち、交付金は人口比に基づいて各地方自治体に配分され（人口比配分原則）、しかもその交付金は全事業費をカバーするものとなっている（事業費全額国庫補助原則）という特徴である。この点につき、各国の経験をみると、まず配分基準としては、「失業の深刻度」を重視している場合と、各地方自治体の提案に基づく場合（地方政府にプロジェクトを「提案」させ、そのうち要件を満たすものについて補助金を付与する）のどちらかがほとんどである。又助成対象としては、労務費中心で、地方政府、その他実施主体（NPO等）に一部自己負担させるというケースが多い。それゆえ我が国の「基金事業」制度の「人口比に基づいて配分、事業費全額国庫補助」という原則は国際的にみてもひとつの特質をなしているといえよう。

　第四は「既存の事業」の肩代わりは不可という、「新規事業原則」である。従来、各国（特に米国）において、「直接的雇用創出策」に対しては、同政策により創出された雇用の中には、他の分野での雇用が置き換えられたにすぎないというものも一定量存在するのではないか、それゆえ同政策により創出された雇用全てを果たして「正味雇用増」とみなしていいのかどうか、との懐疑が寄せられ、議論の対象となってきたし、今日もなっている。「基金事業」において「新規事業原則」がとられたのは、こうした議論を意識してのものと思われる。

　最後に第五は、対象者についての限定が全く存在しない、という点である。ちなみにどういった属性の者を政策対象としているかは、その国の経済雇用状況等により国毎に異なるが、各国の例をみる限り、長期失業者、若年者、高齢者、障害者、マイノリティ等、特に政策的対処が必要だと思われる人々が主として対象とされているようである。

　ではこうした制度的特徴は、どのように評価されるべきであろうか。国際的な動向を念頭に置き、実態調査の結果等をからめながら、その点についてみていくことにしよう。

(2) 制度的特質とその評価
1) 民間営利企業への委託方式中心

　「基金事業」の運営方式は、「民間営利企業等への委託方式」中心である。すなわち教育関連を除いて、主として民間営利企業に事業を委託するというものである。

自治体側はこうした方式をそれ程問題視していないようである（**表21**）。では、「基金事業」就労者の実態等に照らせば、この「民間営利企業への委託方式」はどのように評価されるであろうか。

「直接的雇用創出策」には、1.失業者に就労と所得獲得の機会を与える、2.失業者に就労の機会を付与することで、OJT、能力開発の機会を提供し、もって正規雇用への移行を促進する、3.必要な公的サービスを提供する、といった3つの目的がある。結論的にいえば、この3つの目的のうち3.の目的に関していえば、民間企業の営利活動をもプロジェクトの対象とするということは、問題があるといえるが、1.に関してはプラスに評価できるし、2.に関してもプラスの効果を発揮する可能性を有している、といえる。

まず3.に関しては、**表22、23**からもそうした結論は推測できるであろう。すなわち「利用者、地域住民に役にたっている」という比率は明らかに「非営利団体」より「営利団体」の方が低くなっており（表22）、しかも「地域にとって役にたった事例」としてあげられている事業の多くも「非営利団体」が受け皿となっているのである（表23）。

これに対し、1.に関していえば、民間企業が事業の受け皿になっているとはいえ、ともかく就労と所得の機会が公的部門の責任のもとに失業者（ただし「基金事業」の場合は対象者が失業者に限定されていないのだが……）に保証されているのだという事実は無視できないであろう。そして先にみた①就労者の多くが生活水準が低く、いわば「貧困」と隣り合わせの層であること、②彼らの多くが生活のためには就労せざるを得ない状況にありながら仕事がなく、しかも「雇用保険」等社会保障制度には頼

表21　営利団体委託の問題性

（単位:％）

非常に問題である	2.9
問題である	18.1
とくに問題はない	70.2
その他	8.8
合　計	100.0

出所）建設政策研究所北海道センター「緊急地域雇用特別交付金による事業の実態調査（自治体調査）」（以下「自治体調査」と略）、その詳細は建設政策研究所北海道センター［2002］第5章補論（川村雅則執筆）参照。

表22　営利団体、非営利団体別にみた利用者・地域住民に対する有意義度

（単位:団体数、％）

	営利団体	非営利団体
有意義だったと思う	42（53.2）	42（70.0）
どちらともいえない	23（29.1）	14（23.3）
有意義ではなかったと思う	14（17.7）	4（6.7）
合　計	79（100.0）	60（100.0）

出所）建設政策研究所北海道センター「『緊急地域特別交付金による事業』アンケート調査」（以下「事業所調査」と略）、同結果の詳細については建設政策研究所北海道センター［2002］第5章（椎名恒・飯田茂・川村雅則執筆）参照。

特集1　新しい階級社会と労働者像

表23　地域に役に立った事業とその委託先

事業内容	自治体及び担当	年度	事業名	事業内容	事業費	雇用創出効果 延人日	雇用創出効果 人	雇用創出効果 内新規 人日	雇用創出効果 内新規 人	100万円当り雇用創出効果	委託先	選定方法	備考
教育	北海道教育庁	'99-'01年度	ティーム・ティーチングの臨時講師配置事業	公立小・中学校において、教員と時間講師が協力して、一斉授業に加えて、個別指導、グループ指導等を取り入れたり、学級集団の枠を超えて学習集団を弾力的にするなどの指導方法により、1個に応じた多様な教育を推進する。	386,167,085	45,198	414	45,198	414	117.0	直接事業		事業費、雇用創出効果は'99、'00年度分を合算したもの
教育	G市	'99年度	パソコンセミナー	中高齢者・主婦等を対象に相応しい研修機会を提供する	2,599,800	3,171	191	3,153	189	1,219.7	商工会議所	随意契約	'01年度にも実施、別紙を参照。
施設管理	H市	'00年度	駅前自転車駐車場等の利用者への駐輪マナーの啓発	駐輪自転車管理、利用者指導、駐輪マナー啓発、啓発及び盗難防止監視。	1,541,730	517	10	517	10	335.3	広域シルバー人材センター	随意契約	'01年度以降も市の財源で継続
調査	H市	'99年度	新産業創出のための地域農産物等の高付加価値化可能性調査	地場農産物を活用して機能性食品、及び健康食品の開発等商品化への道を。	2,999,250	174	4	142	2	58.0	株式会社	随意契約	
調査	G市	'00年度	市内れんが建造物基礎調査	市内れんが建造物の実態を把握し、カルテを作成し基礎資料を作成する。	4,113,900	625	18	520	17	151.9	NPO法人	随意契約	
除排雪	E市	'99年度	交通弱者対象交差点段差解消モデル事業	高齢者等のいわゆる交通弱者が安全に外出できるよう、交差点・横断歩道部分の危険箇所を調査・点検し、機械除雪により生ずる段差・アイスバーンの解消事業を試験的に実施する。	3,182,550	380	20	352	19	119.4	企業組合×3	随意契約	'98年度から実施されていた単費分に、支付金事業分が加わり実施、'99～'01年度以降も規模を縮小せずに実施される予定。
		'00年度			3,282,300	376	24	376	24	114.6			
リサイクル	O町	'00年度	リサイクル推進事業	ゴミの減量化とリサイクルを推進するため、各町内会の空き缶回収の委託事業	1,500,000	212	4	212	4	141.3	高齢者事業団	随意契約	'01年度も継続、'02年度以降は町の財源で継続することを予定

出所：建設政策研究所北海道センター［2002：148］。

れず、そのため「生活維持」のため「基金事業」に就労したこと、③それまでの職業生活もその後の職業生活も多くが「不安定就業」であること、それゆえ彼らがそれまで就労していた、あるいはその後就労した仕事の条件から比べれば、「基金事業」での仕事の条件はそれ程劣悪とはいえないこと、④就労期間を除いては就労者の「基金事業」に対する満足度は高いこと、という「基金事業」就労者の実態調査の結果は、そうした事実の意義を強調するものとなっているのではないだろうか。

ただ1.に関して評価するためには（とりわけもし同施策が「循環的失業対策」として実施されたものである場合には）創出された雇用のうち「正味雇用増」はどれだけかということも問われなければならないだろう。けだし、ある「直接的雇用創出策」が一方で一定数の失業者に就労の場を提供したとしても、他方でその多くが「みせかけ上の雇用増」にすぎないという場合は、1.に関してもプラスに評価することができないからである（「正味雇用増」「みせかけ上の雇用増」の概念については白井[2002b]参照）。では「民間営利企業への委託方式」の場合この点はどうであろうか。抽象的にいえば「民間営利企業への委託方式」では、雇用助成金制度、賃金助成金制度等の場合と同じく、"Deadweight Loss"、"Displacement Effect"（両概念についてはFay[1995:30]参照）等「みせかけ上の雇用増」が多く生まれる可能性が高いといえよう。補助金を受け事業を行う企業は、雇用を増やし、Outputを拡大するのであるが、同時にそれは、その分同業他社のOutputを縮小させ、その企業の雇用を圧迫するおそれがある（Displacement Effect）。また、「基金事業」による補助金の投入がなくても事業がなされ雇用が生まれたような事業を、「基金事業」とし、補助金を投入して行う、というケースも存在し得るだろう。その場合創出された雇用は"Deadweight Loss"として、「見せかけ上の雇用増」にあたるだろう。それゆえ、「民間企業への委託」方式では「みせかけ上の雇用増」を多く生む可能性を否定できないのではないだろうか。ただしこの点に関しては実態分析からは何ともいえないのであるが……。

最後に2.の点[5]については次の点に着目すべきだろう。すなわち失業者に与えられる就労が、民間企業の営利活動の一環をなすものであるということは、仕事の成果が市場競争の中で厳しく問われることを意味し、そうであれば、使用者は（失業者のためではなく）自らの利益のために、就労者の能力開発に必然的に熱心にならざるを得ないことになる。また、その就労が営利活動の一環をなすものであ

特集1　新しい階級社会と労働者像

表24　営利団体の就労者の継続雇用状況
(単位：事業体数、%)

継続雇用した者がいた	29 (35.8)
継続雇用した者はいなかった	46 (56.8)
既存従業員のみで事業を実施	5 (6.2)
その他	1 (1.2)
合　計	81 (100.0)

出所)「事業体調査」。

るということは、そこでの就労経験は、民間への再就職にとって有用性をもつ可能性が強い。さらに、民間企業で就労するということは、失業者にとってもその民間企業に自らの能力をアピールするチャンスが与えられることを意味するであろう、といった点である。そして実際、以上のようなプラスの連環を推測させる事実も存在する。例えば建設政策研究所北海道センターの「事業所調査」によれば、事業を受託した「営利団体」のうち35.8%の事業所が「基金事業」就労者の継続雇用を行っているということである(**表24**、ただしその比率は「非営利団体」での方が高いのであるが……。建設政策研究所北海道センター[2002：155])。また具体的事例としても、19〜21歳まで小規模企業の工場生産現場でパートタイマーとして働き、「健康上の理由」で離職した21歳女性で、「基金事業」として実施された「資料整理の事務作業」に従事し、「こちらの仕事の方が自分に合っている」ことを発見し、その後「事務の仕事」(パート)に就いた、という事例もみられる(建設政策研究所北海道センター[2002：145])。

とはいえ、「民間営利企業への委託方式」には、仕事の種類によっては、その企業の特殊性が強く汎用性がなく、その後の就職活動にあまり役立たないというデメリットが生じる可能性も否定できないことには留意すべきであろう。

以上を総合すれば、「民間営利企業への委託方式」中心という運営方式に関しては、実態からみれば、公的サービスを提供するという点等に関して問題をはらみながらも、失業者に就労と所得の機会を与えるという点ではプラスに評価でき、さらに再就職を促進するという点では一定のプラス効果を有する可能性をもつものである、と総括できよう。[6]

2)　就労期間最大6カ月まで (それも一人一回限り) という制限

「基金事業」に就労できるのは、一人一回限り、最大6カ月までである。この点はかっての「失業対策事業」と大幅に違う点である (というより、「基金事業」を「第二の"失対"」に絶対にしないということを念頭において、定められた制度である)。

では、「6カ月という就労期間限定 (一人一回限り)」は、どのように評価されるべきであろうか。

「直接的雇用創出策」は、失業者に失業時に就労と所得の機会を与えることだけでなく、彼らを正規雇用へ移行させることをも目的とするものである。その意味では、6カ月という限定（あるいは何らかの就労期間限定を設けるということ）は、表面的には必ずしも否定されるべきこととはいえないかもしれない。しかし我が国の失業政策の現状、その国際的位置をみた場合、抽象的に考えても6カ月との期間には、否定的とならざるを得ないだろう。

「直接的雇用創出策」は、特に「循環的失業対策」として実施される場合には、できるだけ多くの失業者に就労の機会を与えるということが目的のひとつとなろう。その点からすれば、「一人一回限り最大6カ月まで」との限定は、必ずしも否定的には位置付けられない、あるいは肯定的に位置付けられるかもしれない。ただし、今回の「基金事業」については、専ら「循環的失業対策」であることを意図したものであるとはいえない、否むしろ「構造的失業対策」なのか、「循環的失業対策」なのかの位置付けが不明である、ということも留意すべきである。

「直接的雇用創出策」は、失業者に就労の機会を付与することで、就労者の能力開発を行うということをも目的とするものである。こうした「訓練機会の提供」という観点からすれば、就労期間が「最大6カ月まで、しかも一回限り」ということでは、職業訓練に一定時間をかければ、事業の遂行に支障がでる、一定の職業訓練を施し、能力開発を行っても慣れたころに期限がきてしまう（その後は「基金事業」では雇えない）、といった事態のため使用者にとっては訓練インセンティブが働きにくい、そのためいきおい、特別な職業訓練が必要ないような、だれでもすぐに就労できるような仕事でのみ、失業者を雇うという傾向を導きやすい。それは同時に、失業者に対して、就労しても能力開発の可能性が少ない仕事が提供されることを意味することになるだろう。このように考えれば、「訓練機会の提供」という観点からすれば、基金事業での就労期間制限は否定的に位置付けざるを得ないといえる。事実、「雇用期間の制約は事業遂行上不便」と答える「営利団体」の比率は37.5%で他の項目に比べて相対的に高くなっているのである(**表25**)[7]。

表25　営利団体の雇用期間の制約に対する意見

(単位：事業体数、%)

雇用期間の制約は事業遂行上不便である	30（37.5）
雇用期間の制約は事業遂行上不便ではない	18（22.5）
どちらともいえない	23（28.8）
その他・不明	9（11.3）
合　計	80（100.0）

出所）「事業体調査」。

特集1　新しい階級社会と労働者像

表26　「基金事業」就労者の満足度のスコア

賃　　金	0.38
労働時間	0.62
労働強度	0.53
仕事内容	0.51
就労場所	0.54
就労期間	-0.57

注）スコアは「十分満足」2、「大体満足」1、「どちらともいえない」0、「やや不満」-1、「かなり不満」-2とし、その数値をそれぞれの回答者数に掛け、回答者総数で割った値。
出所）「センター就労者調査」をもとに集計。

又、「一人一回限り6カ月まで」との制約は、「必要な公的なサービスの提供」という直接的雇用創出策の重要な目的にとっても、マイナスに作用するであろう。けだし、「6カ月まで」ということは、6カ月限りで終了しても差し支えない事業しか実施できないということを意味するからである（「6カ月」で終了しても差し支えなくてなおかつ、公的・社会的に必要な事業というものを探し出すのは困難であろう）。さらに「6カ月まで」との限定があることは、就労者の職業訓練に時間をかけられないことを意味するから、「提供されるサービスの質確保」という点からもネガティブな位置付けがなされよう。ちなみに自治体に対する調査においても、「雇用期間限定の問題性」を指摘している自治体の比率は63％にのぼり、他の項目よりかなり多くなっている（建設政策研究所北海道センター[2002：171]参照）。

以上を総合すれば、基金事業の「一人一回限り6カ月まで」との原則は、否定的に評価せざるを得ないだろう。そしてなによりも「基金事業」就労者自身、「基金事業」に対しては全体的に高い満足度を示している中で「雇用期間」にのみ強い不満を示しているのである（表26参照）。

3) 人口比配分原則と事業費全額国庫負担原則

「基金事業」においては、国からの各地方自治体への交付金（補助金）は、その人口に基づき配分され、しかも事業費は100％国庫負担によって賄われることとなっている。

では、我が国の人口比配分原則、事業費全額国庫負担原則はどのように評価されるべきであろうか。

まず事業費全額国庫負担原則からみてみよう。「直接的雇用創出策」においては、職業訓練の要素をもつことが必要とされている。その面からすれば、我が国の「基金事業」においては、補助金の対象が労務費だけでなく、非労務費を含む事業費全てとなっているということは、とりあえずはプラスの可能性をもつものと評価すべきであろう。けだし、訓練施設等は労務費に入らないからである。ただし、この可能性が現実となっているかどうかについては、他の特徴（例えば「就労期間最大

6カ月」まで)との関連で否定的にみざるを得ないであろう。

「直接的雇用創出策」実施にあたっては、地方政府及び、プロジェクトを直接実施する主体が実施インセンティブを有することが必要である。その際そのインセンティブをそぐ最大の要因は、実施主体の財政負担であろう。その点から考えれば、「基金事業」は100％国庫負担であるから、地方自治体にも、プロジェクト委託先民間企業にも、基本的にコスト負担は課せられないのであり、それゆえかなりプラスに位置付けるべきとなろう。そして自治体調査においてもほとんどの自治体が「全額国庫負担が望ましい」と回答しているのである(**表27**)。

表27 雇用創出、失業対策制度の財源について
(単位：％)

全額国庫負担が望ましい	86.0
一部自治体負担が望ましい	7.6
全額自治体負担が望ましい	1.2
その他	5.2
合計	100.0

出所)「自治体調査」。

これに対して「人口比配分原則」はどうであろうか。「直接的雇用創出策」はいうまでもなく、失業政策の一環をなすものである。さらに失業の深刻度は地域毎に異なっているのが普通である。それゆえ、同政策実施にあたっては、失業が深刻な地域程多く実施されるということが必要となる。この観点からすれば、人口比原則は、失業率原則等に見直す必要があるということになろう。ただ自治体調査によれば「交付金の人口比配分の問題」を指摘する比率はそれ程多くない(**表28**)。とはいえ筆者が行った自治体に対する聞き取り調査によれば、その理由として「失業の深刻度を基準とするといっても、毎年の各市町村別の失業状況を示す統計はない、それゆえ客観的な基準としては人口比原則しかないのではなかろうか」ということを挙げた自治体もあり、「人口比配分原則」に対する積極的な支持とばかりはいえないということにも留意すべきであろう。

以上を総合すれば、補助金の配分原則に関しては、「人口比配分原則」については「地域の失業率原則」へと変える必要があろうが、「事業費全額国庫負担原則」は評価すべきものである、といえよう。

4) 新規事業原則

「基金事業」として実施できる事業は、「新規事業」のみであり、既存の事業を「基金事業」で肩代わりすることはできないとされている。これは、既存の事

表28 交付金の人口比配分の問題性
(単位：％)

非常に問題である	5.2
問題である	30.2
特に問題はない	54.7
その他	9.9
合計	100.0

出所)「自治体調査」。

業を「基金事業」として行うことを認めると、(「基金事業」の場合は事業費全額国庫負担であるため) 地方政府が予算節約のためにその方法を乱用し、かくしてそこで創出される雇用が「正味雇用増」とはいえなくなってしまう、という事態の発生を避けるための規定であると思われる("Fiscal Displacement"発生の問題、"Fiscal Displacement"の概念についてはFay [1995:30]参照)。

ただし、同政策により創出された雇用のうち「正味雇用増」はどれだけかを考えるにあたっては、次の3点を留意すべきである。すなわち、1. 既存の事業を「直接的雇用創出策」と実施した場合でも、もし同政策による補助金がなかったならば、同事業はその水準を低下させざるを得なかったであろうと判断できる場合には、そこで生まれた雇用は「正味雇用増」といえるのではないだろうか(Nathan [1981]の言う"Program Maintenance"にあたる、この概念についてはNathan [1981:10])、2. たとえ「直接的雇用創出策」の補助金が、各政府機関の予算節約のために使われたにすぎないとしても (それゆえそこで創出された雇用は「みせかけ上の雇用増」にすぎないとしても)、それにより節約された予算が、減税や財・サービスへの公的支出増にあてられるならば、雇用創出効果は0とはいえない (この点をやや詳細に分析したものにOECD [1980:37-39]、Nathan [1981:26-28])、3.「正味雇用増」がどれだけかが、主として問題とされるのは、「循環的失業対策」として実施された「直接的雇用創出策」に対してである、の3点である。

では、「基金事業」の「新規事業原則」はどう評価すべきであろうか。

上述した、"Fiscal Displacement"の発生をできるかぎり避ける、すなわち「正味雇用増」をできる限り多く確保する、という観点からは、一見すると合理性があると評価できるようにも思える。しかし、よく考慮すれば、必ずしもそう簡単には「合理性あり」と位置付けられない面も浮かびあがってくるだろう。まず、「正味雇用増」が主として問題とされるのは、「循環的失業対策」として実施されたものについてである。しかし「基金事業」はそもそも「循環的失業対策」として実施されたものなのか、それとも「構造的失業対策」として実施されたものなのかが、不明確である。さらに既存の事業を実施するものであっても、先に述べた"Program Maintenance"と位置づけられるケースもあると思われるが、その点への配慮もなされていない。しかも、実施主体が主に「民間営利企業」という原則をとっているということは、「みせかけ上の雇用増」の比率が高くなる可能性を内在していること

とでもある。こうした点を考えれば、「正味雇用増」確保の点からの「新規事業」原則への肯定的評価には疑問を呈せざるを得ないだろう。

また、"Program Maintenance"が考慮されていないという点は、「直接的雇用創出策」の目的のひとつである、「必要な公的サービスを提供す

表29　事業計画の困難性

(単位:%)

非常に困難だった	8.2
困難だった	42.1
あまり困難でなかった	36.3
どちらともいえない	13.5
合　計	100.0

出所)「自治体調査」。

る」ということに関して、マイナスの位置付けを行わざるを得ないといえる。もし、ある事業が「直接的雇用創出策」として実施されることによって、(そうでなかったら廃止されるところ)存続維持されることが可能となったという場合は、「直接的雇用創出策」は「必要な公的サービスの提供」という点で貢献を果たしたといえる。とりわけ、政府各機関の財政事情が苦しい場合は、そうである。"Program Maintenance"の可能性を考慮せず、既存事業の実施を一律に禁止することは、「基金事業」のこうした形での「必要な公的サービスの提供」への貢献の道を閉ざしてしまうことになろう(この点を示唆するものとしてNathan [1981 : 69-72]、特にp.70参照)。

ちなみに自治体に対する調査によれば、「事業計画の困難性」を指摘する自治体の比率(表29参照)は他の項目と比べてやや高くなっていることには注意すべきであろう。

以上から、「基金事業」における「新規事業」原則は、「正味雇用増」を確保させるという点から一定合理性があるとはいえるが、しかしその運用にあたっては、"Program Maintenance"の場合を考慮すべき等柔軟な対応が必要である、といえよう。

5)　対象者の無限定性

「直接的雇用創出策」は、失業者救済を目的とするものであるが、全失業者を吸収できるだけの規模で同政策を実施することは不可能である。又失業者といっても置かれている状況はさまざまであり、それに応じてその対策も多様であるべきである。それゆえ、「直接的雇用創出策」は必然的に対象者を一定の属性の者に限定せざるを得ないことになる。ただし政策対象者の限定の範囲をどの程度にするかの決定にあたっては、事業効率や事業範囲との関係も考慮しなければならないだろう。つまり、対象者の限定をあまりに厳しくしすぎると、今度は「直接的雇用

特集1　新しい階級社会と労働者像

創出策」で実施される事業の事業効率、実施できる事業の事業範囲に悪影響を与える可能性が生じてしまう。そして結果として、地方政府のプロジェクト実施インセンティブをそいでしまうことにもなりかねないからである（この点に関する分析としては例えば Nathan [1981:45-47] 参照）。

　ところでわが国の「基金事業」については、就労者の限定は存在していない（正確には「以前に『基金事業』への就労経験がない者」との限定はあるが……）。つまり、「失業者」であることという要件さえも存在していないのである。では、「基金事業」のこうした「対象者が無限定である」という特徴については、どのように評価したらよいのであろうか。

　「直接的雇用創出策」は失業政策の一環であり、それゆえ「失業者」に対する政策である。こうした前提に立つかぎり、そもそも対象者について、「失業者」であるとの要件さえ明確化されていないということは、「基金事業」制度の大きな欠点であると言わざるを得ないであろう。

　これに対し、「公的に必要なサービスの提供」に際しての事業効率という観点からすれば、「対象者が無限定」という特徴は、一見すると好都合であるようにみえる。けだし、実施主体（主として民間企業）は、プロジェクトの実施に適した就労者を選択できる最大限の自由をもつことになるからである。しかし、1）でもややふれたところであるが、「民間営利企業への委託方式」中心という性格をもあわせて考えれば、「基金事業」により提供されるサービスが「公的」なものであるかどうか自体が、そもそも問題ということになろう。そうであるならば、「基金事業」においては、「対象者についての限定が存在しないため、就労者選択の自由が実施主体に与えられているから、事業効率確保にとってメリットあり」とは、単純にはいいきれないだろう（ただし、「対象者についての限定がない」という特徴は、少なくとも、プロジェクト実施主体の実施インセンティブを確保するという面からはプラスである、とはいえるのであるが……）。

　「直接的雇用創出策」については、その欠点として、「救済性と事業効率とのトレードオフ」ということがよく指摘される。すなわち「直接的雇用創出策」で実施される事業の効率を追求すればする程、事業遂行に適した「失業者」（職業能力が相対的に高い「失業者」）のみを雇用しようとする傾向が強まるため、救済目的が犠牲とされやすい。逆に救済目的を追求すればするほど、当該事業に必ずしも適

さない「失業者」をも一定雇わざるを得なくなるため、今度は事業効率が犠牲にされる、というわけである。そして「基金事業」の「対象者の無限定」という特徴をこのトレードオフとの関係でみれば、もっぱら「救済性」を犠牲にしてトレードオフの解消を図るという性格を有するものであると位置付けられよう。そしてそれは、このトレードオフに対する本末転倒ともいえる対応方法である。そうであれば、「救済性と事業効率とのトレードオフ」への対応という視点からしても、この「対象者の無限定性」という特徴は否定的にみざるを得ないであろう。

　ちなみに事業体に対する調査でも、「雇用創出の設定水準が高いことが制約となった」と答えているのは「営利団体」で38.5％、「非営利団体」で19.3％であるにすぎず、事業所側からも「失業者を雇用すること」が必ずしも問題点として指摘されているとは限らないということを述べておこう（建設政策研究所北海道センター［2002：155］）。

　以上をまとめれば、「対象者の無限定性」という特徴に関しては、マイナスとの評価が的確である。

4.　おわりに——若干のまとめと残された論点——

　これまで本論で述べてきた点を要約すれば以下のようにまとめられるであろう。
　1.「基金事業」就労者の多くは、その職業生活のかなりの期間を「不安定就業」に属する職業に従事し（ただし一方で「安定就業」から直接「失業」へといったコースをたどる者も少なくなく、このように「安定就業」と「不安定就業」「失業」との間をへだつ壁がかってより低く薄くなっていることの一端を示唆する事実も存在していることには留意）、非自発的理由で失業に陥った者である。彼らの属する世帯も「不安定就業」世帯というべきものであり、そのため世帯収入も低く、苦しい生活状態にある。彼らの多くは生活のためには就労せざるを得ない状況にありながら仕事がなく、とはいっても社会保障制度等にも頼れず、そのため、「生活維持」のために「基金事業」に就労した。「基金事業」就労終了後比較的早い時期に再就職を果たしているケースも少なくないが、その仕事も「不安定就業」に属する仕事である。彼らの「基金事業」前後に就労した仕事の条件と比較すれば「基金事業」の労働条件は必ずしもそれ程劣悪とはいえない。こうした事実のゆえか彼らの「基金事業」に対する満足度は「就労期間」を除き高いものとなっている。

2. 我が国「基金事業」制度は、「公的部門における直接的雇用創出策」の国際的な動向に照らせば、①「民間営利企業への委託方式」中心、②「一人一回限り最大6カ月までという就労期間制限」、③補助金の人口比配分原則と、事業費全額国庫負担原則、④「新規事業原則」、⑤「対象者が無限定」、という5つの制度的特質を有するといえる。こうした同制度を、「基金事業」就労者の実態等に即して考察すれば、その職業生活全体として比較した場合、必ずしも劣悪とはいえない条件の就労・所得確保の手段を、失業者にとりあえず公的な責任で提供している点、事業費全額国庫負担原則など、プラスに評価できる側面もある一方で、5つの各制度的特質にはそれぞれ本文で述べたような難点も多い。とりわけ「一人一回限り最大6カ月まで」「対象者の無限定性」といった特質は、それ自体否定的に評価せざるを得ない。今後はこうした難点を改善した形の「公的部門における直接的雇用創出策」の展開が要請されるだろう。

しかし、本論の課題を深めるにあたってはなお本来究明すべきでありながら本稿では十分に分析されていない点も数多い。そのうち主要なものとして最後に以下の3点を指摘しておくことにしよう。

第一は、北海道以外の「基金事業」就労者（ただし今後は後述するように「緊急地域雇用創出特別交付金」制度に基づく就労者となる、以下同）の実態調査である。本論で対象とされているのは北海道A市、及び道内の「基金事業」就労者のみである。しかし北海道は日本全体からすれば独特の産業・就業構造を有する地域である。それゆえ「基金事業」就労者の状況も、そうした地域的特性に規定され、地域特有の傾向を帯びざるを得ないだろう（例えば本論で指摘した「不安定就業」との深い関連も北海道、あるいはA市の産業・就業構造に規定されたものであって、もしかしたら大都市圏ではそうでないのかもしれない等）。そうであるならば、「基金事業」就労者の実態を解明するためには、北海道以外の地域の「基金事業」就労者の調査を行う必要があろう。

第二は調査の方法に関する点である。本論での調査は基本的に「アンケート」によるものである。「アンケート」方式に基本的にとどまったのは、「基金事業」就労者の就労者名簿は個人のプライバシーにかかわるため非公開であり、彼らの実態を調査するためには、「基金事業」実施主体を通じて就労者に「アンケート」を配布してもらう方法しかなかったためである。しかし彼らの実態をより具体的に解明

するためには、個々人に対する聞き取り調査が不可欠であろう。個人のプライバシー保護の観点から、対象者へのアクセスの仕方、そこで得られた情報の公開の方法には工夫が必要であるが、個別的な聞き取り調査とその分析を行う必要があろう。

最後に第三は、「公的部門における直接的雇用創出策」の国際的な議論・動向の分析に関することである。本稿では「国際的な議論・動向」という場合、主としてOECDについてのものにとどまっている。しかし今後はEU等の他の国際機関、さらには同政策を大規模に展開している国での議論・動向を分析する必要があろう。

今日の我が国には、かって先進資本主義国の中で、最も良好な雇用パフォーマンスを顕示した面影はみられない。そして雇用失業情勢は今日ますます深刻度を増す事態となっている。そうした中で日経連[2001]、大竹[2001a][2001b]等、雇用のセーフティネットという観点から、「公的部門における直接的雇用創出策」を提唱する方向も顕著になり、政府も「総合雇用対策」(2001年9月20日発表)で「基金事業」制度を一定改定した「緊急地域雇用創出特別交付金」制度(同制度については「総合雇用対策」〔'01.9.20〕、大須[2002]、及び厚生労働省ホームページ参照)を提唱し、2001年度補正予算により2004年度末までの予定で現在実施されている。しかしこうした主張・政策はあくまでも人材流動化促進という政策枠組みを是としつつ、それに対する「セーフティネット」として展開されているものである。これに対し、労働者階級各階層間の関係を明らかにし、彼らの状態を改善するという、いわば「新しい階級社会と労働者像」を基盤とした立場からは、何よりも労働者階級諸階層のうちで最も矛盾を体現している階層の状態を改善し、それを通じて労働者階級全体の状態を向上させるための手段、いいかえれば「ナショナルミニマム」確立の手段、という観点から「公的部門における直接的雇用創出策」の分析を行わねばならないだろう。本稿はこうした問題意識に基づいた筆者なりの「新しい階級社会と労働者像」というテーマに関する試みのひとつでもある。

〔注〕
(1) 例えば、基金事業の委託先選定にあたって入札が行われる場合が多いが、その際入札参加要件として過去の入札実績があげられているケースが多々あり、そのためNPO団体等は入札にすら参加できず必然的に委託先は「民間営利企業」中心となるなど。
(2) ちなみに「緊急雇用対策及び産業競争力強化対策について」では、「基金事業」とし

特集1　新しい階級社会と労働者像

て実施される事業として例えば次のような事業が例示されていた。
　「全生徒が使用できるだけのコンピュータの導入やインターネットへの接続を進め、コンピュータ取り扱い能力等の高い者を、小・中・高校等に臨時講師として活用することによるインターネット・コンピュータ教育の充実事業」
　「海外勤務経験者等の外国語能力の高い者を、小・中・高校等に臨時講師として活用することによる外国語教育の充実事業」
　「小・中学校の直面する生徒指導上の課題を解決するため、児童・生徒の相談相手となる社会経験豊富な中高年を生活指導員として活用」
　「中高年離職者等に対するホームヘルパー養成研修の実施、在宅介護ビジネス参入希望企業やNPO等に対する講習の実施、高齢者に対する生きがいづくりサービス、介護保険制度の広報活動等の介護保険導入円滑化事業」
　「シルバー人材センターNPO等を活用した都市美化事業、地域環境資源の管理事業、観光振興事業、違法駐車防止事業等の地域奉仕・環境改善活動等の実施」
　「発掘調査に専門的知識を有する者等を活用した地方公共団体が行う埋蔵文化財発掘調査の促進」
　「地図上に、地下埋蔵物等災害対策、防災関係のデジタル情報を整備するGIS（地理情報システム）の作成作業の前倒し、環境マップの作成等の事業、住民に身近な行政の効率化等を進める観点からの実施」
　「研究支援者を活用した、地域のニーズ、特性、自然条件等に立脚した都道府県等の研究開発の促進」
　「資料整理作業を民間企業にアウトソースする等による情報公開への迅速な対応等」。
(3) 調査は2000年6月～7月にかけて行われた。調査方法としては基金事業の実施主体となった企業にまずヒアリングを行い、同企業を通じて就労者にアンケート票を配布するといったものであった。失業者調査という性格上被調査対象者のプライバシー保護の立場から、アンケートではあえてどの事業に就労したかは尋ねなかった（調査の対象となった事業が3事業と少ないため、それを尋ねると個人の特定がある程度可能となってしまうため）。
(4) ベルギー、オランダ等では就労期間に制限のない制度がいくつか存在していたし、現在も存在しているようである（OECD [1988：40～41, 87], Brodsky [2000: 34-37] 参照）。ちなみにベルギーは先進国の中でも特に「直接的雇用創出策」を重視している国である。ベルギーの「直接的雇用創出策」については例えばOECD ［1990：47］, Brodsky [2000: 36]。
(5) 「基金事業」の「再就職促進効果」を正確に計るためには「実験分析」が必要であるが、残念ながら今回は行えなかった。なお「実験分析」については労働問題リサーチセンター ［2000：36］参照。
(6) 民間営利企業の事業目的は「利潤追求」であり、「雇用創出・雇用維持」はそのための一手段であるにすぎない。又企業の社会的責任として「雇用創出・雇用維持」を唱えてもそれはあくまでも道義的責任にとどまるものである。しかし「基金事業」を実施する企業にとっては、その事業に関しては「雇用創出・雇用維持」は一手段ではなく目的

となり、道義的責任ではなく法的責任となる。私見によればなによりもこの点に「民間営利企業への委託方式」の意義があると思われる。
(7) ただし必ずしも教育訓練とその効果という観点からのみ「制約」と考えているとは限らないことには留意すべき。
(8) 事業の種類によっては、以後ランニングコストが必要となるものもあり、又、事業実施に先立ってプロジェクト実施企業が当企業の費用負担で研修を行っていた例もあり、地方自治体、プロジェクト実施企業のコスト負担が0というわけではない。
(9) 「緊急地域雇用創出特別交付金」制度では、「緊急地域雇用特別交付金」制度のいくつかの点が改定された。主なものをあげれば、(1)「事業費に占める人件費の割合が概ね8割以上であること」、(2)「事業に従事する全労働者に占める新規雇用の失業者数が概ね4分の3以上であること」、の義務付け、(3)雇用期間は原則6カ月未満だが事業内容(詳しくは厚生労働省ホームページ参照)によっては、1回に限り更新を認める、といった点である（厚生労働省ホームページ）。(2)は明らかに改善点といえるが、(1)については職業訓練施設提供との関連で評価が微妙、(3)については未だ不十分、といわざるを得ないだろう。

〔参考文献〕

Brodsky, M.M. [2000], "Public-Service Employment Programs in Selected OECD Countries", *Monthly Labor Review*, October 2000.

Fay, R. [1995], "Enhancing the Effectiveness of Active Labour Market Policies: Evidence from Programme Evaluations in OECD Countries" （OECD本部のホームページより）.

Nathan, R.P., Cook, R., Rawlins, V.L. and Associates [1981], *Public Service Employment: Field Evaluation*, Washingyon, DC, Brookings Institution.

OECD [1980], *Direct Job Creation in the Public Sector*, Paris, OECD.

OECD [1988], *Mesures to Assist the Long-term Unemployment*, Paris, OECD.

OECD [1990], *Labour Market Policies for the 1990s*, Paris, OECD.

OECD [1996], *The OECD Jobs Strategy: Enhancing the Effectiveness of Active Labour Market Policies*, Paris, OECD.

OECD [1998], *OECD Economic Surveys Germany*, Paris, OECD.

氏原正治郎 [1966]、「失業政策における『保険』と『救済』」『日本労働問題研究』東京大学出版会。

江口英一 [1990]、『日本社会調査の水脈』法律文化社。

大木一訓 [1979]、『雇用・失業の経済分析』大月書店。

大須真治 [2002]、「日本の雇用失業対策の検証と提案」『賃金と社会保障』1316号。

大竹文雄 [2001a]、「雇用の安全網整備が急務」『日本経済新聞』2001年2月19日付朝刊。

大竹文雄 [2001b]、「不足する公的部門で増員」『日本経済新聞』2001年8月22日付朝刊。

加瀬和俊 [1998]、『戦前日本の失業対策』日本経済評論社。

加瀬和俊 [2000]、「失業対策の歴史的展開」加瀬和俊・田端博邦『失業問題の政治と経済』日本経済評論社。

特集1　新しい階級社会と労働者像

唐鎌直義・大須真治 [1990]「社会階層に基づく社会的事実の発見」江口 [1990]。
建設政策研究所北海道センター [2002]、『地域に役立ち失業者を支える就労対策を目指して』。
白井邦彦 [2002a]、「調査報告　OECDと『公的部門における直接的雇用創出策』」建設政策研究所北海道センター [2002]。
白井邦彦 [2002b]、「補論『正味雇用増』と『みせかけ上の雇用増』」建設政策研究所北海道センター [2002]。
白井邦彦 [2002c]、「『公的部門における直接的雇用創出策』をめぐる国際的動向」─OECDでの研究を題材として─」『青山経済論集』54巻3号。
日本経営者連盟 [2001]、『緊急雇用対策プログラム』。
樋口美雄 [2001]、『雇用と失業の経済学』日本経済新聞社。
労働省職業安定局 [1996]、『失業対策事業通史』社団法人 雇用問題研究会。
労働問題リサーチセンター [2000]、『労働政策に係る評価手法の研究』。

日本労働社会学会年報第13号〔2002年〕

日本における看護・介護職者の就業構造と労働の変化

林　千冬
（神戸市看護大学）

はじめに

　本稿では、わが国における看護職者および介護職者の就業構造の動向について、労働力供給の要であるそれぞれの養成制度に関して、これを規定する医療・福祉政策の動きに触れつつ論じる。次に、こうした就業構造の変化の中で、医療・福祉職場における看護職者と介護職者が現在どのような状況にあるのかを主として業務の内容と分業あるいは協働関係に着目し、2000年秋に実施した介護老人保健施設調査の結果を参照しつつ検討する。

　なお、本稿においてはその対象を主として施設内の看護・介護労働者に限定し、いわゆる地域・在宅サービスに従事するものは含めない。また、ここで看護職者とは、保健師助産師看護師法に規定される看護師、准看護師免許所持者を指し、介護職者とは、資格・免許の有無を問わず法制度上「介護職員」「看護補助者」として雇用されているものすべてとする。

1. 看護職者養成と就業構造

(1) 看護職者の二元構造

　わが国における看護職養成制度の最大の特徴かつ問題は、2種類の"似て非なる" 2種類の資格を有する点にある。すなわち、「保健師助産師看護師法」（以下「保助看法」と略）に規定されるところの、高校卒業後3年を要件とする看護師養成（看護師3年課程）[1]と、1951（昭和26）年の同法一部改正によって開始された准看護師養成である。

　看護師・准看護師という2種類の免許は、学歴要件や養成カリキュラムにおい

てはまったく別体系のものであるが、定義上は同じ業務の実施が可能であるという矛盾した関係にある。「保助看法」の業務規定（同法第5条および第6条）によれば、准看護師にのみ「医師又は歯科医師又は看護師の指示を受けて」という条件が付加されているものの、実際には両者同様に「傷病者もしくはじょく婦の療養上の世話又は診療の補助」の実施が可能である。なぜなら、医療現場である以上は当然そこに医師がいるから、准看護師は「看護師の指示」がなくとも（あるいは看護師がいなくても）医師の指示さえあれば（あるいは医師さえいれば。つまり医療現場のどこでも）看護師とまったく同じ業務が行えるからである。加えて、医師による明確な指示が得やすい「診療の補助」と違って、「療養上の世話」においてはその業務の性格上、〈指示〉の要否や有無を現実的には特定しにくいからである。

　こうして准看護師は、免許としては低位でありながら実際には看護師同様に使用できる職種として半世紀以上にわたって存続してきた。当事者である准看護師をはじめ、看護職能団体である日本看護協会もこの制度に反対し、1970年代以降組織的な制度廃止運動を繰り広げてきているにもかかわらずこの制度は継続し、今日、わが国の就業准看護師数は、ピーク時よりは減少傾向にあるものの今なお看護職全体の4割を占めている[2]。

　なお、先進諸国においても、米国のLicensed Practical Nurseや英国のEnrolled Nurseなどのようなセカンドレベル看護職の制度を持つ国は少なくない。だが、こうした諸外国のセカンドレベルナースと日本の准看護師を同等のものと見るのは適当ではない。わが国の准看護師ほど看護師との業務の重複の多い職種は筆者の知る限り諸外国には存在せず、看護職者の半数近くをセカンドレベルナースが占めるような国も、少なくとも先進国においてはわが国のほかにはないからである。

(2) 医業経営と看護職養成

　数々の批判にさらされながらも、准看護師養成制度が半世紀を経た今なお存続している最大の理由は、その養成制度の特徴じたいにある。その第一は、きわめて安価な教育費用である。やや古いが平成2年度のデータによれば[3]、看護師養成所（各種学校・専修学校）の学生1人当たりに費やされる年間教育費は69万円で、卒業（国家試験受験資格取得）までにはこの3倍の207万円が投入される計算にな

る。これに対し准看護師養成のそれは年間で43万円、卒業までに86万円。これが、都道府県知事免許という公的な生涯免許を取得する者に投入される養成費用の実態なのである。

　第二の特徴は、養成期間の短さである。「看護師学校指定規則」において、看護師3年課程が最低必要とする教育時間数は3,000時間、これに対し准看護師課程は2年課程で1,500時間(2002年からは1,890時間)と定められている。すなわち准看護師は、期間では2年、時間数では看護師養成の約半分、しかも入学には中学卒業という義務教育レベルの学歴要件しか必要とせず、最短17歳で取得が可能な免許である。[4]

　第三に、准看護師養成は、1990年代初頭に社会問題化した"お礼奉公"に象徴される、きわめて企業内養成的色彩の濃い養成制度である。[5]准看護師養成学校の経営主体の多くが医師会、病院団体等の医業経営者団体であることは周知の事実で、1996年の「准看護婦問題調査検討会報告書」を受け、違法な"お礼奉公"の強制は厚生省通達により一応禁止されたものの、働きながら通学する准看学生には奨学金や職場の人間関係などを通じた就業継続圧力は今も陰に陽にかけられている。

　以上のような3つの特徴は、養成・雇用側にとって"安い、早い、便利"の3拍子そろった制度であるといえる。そして、この特徴がそのまま准看護師養成の問題点でもある。[6]

　ただし、これらの問題点はひとり准看護師養成にのみ当てはまることではない。看護師養成カリキュラムの過密さが指摘されて久しいが、今なおその基本は3年課程・3,000時間どまりであり、[7]養成機関は各種・専門学校が中心である。多くの各種・専門学校の経営主体は医業経営機関で、医業機関がらみの奨学金貸与と引き換えに卒後の就業義務が課されることが多い点も准看護師養成と同様である。すなわち、准看護師養成に明白に見て取れる特徴すなわち"安い、早い、便利"は、わが国の看護職養成に共通する問題点であり、それが最も露骨な形であらわれているのが准看護師制度だといえる。そしてこのことは、わが国の医療政策が看護職という公的な専門職業人養成の大部分をもっぱら民間の医業経営者に委ねてきたことの当然の帰結ともいえる。

(3)　就業動向の規定要因

1)「医療法」改正と診療報酬制度における人員配置基準

　先述した准看護師養成の特徴からも明らかなように、看護職者の就業はまず、その所持資格と出身養成課程の種類に規定される。1990年に筆者が実施した中小民間病院調査では、そこに就労する准看護師たちの職場移動のタイプは、若年期に公的／大規模病院に勤務後、現在の中小病院に移動してきた層と、卒後（あるいは学生時代）から中小病院のみに就労してきた層に大きく分かれていた。すでに当時、公的／大規模病院の准看護師採用は急速に減少しつつあり、公的／大規模病院による新卒看護師採用と、中小民間病院による准看護師および（数は少ないが）既卒看護師採用という労働市場の二元構造は明確になっていたのである。[8]

　こうした看護職者の就業動向を規定する重要な要因が、「医療法」改正による医療施設の機能分化と、これに規定されつつ定められる診療報酬における看護料金すなわち看護要員の配置基準である。[9] 1病院内の看護職員数——正確には患者数に対する看護職員比率と、その数における資格比率によって決定されるこの看護料金のあり方は、医業収入における看護料金、支出における看護職員人件費のいずれもが大きな割合を占めるだけに経営自体を大きく左右する。

　そうはいっても、もともとわが国の看護職の人員配置基準は、諸外国と比べてもきわめて低位に固定されてきた。長らく続いた旧基準は「基準看護」と「その他看護」という大きく2種類に区分され、「基準看護」が一定の看護職員配置を満たすものとして加算対象となるのに対し、「その他看護」の病院では十分な看護サービス提供が不可能であると最初からわかっていたのか、看護サービスの不足を補うために患者個人が家政婦を雇用する「付き添い看護」の給付が「健康保険法」で認められていた。

　また、30年以上続いてきたこの基準は、たとえ増員によって「基準看護」を取得しても、加算額が直ちには人件費増に見合わないなどのさまざまな矛盾を有していた。それゆえ有資格者、特に看護師資格所持者の確保が困難な多くの中小民間病院には、「基準看護」取得の、すなわち看護職員増員・看護師増員のどちらのインセンティブも働かず、その結果、先述のような中小民間病院と公的・大規模病院に二元化した労働市場が形成されたのである。

　ところが、こうした状況を大きく変えたのが1994年の診療報酬改正であった。表1の「新看護・看護補助体系」が94年の診療報酬改定によって新設されて以降、

日本における看護・介護職者の就業構造と労働の変化

表1　診療報酬における看護料金（新看護・看護補助体系、平成9年10月1日）

看護(A)加算〈看護婦割合70％の場合〉

新看護料		15:1未満	看護補助料								看護(A)加算
			54点	62点	80点	86点	93点	109点	121点	145点	
			15:1	13:1	10:1	8:1	6:1	5:1	4:1	3:1	
496点	2:1看護料	750	750	750	750	750	750	750	750	750	(254点)
459点	2.5:1看護料	652	706	714	732	732	732	732	732	732	(193点)
426点	3:1看護料	526	580	588	606	612	619	619	619	619	(100点)
390点	3.5:1看護料	438	492	500	518	524	531	547	547	547	(48点)
346点	4:1看護料	367	421	429	447	453	460	476	488	488	(21点)
271点	5:1看護料	289	343	351	369	375	382	398	410	434	(18点)
232点	6:1看護料	248	302	310	328	334	341	357	369	393	(16点)

看護(B)加算〈看護婦割合40％以上70％未満の場合〉

新看護料		15:1未満	看護補助料								看護(B)加算
			54点	62点	80点	86点	93点	109点	121点	145点	
			15:1	13:1	10:1	8:1	6:1	5:1	4:1	3:1	
496点	2:1看護料	662	662	662	662	662	662	662	662	662	(166点)
459点	2.5:1看護料	576	630	638	656	656	656	656	656	656	(117点)
426点	3:1看護料	514	568	576	594	600	607	607	607	607	(88点)
390点	3.5:1看護料	426	480	488	506	512	519	535	535	535	(36点)
346点	4:1看護料	359	413	421	439	445	452	468	480	480	(13点)
271点	5:1看護料	281	335	343	361	367	374	390	402	426	(10点)
232点	6:1看護料	241	295	303	321	327	334	350	362	386	(9点)

〈看護婦割合20％以上40％未満の場合〉

新看護料		15:1未満	看護補助料							
			54点	62点	80点	86点	93点	109点	121点	145点
			15:1	13:1	10:1	8:1	6:1	5:1	4:1	3:1
496点	2:1看護料	496	496	496	496	496	496	496	496	496
459点	2.5:1看護料	459	513	521	539	539	539	539	539	539
426点	3:1看護料	426	480	488	506	512	519	519	519	519
390点	3.5:1看護料	390	444	452	470	476	483	499	499	499
346点	4:1看護料	346	400	408	420	432	439	455	467	467
271点	5:1看護料	271	325	333	351	357	364	380	392	416
232点	6:1看護料	232	286	294	312	318	325	342	353	377

「一般病院」には、看護職員の実数とその看護師比率の高さに応じてほぼ段階的に診療報酬が増額されるような仕組みが成立した。これによって中小病院もまた、大規模病院に伍して〈急性期医療を提供する一般病院〉として"生き残る"ために、

特集1　新しい階級社会と労働者像

看護職員の増員と看護師割合のアップをはからねばならなくなった。こうして、長らく准看護師を主に雇用してきた中小の「一般病院」は、その採用方針を看護師獲得に転換し、その結果、准看護師の職場は急速に失われていった。

(4) 准看護師の就業動向の変化と医療職場への介護職員の登場

　表2は、こうした94年の診療報酬改定を契機に、准看護師の就業動向がいかに

表2　診療所・病院の就業看護職員における准看護婦・士の割合

		看護職者総数	准看護婦・士数	准看護婦・士割合
99年 (H11)	診療所 病院・99床以下 病院・100床以上 総　数	255,921 212,414 91,533 759,504	149,445 139,086 547,090 230,619	58.4 65.5 16.7 30.4
93年	診療所	199,398	131,961	66.2
92年 (H4)	病院・99床以下 病院・100床以上 総　数	84,373 551,025 635,398	54,162 184,120 238,282	64.2 33.4 37.5

出所)「医療施設調査・病院報告」各年版より筆者作成。。

表3　モデル賃金（加重平均・四分位数・最高額）

		加重平均	(回答病院数)	四分位数・最高額				回答病院数
				第1・四分位数	中位数	第3・四分位数	最高額	
看護婦・士 初　任　給	基本給 給与総額	201,468円 264,011	(1,609)	180,700円 235,000	191,300円 254,167	204,000円 275,000	339,600円 400,500	2,255
看護婦・士 モデル賃金	基本給 給与総額	271,240 331,516	(1,559)	230,000 290,000	256,000 313,879	276,634 340,756	430,000 468,564	2,152
看護婦・士中途 採用モデル賃金	基本給 給与総額	244,481 302,453	(1,401)	209,600 265,484	232,600 289,000	250,000 312,300	430,000 452,073	1,923
助産婦初任給	基本給 給与総額	211,657 276,397	(543)	199,350 252,969	206,600 269,814	218,800 289,596	320,000 363,650	804
助　産　婦 モデル賃金	基本給 給与総額	285,938 347,497	(533)	262,900 313,373	279,400 335,122	296,653 364,000	450,000 473,600	786
准看護婦・士 モデル賃金	基本給 給与総額	211,593 268,004	(1,344)	190,000 245,611	214,900 269,500	233,800 293,000	430,000 463,810	1,978
看護補助者・介護 職員モデル賃金	基本給 給与総額	146,370 180,294	(1,025)	126,900 152,000	140,000 170,000	160,000 195,000	433,100 437,300	1,543

出所)日本看護協会調査研究報告〈No.59〉2001。

変化したかを示したものである。転換点となった94年を挟んだ92～3年と直近の99年の准看護師比率を比較した結果では、92年に病院全体の准看護師割合が看護職者全体の37.5％を占めていたのに対し、99年には30.4％に減少、中でもそれは100床以上の病院に顕著で、99床以下の小規模病院においてのみようやく准看護師は微増という状況である。さらに、従来准看護師の主要職場と思われてきた診療所においてさえ、准看護婦師率は93年の66.2％から99年には58.4％にまで下降している。

こうした数値は、准看護師がより零細規模の病院へ移動している傾向を示すと同時に、少なくない准看護師が医療施設以外の職場——すなわち、老人・慢性期および精神科関連の施設へと移動していることをうかがわせる。日本看護協会による看護管理者対象の調査においても、准看護師に対する医療施設、特に一般病院での採用希望は減少している。

こうした傾向にともなって看護職者の賃金にも変化が現れている。**表3**は日本看護協会による99年の実態調査の結果だが、これによれば、「勤続10年。33～2歳・非管理職」のモデル賃金は看護師331,516円に対して准看護師で268,004円、看護師賃金に対する准看護師賃金の割合は80.8で、これは前回95年調査の85.5と比べて4ポイント近くもの下落である。

一方、医療施設再編の中で老人病院あるいは慢性期主体の長期療養型病院に移行することを選択した病院には、**表4**に示す通り、従来以上に配置人員数と資格者比率の規制の緩い診療報酬基準が適用されることとなった。すなわちこうした施設では、人員基準の基本形は患者6人に対し1人という少数の看護職員と、同じく6人対1人の介護職員配置とされ、より上位の基準でも看護職員は6対1に固定されたまま介護職員のみが最高3対1まで（2002年度改定で上限4対1に下方修正）の配置が認められた。しかもこれらの基準においては看護職員の所持免許は問わない。すなわち、これら病院には看護職員数は一般病院以下で、しかも准看護師比率が高くてもよいかわりに、看護職員と同数あるいはそれ以上の介護職員の配置を要する基準が新たに設けられたのである。[10]

こうして、わが国の病院史上初めて、医療施設におけるケア労働者の構成は大きく変化することとなった。老人・慢性期医療の現場では、もはや看護職員は"医療職種の最大勢力"でも"最も患者のベッドサイドに近い職種"でもなくなった。

表4 介護保険における施設サービス

	介護老人福祉施設 (特別養護老人ホーム)	介護老人保健施設	介護療養型医療施設 (病院の療養型病床群の場合)	医療保険適用の療養型 病床群(参考)
	介　護　保　険			医療保険
対象者	常時介護が必要で在宅生活が困難な要介護者	病状安定期にあり、入院治療をする必要はないが、リハビリテーションや看護・介護を必要とする要介護者	病状が安定している長期療養患者であって、カテーテルを装着している等の常時医学的管理が必要な要介護者(右に該当する者を除く)	病状が安定している長期療養患者のうち、 ・密度の高い医学的管理や積極的なリハビリテーションを必要とする者 ・40歳未満の者および40〜65歳未満の特定疾病以外の者
介護保険施設に係る指定基準	居室(1人当たり 　　10.65㎡以上) 医務室 機能回復訓練室 食堂 浴室　等 廊下幅 　片廊下1.8m以上 　両廊下2.7m以上	療養室(1人当たり 　　8㎡以上) 診察室 機能訓練室 談話室 食堂 浴室　等 廊下幅 　片廊下1.8m以上 　両廊下2.7m以上	病室(1人当たり 　　6.4㎡以上) 機能訓練室 談話室 浴室 食堂　等 廊下幅 　片廊下1.8m以上 　両廊下2.7m以上	病室(1人当たり 　　6.4㎡以上) 機能訓練室 談話室 浴室 食堂　等 廊下幅 　片廊下1.8m以上 　両廊下2.7m以上
※人員基準については100人当たり	医師(非常勤可)　1人 看護婦　　　　　3人 介護職員　　　31人 介護支援専門員　1人 その他 　生活相談員　等	医師(常勤)　　　1人 看護婦　　　　　9人 介護職員　　　25人 理学療法士　　　1人 又は作業療法士 介護支援専門員　1人 その他 　生活相談員　等	医師　　　　　　3人 看護婦　　　　17人 介護職員　　　17人 介護支援専門員　1人 その他 　薬剤師・栄養士　等	医師　　　　　　3人 看護婦　　　　17人 介護職員　　　17人 その他 　薬剤師・栄養士　等

出所)『平成12年版厚生白書』。

「新看護・看護補助体系」において、看護補助者配置に単独の経済評価が導入された点も含めて、急性期医療のケアはもっぱら看護師に、老人・慢性期医療あるいは福祉領域のケアは介護職員とわずかな看護職員で(しかもその中心は准看護師で)という政策誘導の方向性が、この診療報酬改定によって明確になったのである。その結果、1994年以降、看護職員の就業動向は、[看護師主体の一般病院][〈看護師≧准看護師ミックスの一般病院]、さらに[介護職員≧看護師・准看護師ミックスの老人／療養型病院]という少なくとも3類型へと分化していった。

2.　介護職者の養成と就業構造

(1) 「介護」と「看護補助」

今日の医療マンパワー政策は、介護職者を福祉領域のみならず医療領域にも大量に導入し、少なくとも量的にはケアの中心的担い手として位置づけようとしている。以下ではまず、こうした現状に至るまでの、介護職の誕生からの経過を、看護補助者との関係に注目しつつ振り返っておきたい。

〈介護〉という用語は今でこそ一般化しているが、その歴史はさほど古いものではなく、公的には1963年の老人福祉法において初めて使用されたものである。もともとは家族機能のひとつとして使用されることが多かったこの用語は、高齢者への保健福祉政策がケアの外部化・社会化の方向に向かう中でやがてその意味を変え、主として福祉領域の寮母などケア労働者が担う日常生活援助業務を指す用語として使用されるようになっていった。

一方「医療法」においては従来から「看護補助者」という名称が使用されてきた。〈看護補助〉という言葉は、文字通り看護業務を補助するものとして、医療依存度の高い患者に直接看護サービスを提供する看護職者を、物品準備や環境整備などを通して間接的に補助することの意と理解されるのが通例であった。しかし、"社会的入院"の高齢者も含めて、診療よりもむしろ生活援助の必要性が高い高齢者や慢性疾患患者を扱う病院・施設が増加する中で、先述した看護職員配置の少なさもあいまって、看護補助者は次第に直接的なケアサービスを担うようになった。そしてその呼称も、その業務における直接ケア業務の増加に応じて、〈補助〉よりも〈介護〉あるいはケアを強調する方向に向かい、[11]制度上も老人病院などの看護補助者をなかばなし崩し的に介護職員と表記するようになった。

福祉施設で誕生した介護職員と、医療施設における看護補助者の〈介護職員化〉。他方、医療施設—職場の側にも、たとえば介護老人保健施設という限りなく福祉施設に近い医療施設や、医療施設でありながら介護保険が適用される奇妙な療養型病床が登場した。これら老人／療養型施設では当然、疾患の治療以上に生活援助の機能が中心となり、看護補助者もまた介護職員としてケア業務の中心的な担い手とならざるをえなかったのである。

(2) 急増する介護職者と看護職との"共棲"

次に、この間の介護職者の就業動向の変化を統計資料に追ってみたい。**表5**は

特集1　新しい階級社会と労働者像

表5　業務の種類別に見た従事者数および100床当たり・1施設当たり従事者数

	平成10年('98)10月1日現在 病院			平成8年('96)10月1日現在 一般診療所		歯科診療所	
	従事者数	100床当たり	1施設当たり	従事者数	1施設当たり	従事者数	1施設当たり
総　　　　　　数	1,600,245.2	96.6	171.6	698,064.8	7.9	310,989.3	5.2
医　　　　　　師	164,873.1	10.0	17.7	114,831.3	1.3	107.2	0.0
常　　　　勤	135,542	8.2	14.5	91,229	1.0	56	0.0
非　　常　　勤	29,331.1	1.8	3.1	23,602.3	0.3	51.2	0.0
歯　科　医　師	8,764	0.5	0.9	1,883.5	0.0	82,663.1	1.4
常　　　　勤	7,167	0.4	0.8	1,074	0.0	74,700	1.3
非　　常　　勤	1,597	0.1	0.2	809.5	0.0	7,963.1	0.1
介　　　　　　輔	…	…	…	12	0.0	…	…
薬　　剤　　師	41,775	2.5	4.5	9,510	0.1	940	0.0
保　健　婦（士）	1,824	0.1	0.2	5,169	0.1	…	…
助　　産　　婦	16,944	1.0	1.8	3,587	0.0	…	…
看　護　婦（士）	487,799	29.5	50.5	69,570	0.8	632	0.0
准　看　護　婦（士）	239,844	14.5	23.9	139,086	1.6	541	0.0
看護業務補助者	198,709	12.0	21.3	50,370	0.6	…	…
理学療法士（PT）	15,647	0.9	1.7	2,226	0.0	…	…
作業療法士（OT）	7,027	0.4	0.8	666	0.0	…	…
技　能　訓　練　士	1,800	0.1	0.2	900	0.0	…	…
義　肢　装　具　士	62	0.0	0.0	59	0.0	…	…
歯　科　衛　生　士	3,435	0.2	0.4	1,647	0.0	60,325	1.0
歯　科　技　工　士	940	0.1	0.1	295	0.0	16,450	0.3
歯科業務補助者	…	…	…	…	…	107,951	1.8
診療放射線技師	31,444	1.9	3.4	6,379	0.1	…	…
診療エックス線技師	782	0.0	0.1	1,599	0.0	…	…
臨床検査｛臨床検査技師	44,574	2.7	4.8	9,258	0.1	…	…
衛生検査技師	416	0.0	0.0	516	0.0	…	…
その他	2,305	0.1	0.2	…	…	…	…
臨床工学技士	5,534	0.3	0.6	1,890	0.0	…	…
あん摩マッサージ指圧師	5,722	0.3	0.6	5,498	0.1	…	…
管　理　栄　養　士	14,485	0.9	1.6	…	…	…	…
栄　　　養　　　士	9,283	0.6	1.0	7,124	0.1	…	…
その他の技術員	21,989	1.3	2.4	12,681	0.1	…	…
医療社会事業従事者	8,310	0.5	0.9	…	…	…	…
事　　務　　職　　員	151,237	9.1	16.2	173,338	2.0	28,865	0.5
その他の職員	114,721	6.9	12.3	79,970	0.9	12,515	0.2

注1）非常勤職員を含む。
　2）非常勤の医師・歯科医師については、各施設における常勤の医師・歯科医師の通常の勤務時間に換算（常勤換算）して計上した。ただし、その他の職種については、常勤換算はしていない。
　3）一般診療所の栄養士には管理栄養士を含み、その他の技術員には医療社会事業従事者を含む。
資料）厚生省「医療施設調査・病院報告」。

医療施設、**表6**は福祉施設の就業者数を示したものだが、これらによれば1998年時点で医療施設に就労する看護補助者（その大部分が介護職者）は病院・診療所を

表6 社会福祉施設における看護・介護職員数

		総　数	保護施設	老人福祉施設	身体障害者更正援護施設	婦人保護施設
生活指導員	1999年	69,443	908	21,837	3,667	162
	1993年	43,529	853	8,903	1,207	53
看　護　職	1999年	48,161	338	30,143	2,307	20
	1993年	28,083	286	13,279	1,631	18
寮　　　母	1999年	155,279	2,703	136,391	11,646	15
	1993年	86,891	2,587	74,343	7,852	9
		児童福祉施設	保育所	精神薄弱者養護施設	母子福祉施設	精神障害者社会復帰施設	その他の社会福祉施設
生活指導員	1999年	10,776	—	20,731	5	19	1,438
	1993年	10,070	22,585	2,078	92	159	7,962
看　護　職	1999年	7,611	4,363	2,026	5	70	1,278
	1993年	7,076	3,369	1,550	2	97	775
寮　　　母	1999年	—	—	288	—	19	4,217
	1993年	—	—	—	—	7	2,093

出所)「社会福井市施設等調査報告」各年版より筆者作成。

合わせて約25万人。福祉施設では「寮母」に限ってみても約14万人である。一方、地域のホームヘルパーは「ゴールドプラン」に始まる増員計画に従って急増し、98年には約16万人となっている。以上から概算すると、現在介護業務に従事する労働者は少なく見積もっても55万人は下らないと考えられる。ちなみに現在、看護師・准看護師の総数は約100万人である。

　このような介護職者急増の要因のひとつが、介護保険制度に連動する「ゴールドプラン」あるいはそれ以降の「新ゴールドプラン」「ゴールドプラン21」におけるホームヘルパーの大増員計画にあったことは周知の通りである。病院施設の介護職員の増加は、ヘルパーに比べればまだゆるやかともいえるが、それでもこの10年の増加は著しい。病床数100床当たりの看護補助職員（介護職員）数を、1989年と1998年で比較してみると、89年のそれを100として、10年後の98年には病院全体では160と1.6倍。老人関連病院を経営する割合の高い医療法人・個人の病院に限ってみれば、この10年間で100床当たりの数はほぼ2倍の増加となった。こうした病院施設における介護職者増の大きな契機が、94年診療報酬改定と付き添い看護の廃止にあったことは先述の通りである。

　なお、先の表6からは福祉領域で就労する看護職員数が、老人福祉施設職員に

限ってもこの6年間で1.7倍に増加したことも読み取れる。つまり、介護職者が医療施設に参入する一方、逆に看護職者の職域も徐々にではあるが福祉領域のほうに拡大しているのである。

　看護職と介護職とのこうした就労場所の重なりは、いきおい両者の役割関係上の問題を顕在化させた。伝統的にケアを専門としてきた看護職者が、同じようにケアを担う新たな職種の急増に、自らの専門性や法制上の業務独占を侵されるのではないかと危惧するのは当然であろう。このことは、1987年に介護福祉士が法制化されるにあたって初めて表面化した。看護職者側が介護福祉士との業務上の重複と混乱を懸念したのに対し、当時の厚生省関係者や法制化支持論者は、同じケアサービスであっても、看護職は医療、介護福祉士は福祉の領域で就労するのであり、おのずとその対象もサービスの質も異なるのだという論陣を張った。[12]

　しかし、それから10年も経たないうちに早くもこの論理は破綻した。今や時代は医療と福祉の連携、あるいは相互乗り入れの時代となり、看護職は医療、介護職は福祉という、本質論をあいまいにした便宜的な"棲み分け論"は、もはや実態にそぐわないものとなっている。先の就労動向が示すように、今や医療の場であれ福祉の場であれ、看護職と介護職はさまざまな職場で"共棲"を余儀なくされているのである。

(3)　介護職者の教育・養成

　それでは、上記のごとく急増している介護職者の能力や労働の質は、制度的にはどのように保証されているのだろうか。ここでは看護職者の場合と同様に教育・養成制度の面から検討を加えたい。

　介護業務はこれまで、特別の教育訓練を必要しない誰にでも担える業務とみなされ、それゆえその教育・訓練は公的には保障されず雇用者側に全面的に委ねられてきた。しかし、ケアサービスへの利用者・国民の関心の高まりや介護の人材確保の必要からようやく政策側も遅ればせながら養成対策を講じ始めた。

　現在、介護に関する国家免許としては唯一、1987年に法制化された「介護福祉士」がある。他方、介護職者を対象とする"資格"には、そのほかにホームヘルパー1級から3級、介護アテンドサービス士という認定"資格"制度もある。中でもホームヘルパー養成研修は、先に見たような一連の「ゴールドプラン」における増

員計画や介護保険への民間業者の参入とも連動し、現在最もさかんに行われてきている介護職研修である。

　なお、介護アテンドサービス士は、1994年の付き添い看護廃止の際に、付き添い家政婦たちの就労保障の一貫として旧労働省が立ち上げた"資格"であるが、その目的を果たした今なお、福祉領域への就職希望者が比較的容易に取得できる"資格"のひとつとして人気が高い。

　このように、現行のさまざまな免許や"資格"は、相互の関連や制度の一貫性に欠け、なかば行き当たりばったりで生み出されてきた感がぬぐえない。しかしながら、こうした養成教育の内容以前に、最も問題とすべきはその量的側面、すなわち教育時間の短さである。先に看護職養成について、看護師約3,000時間に対する准看護婦1,500時間という短さを指摘したばかりだが、新設免許である介護福祉士は、国家免許でありながらそのカリキュラムにおいては都道府県免許である准看護師とまったく同じ1,500時間が養成時間数とされている。しかも介護福祉士養成制度は、看護職養成以上に複線型の複雑な養成課程であるばかりか、養成所卒業後氏無試験で免許登録される場合と現場経験を経て国家試験を受験・合格して免許を受けるという、免許取得までに2種類の異なるルートをもつような整合性に欠けた制度でもある。

　その結果介護福祉士には、寮母経験などの長い多くが中高年のベテラン層と、短期間の学校教育を受けて無試験で免許登録された多くが若年の未経験者層といういわば対照的なタイプの人材が混在している。「介護福祉士法」（正確には「社会福祉士及び介護福祉士に関する法律」）制定後15年が過ぎ、すでに20万人を越える介護福祉士を生み出してきたこの制度だが、免許取得者の約半数は介護職経験により国家試験受験資格だけを与えられ、あとは各人の自助努力で免許取得を果たした者なのである。他方、介護職の中でも最も取得者数が多いホームヘルパー"資格"にいたっては、研修時間が2級で130時間、1級でも130プラス230の計360時間という、いわば"カルチャースクール"並みの短期間で取得が可能な"資格"である。

　なお、本稿は施設労働に限定して論じているが、こうした短時間研修を経たホームヘルパーの多くが、単独で利用者宅を訪問し、家事援助も含めた複雑かつ多様な職務を担っていることの問題性ははっきり指摘しておきたい。単独での居

特集1　新しい階級社会と労働者像

宅訪問には、さまざまな判断や責任を問われる場面が少なくなく、看護職においてさえ訪問看護は施設内看護の経験を積んだベテランでなければ難しいというのが一般的な認識である。にもかかわらず逆に介護職者においては、訪問活動を担うホームヘルパーの教育が最も貧しいのである。

3. 看護と介護——分業と協働の現在——

(1) 看護職者の専門職性——「療養上の世話」の専門性——

先述のように、看護職者と介護職者の共棲が進む現在、両者の協働や業務分担、職場での人間関係など解決すべき課題は山積している。

そこで、看護職と介護職の関係を論じる前にまず、従来からのケア職種である看護職の職務のあり方について議論しておきたい。「看護職者とは何をしている人」か、あるいは看護職者自身がどのようなあり方を志向しているのだろうか。

「保助看法」における看護婦の定義を再び見ておこう。「保助看法」第1章第5条・「看護師の定義」においては、看護婦とは「傷病者やじょく婦の療養上の世話又は診療の補助をなすことを業とする」と定められている。現在はこの「療養上の世話」という表現に批判もあるが、1948年の法律制定当時には、長らく医師の補助者すなわち「診療の補助」のみが強調されてきた看護職者の業務に、「療養上の世話」という独自の業務を並列して認めたこの定義を、時の看護職者たちは大いに歓迎したという。[13]

かつて看護職者たちが自らの専門性のよりどころとした「療養上の世話」は、今日の「日常生活の援助」「生活ケア」といった言葉にそのまま置き換えられる。日常生活援助とは、たとえば食事介助や安楽で活動を妨げない体位の工夫、枕の高さも含めた安眠環境の整備やベッド上でも自然な体位が保てるポジショニングなど、食事や排泄、睡眠や運動・休息などに代表される日常生活行動への、その人に合わせたさまざまなレベルでの援助行為の総体である。一見たやすく見えるこれら業務は、老人病院であれ最先端医療の場であれ看護職の基本的業務として大きく変わることはない。

ただ、こうした日常生活援助は、個別に見れば看護職の業務の一断面にすぎない。看護職者はさらに、次のような作業を同時に進行させる。すなわち、患者の状態を観察・アセスメントし、患者に応じたケアプランを立案し、実施と評価を繰

り返していく作業である。こうした一連の問題解決過程が看護学では「看護過程」と呼ばれ、ほとんどの基礎教育課程において重要な基礎技術として教えられている。つまり看護職者は専門基礎教育の早い段階から、身体を拭く、動作を支えるなどの一見誰にでもできそうな援助技術を、その科学的根拠や効果を十分確認しながら、計画的かつ目的意識的に用いることにこそ専門性があるのだと教えられ訓練されている。

医療技術の高度化の中で、ともすれば看護職は高度な診療の補助を主要な業務としているのではないかと思われがちである。また、看護職自身にもそうした"ミニ・ドクター化"こそが専門性の証と考えるむきがないとはいえない。だが、多くの看護職者は、高度な診療の補助よりも、一見誰にでもできそうなケア業務をこそ重視し、研究・研鑽の対象としている。その一方では数々の記録を書き書物を調べ、同僚との検討会を通してケアプランを立案し、それにもとづき日々のサービスを提供しているのである。だが、こうした努力は患者・一般市民にはほとんど知られていないのが実情である。

(2) 看護職と介護職のオーバーラップ

上記のような「療養上の世話」における看護職の業務は、介護職員の業務とほとんど重複している。「社会福祉士及び介護福祉士法」において介護福祉士の定義は「専門的知識及び技術をもって、身体上又は精神上の障害があることにより日常生活を営むのに支障がある者につき入浴、排せつ、食事その他の介護を行い、並びにその者及びその介護者に対して介護に関する指導を行うことを業とする者」(同法第2条の2)とされている。

「療養上の世話」に対する「障害があることにより日常生活を営むのに支障がある者」への「入浴、排せつ、食事その他」の日常生活上の「介護」。一部には、看護と介護を何とか区別しようと「看護職は傷病者、介護職は障害者を対象とする」などといったような苦し紛れの定義づけをする論者もあるが、両者が本質的に同じケアを担う労働者だということは、法の条文を見るだけでも容易に理解できよう。

一部には、先述した看護過程や看護計画にもとづくケア提供をもって看護職者の専門的優位性を主張する意見もあるが、今日ではケアサービスの質的向上のために、介護職者たちにも同様にケアプラン作成やケアマネジメントの能力が要請

されており、そのことをもって両者の業務の差異を強調することはできない。

　看護職者と介護職者に違いがあるとすれば、それは次の2点である。第一に、看護職者はその長い歴史の中で、実践においても学問的にも介護職者を上回るケア技術を蓄積している。それゆえ看護職者は先行するケア職種として、後発のケア職種である介護職員の成長にさまざまに貢献することのできる職種である。そして第二に、法制度上も実態上も、看護職者に認められて介護職者に認められていないものがある。それは「診療の補助」である。皮肉なことに看護職は、介護職者との関係においては、自身の専門性の拠り所である「療養上の世話」ではなく、他方の「診療の補助」にその独自性が担保されるのである。

(3) 看護職者のジレンマ

　看護職者は、上記のような介護職者との関係において以下のようなジレンマを抱えることとなった。第一に、看護職者が同じケア業務を担う介護職者に貢献しその成長を助ければ助けるほど、看護職者のケア労働者としての存在価値は低下する。医療従事者は利用者・患者の利益を最優先に考えるべきで、職種の利害を持ち出すべきではないという意見もあろう。国民へのよりよい介護サービス提供のために、看護職者は介護職者への支援を惜しむべきではないと。実際に、現在の介護福祉士養成校では多くの看護職教員が活躍している。職場の院内教育で介護職員研修を担当するのも主として看護部門である。

　だが、これらに力を注ぎ優秀な介護職者を輩出すればするほど、かれらがやがて看護職の職場を脅かす存在となる可能性は強い。加えて、現在の医療政策が、看護職者に代えて介護職者を導入しようという明確な方向性をもつことは先に述べた通りである。

　もうひとつは日常的な業務上のジレンマである。現在の職場の人員配置基準においては、看護職者が介護職者と業務分担しようとすれば、看護職者であるがゆえに、そして看護職配置が少ないがゆえに、まずは診療の補助業務を優先させざるをえない。業務量と人員数によっては看護職者はもはや診療補助のみしかおこなえない可能性もある。介護職者も看護職者もケアはおこなえるが、診療の補助は看護職者にしかおこなえない。「保助看法」の業務の定義が、逆に看護職のケア労働者としての専門性の足をひっぱるのである。こうした状況が、実際の職場で

どのようにたち現れているのか、以下では調査結果からその実態を探ってみたい。

(4) 介護老人保健施設における看護職者と介護職者の分業の実態
1) 調査の概要

　以下は、筆者が2000年秋にある公的法人を設置主体とする全国23カ所の介護老人保健施設において、看護および介護職員全数803名を対象に、実施した自記式質問紙調査の結果である。

　調査は、職員の就職動機、労働条件、教育・研修などに総合的な内容で実施したが、主たる目的は看護職員と介護職員の業務分担の実態把握であった。調査では、看護・介護職員それぞれ「現在どのように業務分担をおこなっているか」（現状認識）と「今後業務分担はどうあるべきか」（あり方認識）の2つについて回答を求めた。その際重要になる業務の細項目については、事前に複数の施設で参与観察調査を行い、その結果にもとづき作成した。すなわち、「日常生活ケア業務」「各種処置や与薬などの業務」「リハビリテーション・レクリエーション関係業務」「周辺業務」の計4領域・37項目である。

　結果の分析については、各項目についてどちらの職種がどの程度分担しているかを「現状認識」と「あり方認識」のそれぞれについて6段階の選択肢回答を作成し点数化した。それにより、職種ごとの平均点から業務分担度の認識を、両職種の平均点の差の検定（t-test）から職種間の認識のズレを見ようとしたのである。

　調査回答者数は713名（有効回答率88.8％）。うち看護職員は175名（24.5％）、介護職員は537名（75.3％）でほぼ制度上の人員配置基準通りであった。対象者の性別は、看護職員の男性9名（5.1％）に対し、介護職員では118名（22.0％）と介護職への男性進出をうかがわせる結果であった。平均年齢は看護職員40.6歳、介護職員では29.5歳で、新卒介護福祉士の多さがうかがわれた。経験年数は、看護職員で16.4年、「10年以上」が74.0％と最多で、介護職員は平均4.5年で、「3年以上10年未満」が過半数。ただし勤続年数では、施設の設置じたいが最近であるため、両職種とも平均3年強と短めであった。

　対象者の専門学歴は、看護職員では准看護学校卒が42.9％、看護専門学校卒が42.3％、看護短大卒が6.9％とほぼ同数で、介護職員では介護福祉士の専門学校と短大・大学卒合わせて養成校卒が約4割を占めた。介護職員では介護福祉士の

資格を所持する者が318名(59.2%) と過半数で、何の資格も持たない者は87名(16.2%)にすぎなかった。

なお、現在の施設への就職動機については、「ケアの仕事がしたかったから」とするものが看護職員で39.9%、介護職員では69.2%と介護職員に多く、さらに介護職員には「人や社会に役立つ」ことを理由としたものが11.4%と多かった。他方、看護職員では「病院内のローテーションでやむを得ず(移動した)」という消極的理由の者が23.4%あった。

2) 看護職員と介護職員の業務分担の現状に関する認識（表7）

業務分担の現状については看護職員、介護職員いずれも、「日常生活ケア業務」、「リハビリ・レクリエーション業務」ともに「主として介護職員が行う」と回答した。職種間の比較では、いずれの平均点も看護職員は介護職員より有意に高く、看護職員も介護職員もより自分たちの職種のほうが分担度が高いと認識する傾向が認められた。

一方、「各種処置や与薬業務」すなわち診療の補助業務12項目については、両職種ともに看護職員が主に担っていると回答していたが、興味深いことに本来看護補助者業務とされていた「周辺業務」においても、医療器具や検体、感染症患者の使用物品の扱いなどについては看護職員の分担度が非常に高かった。すなわち、看護職者たちは、ケア業務以上に診療に関連する周辺業務を優先させているのである。

以上のように、看護職員と介護職員の業務分担に関する現状認識からは、介護老人保健施設の中心ともいえる「日常生活ケア」「リハビリテーション・レクリエーション」などの業務は「主として介護職員」が、他方「各種処置や与薬」などの診療補助業務については「主として看護職員」が担っているという実態が示唆された。

ただし、両職種の平均得点を比較すると、業務37項目中の実に33項目において有意差が認められ、両職種とも自らの分担度をより高く評価する傾向が認められた。逆に言えばこれは「自分たちが思っているほど相手の評価は高くない」という傾向であり、両職種の相互理解の不十分さがうかがえた。同時にこれは、同じ業務をおこなう機会が多いからこそ、互いの分担度すなわち、業務量や責任・権限といったあらゆる面で相手の働きかたに不満を感じやすいという協働上の困難さをうかがわせる結果でもあった。

表7　看護職員と介護職員の現状認識としての「業務分担と得点」の比較

(平均得点±標準偏差)

	業務内容	看護職員	介護職員
日常生活ケア業務	食事介護***	2.7±0.53	2.5±0.66
	入浴介護***	2.3±0.79	2.0±0.81
	全身・部分清拭***	2.7±0.93	2.3±0.88
	歯磨き・口腔清拭***	2.5±0.68	2.2±0.81
	爪切り・髭剃り***	2.3±0.71	2.0±0.83
	トイレ誘導・介助***	2.6±0.54	2.2±0.72
	ポータブルトイレの介助***	2.6±0.57	2.2±0.75
	オムツ交換	2.6±0.59	2.3±0.68
	尿・便回数の確認**	2.7±0.80	2.4±0.89
	ベッドや車椅子への移動***	2.7±0.52	2.3±0.71
	リハ・浴室等への移送***	2.4±0.68	2.1±0.83
	体位交換***	2.8±0.56	2.5±0.70
	シーツ交換・ベッドメーキング***	2.5±0.71	2.2±0.87
各種処置や与薬などの業務	褥瘡の処置	4.8±0.50	4.8±0.53
	摘便*	4.2±0.96	4.0±1.04
	座薬の挿入***	4.2±0.84	3.9±1.02
	軟膏薬の塗布***	4.0±0.77	3.6±0.89
	内服薬のセット	4.6±0.75	4.5±0.81
	内服薬の服薬介助***	3.7±0.83	3.3±0.95
	検温・脈拍測定***	3.7±0.80	3.4±0.88
	血圧測定***	3.9±0.81	3.6±0.88
	喀痰の吸飲***	4.6±0.69	4.4±0.82
	鼻腔栄養の実施	4.4±0.93	4.4±0.93
	膀胱洗浄***	4.9±0.37	4.8±0.64
	診療の介助***	4.8±0.49	4.7±0.63
リハレク	リハビリのための体操・運動***	2.3±0.88	1.8±0.92
	リクリエーションの企画***	2.2±0.77	1.9±0.87
	レクの準備***	2.0±0.77	1.7±0.83
	レクの実施***	2.0±0.77	1.6±0.82
周辺業務	医療物品や薬品の管理・整理***	4.9±0.27	4.8±0.48
	物品や検体などの運搬*	4.5±0.91	4.2±1.16
	包交車の点検・整備・物品補充***	4.8±0.66	4.3±1.19
	医療器具の洗浄・消毒	4.8±0.52	4.7±0.66
	感染症患者の使用物品の消毒**	4.5±0.81	4.2±1.03
	リネン類の整理・管理*	2.1±0.93	1.9±1.03
	床頭台や患者ロッカー等の整理***	2.3±0.76	2.0±0.97
	ナースステーションや休憩室の清掃***	2.8±0.74	2.4±0.90

注1) 業務分担の状況は,「介護職員が行う」1点,「主に介護職員,時には看護職員が行う」2点,「介護職員と看護職員が同じ位行う」3点,「主に看護職員,時には介護職員が行う」4点,「看護職員が行う」5点として,「業務分担と得点」の平均得点を算出した。
2) *p＜.05, **p＜.01, ***p＜.001とした。

3) 看護職員と介護職員の業務分担のあり方に関する認識（表8）

他方、業務分担が今後どうあるべきかについて調査した結果では、「日常生活ケ

特集1　新しい階級社会と労働者像

表8　看護職員と介護職員の業務分担のあり方に関する認識の違いについての比較

(平均得点±標準偏差)

	業務内容	看護職員	介護職員
日常生活ケア業務	食事介護	2.7±0.54	2.7±0.51
	入浴介護**	2.2±0.69	2.3±0.76
	全身・部分清拭	2.7±0.83	2.6±0.73
	歯磨き・口腔清拭	2.5±0.71	2.5±0.72
	爪切り・髭剃り	2.2±0.75	2.3±0.79
	トイレ誘導・介助*	2.5±0.61	2.6±0.61
	ポータブルトイレの介助	2.5±0.60	2.5±0.67
	オムツ交換**	2.4±0.67	2.6±0.58
	尿・便回数の確認	2.7±0.85	2.7±0.77
	ベッドや車椅子への移動	2.6±0.58	2.6±0.60
	リハ・浴室等への移送	2.3±0.70	2.4±0.75
	体位交換	2.8±0.59	2.7±0.55
	シーツ交換・ベッドメーキング	2.4±0.74	2.4±0.76
各種処置や与薬などの業務	褥瘡の処置	4.8±0.51	4.8±0.52
	摘便	4.1±0.93	4.1±0.91
	座薬の挿入*	4.2±0.84	4.0±0.93
	軟膏薬の塗布*	3.9±0.78	3.7±0.86
	内服薬のセット	4.7±0.66	4.6±0.72
	内服薬の服薬介助**	3.9±0.87	3.7±0.90
	検温・脈拍測定	3.8±0.85	3.5±0.85
	血圧測定**	3.9±0.82	3.7±0.85
	喀痰の吸飲	4.5±0.70	4.4±0.79
	鼻腔栄養の実施	4.4±0.83	4.4±0.83
	膀胱洗浄**	4.9±0.45	4.8±0.60
	診療の介助	4.7±0.66	4.7±0.65
リハ・レク	リハビリのための体操・運動	2.3±0.90	2.2±0.90
	リクリエーションの企画***	2.1±0.82	2.3±0.79
	レクの準備	2.0±0.81	2.1±0.87
	レクの実施	2.0±0.81	2.1±0.85
周辺業務	医療物品や薬品の管理・整理**	4.9±0.37	4.8±0.51
	物品や検体などの運搬	4.2±1.14	4.3±1.05
	包交車の点検・整備・物品補充***	4.8±0.72	4.3±1.10
	医療器具の洗浄・消毒	4.7±0.80	4.8±0.58
	感染症患者の使用物品の消毒	4.4±0.84	4.4±0.88
	リネン類の整理・管理	2.0±0.90	2.2±0.99
	床頭台や患者ロッカー等の整理	2.3±0.83	2.3±0.90
	ナースステーションや休憩室の清掃	2.8±0.57	2.7±0.68

注1)業務分担の状況は、「介護職員が行う」1点、「主に介護職員、時には看護職員が行う」2点、「介護職員と看護職員が同じ位置う」3点、「主に看護職員、時には介護職員が行う」4点、「看護職員が行う」5点として、「業務分担と得点」の平均得点を算出した。
　2)*p＜.05、**p＜.01、***p＜.001とした。

ア業務」、「リハビリ等の業務」については現状認識と同様に両職種とも介護職員が主に担うべきだと回答したが、ことに「トイレ誘導・介助」「入浴介助」、「オムツ

交換」「レクリエーションの企画」については今以上に、看護職員は介護職員に、介護職員は看護職員におこなってほしいと回答していた。

　診療の補助業務に関しては、「褥瘡の処置」、「摘便」など12項目中8項目においては、両職種共に看護職員が担うべきだと考えていたが、「膀胱洗浄」や「座薬の挿入」さらには「血圧測定」といった項目では、介護職員自身が今後もっと自分たちが担うべきだと回答し、介護職員が診療の補助業務にも関わるべきだと考えている実態がうかがえた。

　なお、直接ケア以外の「周辺業務」については、これも現状認識と同様に、医療器具や薬品、検体などを扱う業務項目について看護職員は自分たちがもっと担うべきだと考えていることが明らかになった。すなわち看護職員は今後もいっそう日常生活ケアを介護職員に委ねつつ、診療に関連する業務は、たとえ補助的な周辺業務であっても自らが担うべきだと考えていたのである。

4) 考　察

　以上の調査結果からはまず、先に述べたような看護職のケア業務からの撤退と、介護職者の進出の実態がつぶさに見て取れた。そればかりか多くの看護職者には、今後いっそう介護職者にケア業務を任せ、自分たちの業務は診療補助業務の一部とそれに関連する周辺業務に限定しようという傾向がうかがえた。他方で介護職員たちは、ケアの中心的担い手であると同時に、今後はさらに血圧測定などの診療の補助業務を担うことにも意欲を示していた。

　また、看護職者と介護職者の認識得点の差からは、協働して働くべき両職種が、実はそれぞれの業務実態さえよく理解しておらず、相手の無理解に不満を感じながら働いている現実も示唆された。

　実はこうした実態は、かつて筆者が10年以上前に中小の付き添い看護病院でおこなった調査結果に酷似している[15]。そこでは数少ない看護師たちが注射と創傷処置に1日走り回っており、入院患者の日常生活ケアは、付き添い家政婦か、家政婦がいなければ家族任せにされていた。また、看護職者が診療補助だけは十分おこなえているかといえば決してそうではなく、喀痰の吸引や点滴針の抜去といった相対的医行為までもが付き添い家政婦の手に委ねられていたのである。

　こうした過去と現在を比べれば、付き添い家政婦が介護職員に代わり、必要な日常生活ケアが一応は家族にしわ寄せされることなく介護職員の手によっておこ

なわれるようになった点や無資格の家政婦が劣悪な労働条件の下、違法と知りつつ医行為に手を出さざるをえないような、看護職者不在の状況ではなくなった点は一定の改善といえるだろう。

だが、今回の調査はあくまでも分担度という量的側面を見たにすぎず、実際に提供されているケアの質までは問えない。先に見たような貧しい介護職者の養成教育の質が、果たして日常ケアを全面的に担うのに十分なのかどうかは疑問が残る。また、今後もし介護職者が診療補助業務にも関わるようになるのであれば、その是非はともかくとしても、やはりそのための再教育を保障する必要が生じる。ただしその場合は、いよいよ看護職との境界が不明確になるであろう。今回の調査対象者にみるような若い介護職者、特に老人介護に意欲を持ち自ら医療職場を選んできた者たちにとって必要な教育研修はどうあるべきかが急ぎ検討されねばならない。

他方、これら施設の看護職者には、先に筆者が〈ジレンマ〉と表現したまさにそのままの事態がすでに起こっていた。このことを看護職者がどのような心情で受け止めているのかは、この調査ではうかがい知ることはできない。だが、かつての中小病院調査において、処置と点滴に追われる看護職者たちのほとんどが、調査において「(ここでの業務は)何か違う」「これって看護じゃないと思う」という言葉で不全感を表明していた。果たして、今回調査対象となった看護職者たちはどうなのであろうか。

その半数が准看護師免許で、4分の1が「ローテーションでやむなく」職場異動させられてきたこれら施設の看護職者たち。かれらは診療補助一色になった自らの役割を、忙しさと看護職者不足の中でやむをえないと感じているのだろうか、あるいはジレンマを感じているのだろうか。あるいはそれでよいと感じているのだろうか。これらには今後明らかにすべきもうひとつの課題である。

結　語

以上述べてきたように、わが国の看護・介護職者の就業動向は、所持免許（"資格"）と、「医療法」および診療報酬制度による人員配置基準による規定を強く受けながら今日大きく変化しつつある。当初、福祉分野に限定した職種として誕生したはずの介護職者という新しいケア労働者は、「医療法」改正による医療施設再編

の中で今や量的には看護職者をしのぐケア労働の担い手として医療現場に進出している。

一方、わが国の看護・介護職者の教育・養成制度は今日まで一貫して貧困である。介護職者の教育・養成制度でさえ今なお准看護師制度に代表されるような問題点を根強く残しており、これに続く介護職者においては養成制度の整備も教育の質の確保もさらに不十分な状態にある。また、看護職者と介護職者の関係は、患者・利用者のケアを担う点で法的にも業務が重複するにもかかわらず、養成・資格においてはまったく異なる制度を持つという重大な矛盾がある。

こうした問題状況が、質の保証よりも低コストと数の確保を優先させたわが国のケア労働者養成および雇用政策によってもたらされたものであることは論をまたないが、その結果、医療現場においては両職者の円滑な協働と分業の関係構築が阻害され、両職者ともに十分なサービス提供に支障をきたしていることが調査結果からも示唆された。

その担い手が看護職であれ介護職であれケア労働の本質は同一であるというのが筆者の基本的な認識である。それゆえ、整合性ある教育・養成制度の確立が根底になければ、その雇用および労働実態は歪められ、提供されるサービスにも問題が生じるのだということを最後に重ねて指摘しておきたい。

〔注〕
(1) 近年増加している4年制大学の看護学コースも、養成機関としては看護師3年課程に分類される。
(2) 准看護師の一部は「看護師2年課程」(俗称"進学コース")を経て看護師免許を取得することも可能で、実際には看護師資格所持者のかなりの部分が准看護師資格から看護師資格に移行してきた者である。だが、本来准看護師養成制度は看護師とは別体系の教育課程として制定されたものであり、かつ2年課程の1学年定員は准看護師のそれの半数にすぎないため、進学は狭き門であるばかりか入学後のカリキュラム上の無駄が多い。
(3) 平成2年のデータにもとづき試算。中西睦子、1993、「看護を守る戦略」『看護管理』Vol.3、No.1。
(4) ただし、1980年代半ば以降、入学者中の高卒者割合は常に9割前後である。
(5) お礼奉公の実態に関しては、医学書院看護教育編集室、1997、『准看護婦問題調査検討会報告―資料と解説―』医学書院、拙稿、1990、「准看護婦養成所学生の就業・就学の実態」『労働社会学年報』第1号などを参照されたい。
(6) 看護職養成課程は基本的には「看護師3年課程」、「看護師2年課程」、そして「准看

特集1　新しい階級社会と労働者像

護婦課程」の3つに区分される。看護師3年課程と2年課程には、各種・専修学校と、わずかではあるが学校教育法第1条に定められた正規の学校である短期大学、大学があるが、98年4月現在、看護婦3年課程640カ所のうち短大・大学は83カ所・13.0％にすぎない。准看護師課程の特徴は、各種・専修学校426校のうち実に77.79％・332校が医療法人、個人という民間経営の医療機関あるいはその経営者組織である医師会を設置主体とすることにある。看護婦2年課程すなわち准看護婦が看護婦になるためのコースでは医師会等が設置主体であるものは33.6％と半減し、3年課程ではわずか8.6％であるが、こうした医師会等が設置した養成校のほとんどは、全日制ではなく、働きながら通学する「定時制」である。このように、医師会等の医療経営体が運営する養成校は、学生としての労働力を確保しつつ企業内養成の形で従業員に資格を取得させるという性格を持っている。

(7) 1992年に制定された「看護婦等の人材確保に関する法律」以後、4年制大学における看護師養成課程が急増しているが、いまだ看護師学校養成所1学年定員の2割に満たない。

(8) なお、ここでは看護師と准看護師のみで見ているが、さらにその中間に、准看護師から2年課程を経て看護師資格を取得する看護師もいる。かれらについては、年齢が比較的若く、准看護師（学生）時代の勤務先での"お礼奉公"の拘束さえ免れれば新卒看護師群に合流することも可能であるが、そうした条件になければ准看護師あるいは公的/大規模病院から移動してきた中高年看護師に似た労働市場に投入される。

(9) 診療報酬における看護料金は2001年度からは「入院基本料」に合算されたが単独では算定できなくなったが、入院基本料を決定する重要な要素が看護職員の人員配置状況である点では影響力は変わっていない。

(10) なお、こうした介護職員配置には、同じ94年に決定された「付き添い看護制度の廃止」が関連していたことも付記しておきたい。

(11) 筆者が94年に実施した全国の老人病院調査では339カ所の病院において実に25種類もの名称が用いられていた。

(12) たとえば中島紀恵子、1990、「看護と福祉・看護と介護の意味をめぐって」『保健の科学』32(4)。

(13) 保健師助産師看護師法の原型となった保健婦助産婦看護婦令公布に際して、当時の厚生省技手（のちに看護課長）であった金子光は解説記事に「看護の業務は医業と相まって医療の一端を担う、即ち完全な協力体としてその独自性を認められたことは、（略）新制度における（略）"最も輝かしい"ものであると思います」と記したという。金子光、1992、『初期の看護行政―看護の灯たかくかかげて―』日本看護協会出版会。

(14) たとえば、中山幸代、1993、「福祉と看護のネットワーク」『Nurse Eye』6(3)。

(15) 拙稿、1991、「基準看護非採用病院における病棟看護業務の分析」『保健医療社会学論集』第2号。

特集2　フィールド調査"職人芸"の伝承（第3部）

1　鉄鋼調査「あれこれ」　　　　　　　　　　　　　　木村　保茂

2　フィールドワークとしての生活史　　　　　　　　　大山　信義
　　──ナラティヴ・アプローチの伝承と革新──

3　社会調査における調査目的と人間理解の問題　　　　藤井　史朗

鉄鋼調査「あれこれ」

木村　保茂
（北海道大学）

1.　「室蘭製鉄所調査」（1970年代）と「私」

　編集委員から私に与えられた課題は、社会調査の経験をいかにして若手研究者に引き継ぐかと同時に、北海道における調査研究の伝統と特徴を明らかにすることであった。前者はともかくとして、後者の課題は私にとって過重であった。ましてや、それを前者の課題と結合させて、私自身の調査研究にどのような影響を及ぼしたのか、を語ることは不可能に近かった。そういうわけで、前者にしぼって話を進めるわけであるが、若い頃の私に大きな影響を及ぼしたのは「室蘭製鉄所調査」である。それは北海道大学教育学部・道又健治郎教授を中心とするグループが行った調査で、「鉄鋼業の合理化と企業内教育」というテーマの調査であった。調査は1970年秋から77年夏までの7年間の歳月を費やしたが、主要な調査は70年～72年に集中している。その成果と調査の方法は、北大教育学部産業教育計画研究施設研究報告書第11号「鉄鋼業の合理化と企業内教育Ⅰ」、および道又健治郎編著『現代日本の鉄鋼労働問題』（北大図書刊行会、1978年）に詳しいが、この調査は私に"調査研究とはかくあるべき"という指針を示してくれた。それは今日の若き研究者にも引き継がれてよい内容のものである。

(1)

　その1つは、調査対象の設定の仕方についてである。この調査では調査対象を室蘭製鉄所だけでなく、製鉄所構内で請負業務に従事する社外企業、さらに製鉄所から原材料供給、資本参加等を受けている系列企業たる二次製品メーカーにまで拡大していた。こうした調査対象の設定の仕方は、調査研究グループが立てた

作業仮説の問題と関わっている。すなわち、道又健治郎氏らは、鉄鋼業の合理化についてのトータルな把握をするには、製鉄所を頂点とし、系列企業・社外企業群を裾野とする、ピラミッド型の支配構造を分析しなければ、明かにできないと考えたのである。

このような視点から、労働者調査においても製鉄所本工を頂点とし、構内社外工・系列企業労働者を裾野とする重層的労働力のすべてを調査対象とした。労働組合調査も同様である。当時の合理化研究において、労使関係調査、とりわけ労働組合調査は不可欠であったが、その際、重層的労働力構成に対応して組織されている労働組合のすべてを、すなわち製鉄所労働組合、系列企業労働組合、社外企業労働組合を調査の対象にしたのである。

かくして、「室蘭製鉄所調査」では、①企業調査として、製鉄所調査（各部門の部長、課長、掛長）、社外企業調査（11社）、系列企業（4社）およびその下請企業調査が、②労働者調査として、製鉄所本工調査（職制17名、一般42名）、社外工調査（4社計45名）、系列労働者調査（3社から若干名）が、③労働組合調査として、室蘭製鉄所労働組合調査、社外企業労働組合調査（6労働組合）、系列企業労働組合調査（3労働組合）が行われたのである。

このような調査対象の設定の仕方は、「室蘭製鉄所調査」に限らず、東大社研の「造船業技術革新調査」（1956年〜63年）などでも見受けられるが、「室蘭製鉄所調査」はより徹底したものであった。そこでは労働者調査と並行して、各階層の職制調査も行われたのである。もっとも、後述する理由で、それは十分に行われなかったが。

それはともかくとして、このような視点からのトータルな調査方法は、重層的構造を把握するにはきわめて有効であり、若い研究者に継承してほしい方法である。もっとも、このようなトータル型の調査研究は、膨大な労力と時間を必要とする。そのため、最近では、比較的容易に行える企業調査や機関調査だけで結果を出そうとする傾向がある。しかし、企業調査だけでは実態の一面の把握にしかならない。総合的な把握をするためには、今日、機能の低下が著しい労働組合調査はさておくにしても、労働者調査は絶対に必要である。それなくして、産業調査研究・企業社会調査研究・労働過程調査研究・労使関係調査研究は成り立たない。

若手の研究者は、是非トータルな調査方法を目指して欲しいが、それには腰を

据えた粘り強さが求められる。しかし、それこそは調査の要諦であり、調査研究を志すものにとって必須である。

(2)
　その2つは、調査の企画から調査報告書の作成までの全過程（企画→対象の選定→質問書の作成→依頼文→調査実施→報告書作成）を担当することの重要性である。あらゆる調査がそうであるように、調査研究には金と時間がかかる。遠隔地の調査の場合はとくにそうである。そのため、できるだけ短期間に集中して調査をしなければならず、複数の人との共同研究という形をとることが多い。しかし、共同研究においては、研究の責任者は調査の全プロセスに関わるが、研究分担者はそうとは限らない。共同研究の組織のあり方にもよるが、往々にして調査の一部にしか関わらないことがある。たとえば、調査票の作成と調査の実施には参加するが、他のプロセスには関わらないなどである。このような調査の参加の仕方は、調査能力の形成という点で問題を残す。とくに、これから調査研究を目指そうとする若い研究者（大学院生）にとって、このような調査の参加の仕方は一考を要する。本人は調査に十分に参加していると思っていても、実際にはその一部にしか参加してないことがある。このような経験だけを積んできた大学院生は、後日、研究者として独立して調査研究を行う場合、多くの問題を抱えることになる。私自身の院生指導の経験から痛感することである。共同研究の組織者・責任者がとくに気をつけなければならないことであろう。
　「室蘭製鉄所調査」では、私自身は社外工調査を任せられた。調査の目的から調査仮説の設定、調査票の作成、調査対象の選定、依頼文・調査趣旨の作成、調査の実施等について全責任を負ったのである。具体的には、調査仮説や調査票の作成に関しては、私が原案を提出し、それを調査グループ全体で討議・検討して決定した。それに対して、調査対象の選定・依頼文の作成は、グループで検討することなく、私一人に任せられた。調査の実施も同様で、社外企業調査（11企業）と社外工労働組合調査（6労働組合）は完全に私一人に任せられた。ただし、対象者数が多い社外工調査については、グループ全体で取り組み、合計で45名の面接調査をすることができた。
　このような経験、すなわち「調査の全過程」を担うという経験は、鉄鋼調査以前

にもあった。それは修士論文作成の建設職人調査においてである。しかし、「室蘭製鉄所調査」は、それとは異なる経験を私に与えてくれた。鉄鋼社外企業の多くは中小企業であり、そこで働く人々（社外工）が身を置く労働市場は、建設職人の労働市場とは明らかに異なっていた。また、社外企業は鉄鋼大手企業（製鉄所）に強く包摂されているため、一般の中小企業よりも合理化の進展度が高く、たとえば、能力主義管理や企業内教育などは、一般の中小企業よりも数段に活発であった。このような特徴をもつ社外企業調査・社外工調査が、建設職人調査とは異なる「修練の場」となったのは当然のことであろう。

「室蘭製鉄所調査」は、別の言い方をすると、企業調査レベルでは、大企業（製鉄所）と中小企業（社外企業）の調査を、労働者調査レベルでは、大企業労働者（本工）と中小企業労働者（社外工）の調査を、私に経験させる機会・場面であった。それ以前に私が行っていた建設職人調査は下層労働市場調査であるから、それと併せると、私は大学院生時代に大企業労働市場・中小企業労働市場・下層労働市場（職人労働市場）のすべての調査を経験したことになる。このような経験を若い時期にもてたことは、調査能力のステップアップという点でも幸いであった。調査への参加・経験が調査能力の形成に役立つ一つの事例である。そういう意味では、若い研究者が共同調査、単独調査、その他調査を含めて、多様な調査を経験することが望ましい。もっともその場合でも、調査能力の形成に役立つと思われるものに限った方がよいが……。

(3)

第3は、調査対象者（企業、労働者、労働組合）から如何にして協力を得るかという、いわば「ドア開け」の問題である。調査を左右するのは、ひとえに調査協力の有無である。そういう意味では、調査を実施する際のインタビュー技法は、それがたとえ職人芸的なものであろうとも、「ドア開け」技法を凌いで、調査を左右するものではない。

このように、私自身は「ドア開け」技法を高く評価するものであるが、しかしどちらかというと、「昔」の方が調査協力は得やすかった。少なくとも、1970年代の「室蘭製鉄所調査」の頃は、協力を得やすく、鎌田とし子氏のいう「飛び込み方式」などはかなり広範に行われていた。私が実施した労働組合調査も、すべてがその

場で社外工労働組合に飛び込んで調査主旨を説明し、調査協力を得るというものであった。社外企業調査ではさすがにこの方式を採用しなかったが、その後の造船業の社外企業調査(1970年代末から80年代初頭)では、再び「飛び込み方式」を採用した。

　調査協力が今日よりも得やすいとはいえ、その協力度合いは調査対象によって異なっている。相対的ではあるが、企業調査、労働組合調査、労働者調査の順で厳しくなる。もっとも、若い研究者（大学院生）にとっては、社会的なネームバリューが低いこともあって、労働者調査よりも大組織調査（大企業・製鉄所調査、同労働組合調査）の方が難しい。労働者調査は企業が全面的に協力してくれるなら、さほど難しくない。しかし、そういう事例はきわめて稀である。私自身の経験でも、全面的な協力を得たのは、ゼネコン調査と電機メーカー調査(いずれも大企業)だけである。前者の調査では会社（現場事務所）の一室を利用して、後者では自宅を訪問して労働者の面接調査を実施した。しかし、「室蘭製鉄所調査」では、労働者調査の協力を製鉄所から得ることはできなかった。それでは、どのようにして労働者調査を行ったのか、以下がその概要である。

　1970年9月、道又健治郎氏をリーダーとする「調査グループ」は、製鉄所に"本工の自宅を訪問して面接調査を行いたいので、協力してほしい"旨の要請を行った。製鉄所は"作業長、工長を集めるから、所内で懇談会形式でやってはどうか、社宅に入られては困る"という意向を示した。それに対して「調査グループ」は、"管理者が同席する懇談会では、作業長、工長が本音で話すことは期待できない"と考え、製鉄所内での懇談会を辞退した。その後、「調査グループ」は、道又健治郎氏の「知り合い」の協力を得て、作業長・工長の調査を実施することにした。しかし、それは数日内に製鉄所に伝わり、作業長・工長は「会社の命令なので応じられない」と断ってきた。こうして調査は一時中断を余儀なくされた。

　「調査グループ」は、2年後に、調査プランを変更し、一般の本工を対象に調査を実施することにした。再度、「知り合い」の協力を得て、名簿と交替番割表を作成し、調査を実施した。調査は「飛び込み方式」であったが、今度は順調に進んだ。

　それに対して社外工調査は、本工のように協力してくれる「知り合い」もおらず、社外工名簿・交替番割表の入手は難しかった。しかし、主要な社外企業の社宅がわかり、そこに皆で入ることにした。交替の番割もわからないままに、社宅に

入ったため、昼間でも就寝中ということがあった。社外工調査はかなり「無茶」な「飛び込み方式」であったが、調査自体は順調に進んだ。

　以上に示されるように、本工調査・社外工調査ともに「飛び込み方式」であった。本工調査は、前もって住所名簿と交替の番割を知って飛び込んだから、就寝中ということはなかった。しかし、社外工調査はそうではなかった。それはかなり「無謀」な「飛び込み調査」であった。そのことがある程度許されたのは、まだ「牧歌性」が残っている時代だったからであろう。現在のように世の中が物騒になり、知らない人への不信感と外部への防衛意識が高まっている時代には、このような「飛び込み方式」は拒否される可能性が高い。そのことについては、再度、後述する。

　調査協力を得るもっともオーソドックスな方法は、研究上の調査趣旨を「もっとも主要な相手」に訴えることである。ここで「もっとも主要な相手」とは、製鉄所のことである。労働組合や労働者も重要な相手であるが、調査の目的からいうと、「もっとも主要な相手」とはいえない。しかし、先に示したように、「もっとも主要な相手」である製鉄所が労働者調査を拒否したため、われわれは「知り合い」に頼むことになったのである。道又健治郎氏をとおして、その「知り合い」に調査の協力を依頼したのである。道又氏のもつ情報網の豊かさが、本工調査を可能にしたといえよう。このように労働組合あるいは「知り合い」の協力を得ることは、調査の幅を広げるのに役に立つ。しかし、調査依頼の基本は、あくまでも「もっとも主要な相手」に調査の趣旨を訴えることである。労働組合あるいは「知り合い」への協力依頼は、つぎの段階のことである。

2.　「Y製鉄所調査」（1990年代）と「企業内教育研究会」

(1)

　私たちは1990年代に入ると、再び、鉄鋼調査を行うことになった。それにはいくつかの理由があった。その1つは、日本的経営の把握のあり方と関係している。日本的経営の研究に関しては、学会を中心に様々な検討がされてきた。しかし、その際の日本型モデルは、加工組立型産業を代表する自動車産業、あるいは電機産業であり、その他産業ではなかった。かつての基幹産業である鉄鋼業も、装置型の性格を色濃くもつ素材産業的なこともあって、関心の対象にはならなかった。

しかし、日本的生産システムは自動車産業を典型としながらも、その他の産業にも共通してみられるものである。と同時に、そのあり方は産業によって固有の特徴を有することも事実である。したがって、日本的経営のあり方を自動車産業に特化することは、その一面的把握になりかねないのである。

その2は、日本的経営のあり方を研究する場合、そのメカニズムの究明に性急なあまり、それに内在する矛盾――対抗の契機――の抽出に必ずしも成功してこなかったことである。それにはいくつかの理由があろうが、最大の理由は、日本的労使関係の「安定性」にあった。労使関係の「安定性」という面では、鉄鋼業も同様であった。しかし、鉄鋼業は先の自動車産業などと異なり、長期にわたる鉄鋼不況を経験し、当時もまた現在も、そのトンネルの中にいた。そのため、鉄鋼業は様々な打開策（合理化、リストラ）を講じてきた。それは成功しつつあるかにみえたが、同時にその内部に大きな矛盾を作り出してきた。私たちが鉄鋼業を調査対象とする理由の一つであった。

その3は、1970年代の「室蘭製鉄所調査」との比較・継続である。私たちは当時の調査ですでに、労働過程のフレキシビリティを発見していたが、そういう点も含めて今回の調査では比較・継続したいと考えている。

(2)

今回の調査は全国各地の大学の研究者との共同研究である。もっとも、研究組織の中心は「企業内教育研究会」に所属する「旧・道又グループ」のメンバーである。まず、私が中心になって、研究者間の調整を行い、ついで事務局（北大教育学部産業教育研究室）の計画案にしたがって、調査の課題・仮説、調査票などが検討された。その後、製鉄所調査が行われたが、それは「メインの製鉄所」ではなかった。失敗を許されないという気持ちが、「メインの製鉄所」の調査を慎重にしたのである。実際に「メインの製鉄所」の調査が行われたのは、いくつかの製鉄所調査が実施された後であった。

私たちが調査上、「メインの製鉄所」と位置づけたY製鉄所の調査は慎重をきわめた。企業調査は労働者調査よりも容易とはいえ、「70年調査」当時と比べると、数段と厳しくなっていた。また、バブル崩壊後の不況段階に入っていたことも、調査を難しくさせていた。私たちが1970年代の調査に用いた「飛び込み方式」は、

ほとんど不可能になっていた。そのため、「Y製鉄所調査」をするに当たって、私たちは、県庁から紹介してもらうという方法を採った。その紹介後に改めて、Y製鉄所に400字詰め原稿用紙・10数枚分の調査趣意書を送り、研究の趣旨を理解してもらった。趣意書の中身は、「リストラと人材育成」という研究テーマに沿って、多様な側面から書かれていた。調査趣旨は十分に理解され、私たちはY製鉄所を訪問した。調査して気づいたことは、70年代の頃と比べて、製鉄所側の合理化意識（リストラ意識）が、第3者の私たちにもきわめてオープンなことであった。70年代には合理化の話をするときでも、なにがしか「遠慮がち」なところがあったが、今回はあからさまに、その成果を話してくれた。もっとも、人事などの微妙なことについては、必ずしもそうではなかった。

　Y製鉄所の調査は成功した。つぎは社外企業調査である。しかし、これはY製鉄所から紹介してもらうわけにはいかない。時間をおいて調査をしなければならない。私たちは、Y製鉄所の調査から2カ月後に社外企業調査を実施することにした。事前に、社外企業各社に調査趣意書を出し、電話で調査の承諾を得、そして日時を決めた。調査にはおおむね協力的であった。ただし、私は調査の直前に腰痛で倒れ、参加できなかった。私が社外企業調査に参加したのは、それから2年後のことである。そのときは、前回の調査では十分にできなかった企業を中心に、調査が行われたのである。

　以上、企業から調査協力を取得する方法について述べてきたが、1970年代の「室蘭製鉄所調査」と異なる点は、調査協力を得るに際して、詳細な調査趣意書をつくるようになったことである。調査協力を得る方法には色々あるが、これがもっともオーソドックスな方法であり、若い研究者にお薦めしたい。

(3)

　約束の枚数を超えてしまったが、最後に、最近の労働者調査の特徴・困難性について述べておきたい。

　「Y製鉄所調査」も、製鉄所調査、社外企業調査、労働組合調査が終わり、残されたのは労働者調査だけになった。しかし、この労働者調査がもっとも難航した。製鉄所と社外企業から協力を得るのが難しく、労働者名簿を入手できたのはわずか1社（社外企業）であった。労働組合、その他から名簿を入手することも難しく、

鉄鋼調査「あれこれ」

調査は一時中断を余儀なくされた。私たちはその間、鉄鋼労働者が集中している地域をリストアップし、その地域にアンケート票を送り、それを手づるに面接調査することを考えた。実際に、アンケート調査票をつくり、宛て名書きまでした。しかし、この方法も難点が多いことがわかり、断念した。結局、労働者名簿の入手で最終的に考え得たのは、Y製鉄所の社内報から本工の入所者名と出向者名をリストアップし、それと電話帳と突き合わせて、本工名簿を作ることであった。この方法を発見するにはかなりの時間を要したが、300名以上の本工名簿を作るのに成功した。その名簿から、昨年9月、240人を選んで依頼文を送り、本工調査を実施した。

　一方、社外工名簿はどうかというと、この方法では名簿を作成できなかった。Y製鉄所だけの社内報をどの社外企業も発行してなかったからである。かくして、社外工の名簿作りは難航した。そして最後に、やっと捜し当てたのは、住宅用地図に掲載の社宅地図から名簿を作成することであった。同地図にはY製鉄所の社外企業・11社の社宅地図が載っており、それと電話帳を突き合わせて社外工名簿を作成した。そして、今年の5月、200人に依頼文を送り、調査を実施した。

　このように労働者調査は「難航」したが、その原因は会社はもちろん、労働組合からも調査協力を得られなかったことである。今、ようやくそれを克服し、労働者名簿を入手した。しかし、それですべてが終わり、調査が順調に進んだわけではない。今度は「アポ」取りの「難しさ」「大変さ」が待ち構えていた。実際に「アポ」が取れたのは、送付した依頼文のうち、本工調査が34.2％（82／240名）、社外工調査が20.0％（40／200名）である。「アポ」の承諾率が低いことがわかるが、それは鉄鋼労働者の労働と生活の反映であり、かつ、1970年代とは異なる今日的な特徴のひとつであった。

　以下に、「アポ」取りに難航した理由について述べることにする。

　本工調査には全国から7人の研究者が参加し、社外工調査には5人が参加した。それぞれの研究者に30～40人の調査対象者を割り当て、事前に労働者名簿を送った。電話での「アポ」取りは調査地へ出発する前から始まり、到着以降もつづいた。「アポ」取りは難航した。理由の1つは、電話をしても、容易に相手をキャッチできないことである。3交替であることが、電話でのキャッチを困難にし、出勤中・就眠中というケースに多々ぶつかった。もっとも、このようなケースはある程度

特集2　フィールド調査"職人芸"の伝承（第3部）

覚悟していたが、予想以上に多かったのは、本人も含めて「家族が留守中」というケースである。私たちは、家族が帰宅する夜に電話して、本人の帰宅時間を聞き、そして改めてキャッチすることにした。しかし、家族が本人の帰宅時間を正確に把握してなかったり、把握していても、本人が時間どおりに帰宅しないケースが多く、「アポ」取りは難航した。また、社外工に多いケースであるが、どの時間帯に電話をしても「留守中」というのがあり、その場合の「アポ」取りは絶望に近かった。それでも何十回か電話をかけているうちに、相手をキャッチでき、「アポ」取りに成功したケースがある。それはともかくとして、全体的に帰宅時間の把握は難しく、一日中電話をかけることが多かった。電話の回数は1人当たり・10数回にも達した。

　第2は、残業のために、「アポ」取りが難航したことである。リストラ・スリム化による要員削減は、残業を増大させた。交替勤務よりも常昼勤務の方に残業が多い傾向があり、6時出勤・23時帰宅というケースもあった。交替勤務では、本工は4組3交替制で、あまり残業は多くないが、社外工は3組3交替制で、かつ交替要員がほとんどいないため、残業が多った。社外工の残業時間は、通常一回4時間、長くて一回8時間（連続勤務）である。残業が多くなると、それだけ相手をキャッチしづらく、電話を夜遅くまで、あるいは一日中かけることになる。しかし、夜中の電話は気が引けるものである。また、昼間の電話も、就眠中のことを思うと気が引ける。このように、電話を一本かけるのに非常な「勇気」と「気合」を必要とする。「調査は戦場」という言葉は、すでに電話での「アポ」取りの段階から始まっている。

　しかし、このように苦労して相手をキャッチしても、「仕事が忙しい」ということで断られることが多かった。鉄鋼労働者は3交替制であるから、常昼勤務者のように、帰宅後に調査に応じてくれる余裕は少ない。それに残業が加わるから、調査に応じてくれる余裕はますます少なくなる。

　第3、では、休日における調査はどうであろうか。鉄鋼労働者の定休日は土日や祝祭日とは違う。それは会社の勤務体系によって決まる。本工の場合、勤務体系が「5日でて2日休み、5日でて1日休み」の繰り返しであるから、それによって各自の年間の定休日が決まる。定休日であるから、「アポ」取りは、本人の都合を別にすれば、比較的容易である。それに対して社外工は、年間を通した定休日が

存在しない。休日が不規則だからである。彼らの休日は、これまでは月末に翌月のが決まるのが一般的だった。そのため、それが「定休日」であるとはいえ、一カ月以上を見越した計画は立てられなかった。しかし、最近はそれさえもが不可能になってきている。スリム化等の影響で、週末に翌週の休日が決まったり、週初めにその週の休日が決まったりするからである。それは休日とは呼んでも、もはや定休日とはいえない代物である。そういう状況下で休日の「アポ」を取ることは、きわめて難しいことである。

　以上、「アポ」を取ることが非常に困難になっている状況・理由についてみてきた。そういう状況下で、なおかつ「アポ」を取るためには、何回も粘り強く電話し、相手をキャッチし、調査趣旨を説得的に伝えることである。そのためには、調査に対する真摯な「姿勢」と「気迫」「気合」が以前にもまして必要になっている。それなくして「アポ」は取れないだろう。「アポ」取りはまさに「闘い」であり、「気迫」「気合」がなければ、それに負けてしまう。

フィールドワークとしての生活史
―― ナラティヴ・アプローチの伝承と革新 ――

大山　信義
(札幌国際大学)

1. コンテクストの社会学

　もし砂漠や原野の中に放り出されたら、人はどのような活動をはじめるのだろうか。この問いはおよそ社会学とは何かについて考察する場合の究極の問題設定であるように思われる。それが旅人ならば、どのような活動から着手するだろうか。フィールドワークに熟練しない大学院生であるなら、この現場で何からどのように活動を開始するか。まずは不安がよぎり、不安を解消する方法を探るであろう。旅人であれば脱出の方法を、大学院生であれば教授に提出するレポートの内容を考えるであろうか (これも脱出の1つ)。理論は現場で役立たず、方法論はすぐには使えないかもしれない。

　しかし、方法論 (methodology) とはmeta (〜に沿って) –hodos (道) についてのlogos (理論)、すなわちある目標に向かって (この場合は脱出)、そこにたどり着くまでの道筋に関する理論であるから、もしフィールドワークが脱出の方法論として使えるなら、これこそ伝承に裏づけられた社会学の究極の技能といえるだろう。

　筆者はこれまで通常のアンケート調査のほかに、一種の好みもあって生活史的アプローローチを採り入れてきた。現在はナラティヴ・アプローチといって、社会学のみならず民俗誌や臨床社会学で用いられているが、語りによるアプローチそれ自体は社会的現実を理解するための素朴で原初的な様式である。きわめて単純な方法論であり、言葉によって物語を導くように糸を織っていく方法である。原野に投げ出された大学院生は、トラクターに乗って岐路につく若い農民に頼んでヒッチハイクするかもしれない。そのとき自分は何者であり、なぜこの場所にいるかを伝えなければならないだろう。

このような状況のもとで、やがて自分は話者であり他者が聞き手であるという関係が成立し、こんどはその立場が逆転してさらに話が進んでいく。その結果として、さまざまな出会いの物語が生まれていく。筆者のフィールドワーク体験はほとんどこのようなものであった。フィールドワーカーは多かれ少なかれこのような経験に遭遇し、その出来事をフィールドノーツに書き込む。そこにデータが生まれ、ごみ箱に棄ててもよさそうな小さな記録の一つ一つの切片が、一定の脈絡(context)においてデータとしての意味をもつようになる。これが生活史法のごく最初の入り口である。

　では、なぜ生活史的アプローチか。まず、日常的に発話される言葉が脈絡(context)において意味をもつように、われわれが日々に生きている社会的現実はなにがしかの言葉や出来事のつながりのなかではじめてその意味を明らかにする。言い換えれば、社会的現実は意味を担っている。社会的現実は社会学者の理論を当てはめるとき、その論理的な様式に従って特定の姿を表すであろうが、それは数理システムのように論理一貫した理論系から成り立っているものではない。

　例えば「家族」は、特定の要素から成るシステムとして理解できるとしても、現実の家族(らしきもの)は理論モデルのロジックに従わない形で、その人間の生きている状況に固有の現実として、いびつなかたちで生きられているであろう。生活史的アプローチの本来の意図は、生活者(話者)に固有の主観的現実を、いびつならいびつなものとして、そのコンテクストに沿って再構成することにある。フィールドワークの代名詞でもあるエスノグラフイーはこの視点を共有するもので、生活史的アプローチでは"literal contextual content"、つまり社会的現実の「テクストを読む」という作業が重視される(Breg, 1995: 87)。

2.　語りによるアプローチ

　筆者は北海道及び東北地方の造船労働者に関する旧著のなかで「わが国の労働者・労使関係研究では、現実の客観的・科学的な認識を志向するため、研究者が独自の理論やモデルをつくって現実を記述し再構成する方法をとってきた。筆者はその方法が、当の労働者の歴史感覚・現実感覚にはたして沿うものかどうか疑念を抱き、それとは別の方法がないかと模索していた」と述べている(大山、1988:4)。その方法として研究者と研究対象、すなわち調査をする側(聴者)とされる側(話

者)との位置関係を逆転させ、話者が主文を担当し(生活史それ自体)、研究者が従文の書き手(評注者)となることを選んだ。

その記述法によって「主観的構成概念としての日本の労働者像・労使関係像を描きだすこと」に成功したかどうかはともかくとして、そこには「話者の日常実践的・生活史的な脈絡を歪めないようにするため……歴史的・社会的現実に対する主観的な解釈様式を、社会学の理論のなかに取り戻したい」という素朴な動機が込められていた。

労働社会学でも生活史的アプローチが採り入れられるようになったが、その多くは何らかの作業仮説や理論の検証に耐えられるように、あらかじめ設計された調査項目に依存している場合が多い。このような方法は作業仮説や理論に従うように社会的現実を統制するという意味で、筆者はあえて〈規範的生活史〉と呼んでいる。これに対して〈解釈的生活史〉はエスノグラファーやエスノメソドロジストがやっているように、語り手の発話の様式を阻害しないように、その言葉に託された生活体験や出来事の意味を、いろいろな体験の糸を紡ぐ物語の切片として解釈し、コンテクスト上に配列する方法をとる。このような語りによるアプローチは、筆者らがポーランドで行った労働者家族の生活史インタビューで、ごく自然なかたちで導入されたものである。

1990年1月下旬から約2カ月にわたり、日本労働研究機構とワルシャワ中央計画統計大学(現在はワルシャワ経済大学)の資金援助により、両国の労使関係の比較調査が実施された。調査団は経済学者の吉野悦雄氏を団長として、日本労働社会学会の石川晃弘氏と笠原清氏を含めて7名が加わった。ポーランド側からは産業社会学者のW・ラコフスキ(Witold Rakowfki)教授など6名の研究者が参加した。筆者は調査団の一員としてアンケートの設計段階からかかわり、ワルシャワ市のシフェルチェフスキ精密機械工場、ラドム市のポルメタルガスレンジ製品工場などで大掛かりな面接式アンケート調査が実施された。

アンケート調査に先立って、政府(ポーランド労働省・大蔵省官僚)─労働組合(連帯労組幹部・官制労組OPZZ)─経営(経営者・工場長)─職場(職長・職場リーダー・工場労組)に対するヒアリング調査を行った。アンケート調査は現地の大学生を動員して、工場のトップマネジメントを含むすべての従業員1,652名(全数調査)に対しインタビュー形式(構造化インタビュー)で行われた。通常はヒアリン

特集2　フィールド調査"職人芸"の伝承(第3部)

グ調査とアンケート調査で終結してしまうが、筆者らはこれに生活史調査を加え、スターリン体制下で閉ざされていたポーランド人の家族生活史の裏面に触れることになった。

　生活史調査はインフォーマルインタビュー(非構造化インタビュー)のかたちで試みられた。話者の選択は昼間の作業時間を利用したアンケート場面でたまたま筆者が出会い、気が通じることのできた労働者の家庭である。これを〈夜の調査〉と称して大山と吉野で約一ヵ月間、連日連夜実施した。昼間のヒアリング調査とアンケート調査の分析結果は日本労働研究機構から公刊されたが(日本労働研究機構、1992)、夜の生活史調査のデータは筆者によって一部が公開されたのみである(大山、1993, 1994a)。膨大な量の録音テープとフィールドノーツの内容のほとんどは、いまだに大山と吉野の研究室に眠ったままである。

　ヒアリング調査及びアンケート調査の実施により、「東欧」社会の工場が「西側」の研究者にはじめて公開された。特定事業所の全員面接調査が、トップや末端従業者などの職階に関係なく同一のアンケート用紙を使用して行われたことは特記に値するかもしれない(大山、1991a, 1994b)。それよりも重要なことは、生活史調査がワルシャワ蜂起、スターリン体制・戒厳令下の市民生活、連帯の反政府運動など、生活者レベルの体験の貴重な記録資料を生み出したことである。ヒアリング調査とアンケート調査が表層からのアプローチであるとすれば、語りによる生活史へのアプローチは、社会的現実の深層へ入っていく「ドラマツゥスギー型インタビュー」(Berg, *Ibid*.：29)の1種であったといえようか。

3.　物語との出会い

　「社会学における質的調査は多義にわたる。データの源泉はインタビューとフィールドノートの2つである」(Grazer、訳1996：253)といわれる。筆者によるポーランド家族のインタビュー記録は、日本語または英語による質問―聞き手の問いのポーランド語による通訳―ポーランド語による話者の応答―話者の言葉の日本語または英語への通訳(以上すべて録音テープにそのまま収録)という難儀な時間を要している。データの源泉はポーランド語であるから、その言語をインタビュー段階でいくらかでも学習しておかなければならない。しかし、これを口述資料として活用するためには言葉のニュアンスもあり、日本語の達者なポーラン

ド人による協力が求められた。そこでポーランド人によるより正確な日本語への音声翻訳の録音―聞き手による日本語データの作成(テープおこし)―訳語の妥当性に関する日本人の聞き手(筆者)とポーランド人(訳者)による共同点検―日本語データの編集という作業を必要とした。

フィールドノーツの記録のうち、重要な言葉と思われるものはすべて話者あるいは通訳者の手を煩わせてポーランド語で書いてもらった。現地で収集した生活記録(life document)はすべて日本語に翻訳してもらった。こうして大量の作業から小さな物語ができあがり、その一部を「共同の巣のなかで―ある職場リーダーの生活史」「刻まれた葛藤―母と娘の戦争体験」と題して公表した。こうしてF・ズナニエツキがポーランド語の農民の生活記録を英語に訳したような作業が続いた。

後日になって、調査団長の吉野氏は次のように述懐している。「私は大山信義先生からライフ・ヒストリー調査の手法を学んだのである。山形県米沢市における先生の職工へのインタビューや、電気工へのインタビューを横に座って観察させていただき、実に多くのことを学んだのである。それは結果的に先生から私への個人教授となったので、実に贅沢な経験であった。先生の会話の妙は『至芸』とでも呼ぶべきものであった。あとのお二人は、ポーランドにおける私の社会調査の先生である。私に握手の仕方や、笑うときの口の開け方まで指導して下さった精神科カウンセラーのイラさんと、鉛筆の選び方から教えて下さった社会調査専門家のアンナさんには深く感謝している」(吉野、1993:544)。

この引用で「山形県米沢市における……」とあるのは筆者の調査地であり、そこに立地するパソコン部品工場と織物工房にポーランドの研究者を案内して生活史インタビューの現場を公開していた(大山、1991b、1991c)。

居酒屋で話しているようなごく普通の会話を、吉野氏は「至芸」といってくれたが、筆者が最初に学んだのは生活史研究者の中野卓先生の手法である(中野、1977)。かつて中野先生はnarrative life storyについて、それは語りによる生活史であるから「口述の生活史」という訳語がよいと提案された。生活史的アプローチは、現在ではそのままナラティヴ・アプローチと呼び、物語的アプローチとも訳されているが、出会いを契機として話者と一緒に物語を書くという意味では、筆者は中野先生から物語法を学んだのである。

中野先生による『口述の生活史』という作品は、質問紙法による倉敷共同調査の

過程で、たまたま学生調査員が「弘法さまが移転なさらないのに、どうして私らが呼松を離れて移れますものか」という言葉に出会ったことが契機となっている。筆者らのポーランド調査もこれと同様に、まずはヒアリングと質問紙法によって工場労働者と面接し、その過程で出会った人たちが後に物語の話者となった。

　吉野氏はその物語法をポーランドの農業と農民に関する独自のフィールドワークでも採用して、農民家族史に関する現地調査を継続的に敢行された。その膨大なデータは厳密なコンテクスト検証が重ねられ、著書（吉野、1993）とインタビュー記録全3巻として公表されている（吉野、1992-1993）。その公刊後に中野先生から「職業に焦点をおいた生活史をツナニエキのポーリシュペザントの母国まで足を延ばして続行されたのには驚きました」との私信をいただき励まされた。

　インタビューをする／受けるということは、話者にとっても聴者にとって、たまたま遭遇した社会的経験となる。その意味で生活史法（物語法）では、話し手と聞き手が同じ時間と場所に身を置く。生活史において〈共に年齢を重ねる〉といわれるのは、時間をかけてフィールドワークを実践することの比喩であり、〈一緒に物語を書く〉ということは生活史が話し手と聞き手との共同作品であることをいう。社会学は〈いま〉と〈ここ〉に生きているわれわれの社会的現実を端緒とする科学であるから、社会学者もまた同じ地平に身を置いていないと成立しない。発話の言葉は話者の視線と身体で捉えた経験的現実であり、物語法の場合は理論が介在してはいけない。話者の語りが織り成す言葉と言葉の狭間（コンテクスト）のなかに社会的現実が存在するのであって、社会学的思惟というものがあるとすれば、その場所から思惟が動きはじめると考えられるのである。

4. 言葉の世界

　筆者がこのような考えを抱くようになったのは、ヘーゲルの「端緒（Anfang）」から刺激を受け、後にA・シュッツとP・バーガーの社会学に傾注していくようになってからである。ヘーゲルは学問の端緒はいかなる規定も受けていない純粋な存在（Sein）であるという。ザインは無規定のものであるから、ただ即自的に「ある」ということのほかに何も明らかにしない。明らかなことはそれが直接態（Unmittelbare）としてあらゆる認識に先立って自立している純粋な思想（reiner Gedanke）であって、これは学問の根拠（Grund）ないし契機（Element）と呼ばれる。いま

ヘーゲルのいう「端緒」をわれわれの社会的現実に置き換えるとき、それはいかなる理論によっても毒されていない直接的な現実態である。

　直接的であるということは、われわれがその場所に身を置いて生きているということ以外には、どのような規定も受けていないということである。私がさらさらと流れている小川を知覚するように、社会的現実はそれが語られる言葉の意味の流れとともに姿を現わす。小川それ自体はただの外的事実であり、それがさらさら流れていることは知覚者の「眼差し」または「志向作用」による。現象学的にいえば生活者もフィールドワーカーも「世界に生き世界を意識する」存在であるから、その意識がザインに向けられる場所で生活世界を構成する余地が生まれるのである(大山、1983)。

　世界を構成するということは言葉の力による。言葉が物語を生むということを筆者は生活史研究で学んだが、そのさらなる実践的な適用は臨床社会学へと展開されている(野口、2002)。吉本隆明氏は「恋愛は論じるものではなく、するものだ。とおなじように性にまつわる事柄は、論じられるまえに、されてしまっていることだ」と述べた(吉本、1985)。この言明はいつも気になっていたが、吉本氏は「それについて考察することは、それについて行動することよりも、いつも劣っているとみなされる唯一の人間的な領域だといえよう」とも論じた。筆者は社会的現実もまた「されてしまっている」ことであり、「それについて考察すること」になると、社会学における言葉の貧困とともに、言葉の過剰にも思い知らされたのである。

　ここでいう〈言葉の貧困〉というのは、科学的な言明によっては汲み尽くしえない社会的現実の豊饒性・多元性にかかわることである。また〈言葉の過剰〉とは社会学の構築に用いられる多様な理論言語についてである。社会的現実はヘーゲルのいう「純粋な思想」であり、すでに「されてしまっていること」であるとすれば、それについて語ること(理解すること)は言葉の力によってしかできないのではないかと考えた。いま流通している社会構成主義も、科学における言葉の限界と格闘しているように思われるのである。

　北海道釧路湿原と宮城県中新田町におけるフィールドワークでは、生活者の言葉の力について考えさせられた。この2つの調査の場合も、大学院生が原野に放り出されたようなものであり、筆者は朝から夕暮れまで湿原に佇み、何からどう

着手してよいか考えあぐねていた。アンケート調査も実施したが、それだけでは湿原が物語にならない。つまり社会的現実が見えてこない。湿原の自然を自分の身体に覚え込ませたあとは、何か行動しなければならない。そこに「電線にツンの連れ合いが脚を引っかけてさ、落ちで死んでしまった……」という言葉に出会った。

話者は1955年に釧路管内標茶町の阿歴内という開拓地に入植した77歳の女性で、牧場経営のかたわら鶴の給餌人として野生の鶴の世話を続けている。「ツン」というのはこの女性が名づけた鶴の名前で、ある日、牛舎の傍らで雨に打たれて「しょんぼりしていた」雄の雛鳥のことである。話者に育てられたツンは密かに姿を消すが、2年後に「お嫁さんと一羽のかわいい子供」を連れて、雨に打たれた場所に戻ってくる。筆者は話者の言葉を「東蝦夷地クスリ場所之圖」(慶応元年)と重ね合わせてみたとき、多くの言葉の一片一片がその場所につながり、言葉の力による「物語的転回」が見えてきたのである(大山、2000)。

中新田町の「詩の噴火祭」をフィールドワークして気がついたことは、われわれの社会的現実は言葉のコンテクストの束として現れるということであった。とくに、ある少女の「えぷろん」という詩の言葉と縄文太鼓の響きに出会って〈宇宙的時間〉というものについて考えさせられた。筆者は近著で「ことばはカオスのなかに紛れ込んで日常性を突き破り、社会生活の営みに命を吹き込むようなはたらきをする」(大山、2000：272)と述べたが、それは実感であった。この町の生活者の言葉がそのような力を感じさせたのである。

日常生活における言葉、あるいは話者と聴者との対話のなかで発話される言葉は、一つ一つがあたかもカオスのように、システムも順列ももたない切片として漂っている。ところが、例えば俳句や短歌のような定型詩がそうであるように、カオスのように漂っている言葉が、定型という様式のなかに見事に収納され、意味をもちはじめるのである。社会学における物語法や構成主義の方法も、このような考えが基礎になっているのではないだろうか。

5. 伝承と革新

生活史の記録はたんなる記録であって、ただそれだけのものでしかないという批判をしばしば受ける。生活史的アプローチに対する批判はおそらく、生活史が

社会学の言語・公準・命題をあえて排除する姿勢に向けられているのあろう。あるいは、科学的な方法の規準からみて経験的データとしての明証性・妥当性の水準が低いということかもしれない。科学的な規範が捉えた社会的現実は、もともと生きた肉体語によって動いている場所に身を置いていたものを、理論語に組み替えて定式化されものである。生活史法や物語法はその生きた肉体語をコンテクストとして読み取って社会的現実を構成する方法であるから、その成果は科学論文というよりも一種の文学作品(literature)と考えるのが適切かもしれない。

しかし「フィールドワークは経験的な証拠を得るための検証度の高い可能性をもつ質的方法である」(Burg, *Ibid.*)といわれるように、フィールドワークとしての生活史は、発話の言葉をめぐって直接間接に連れ立ってくるさまざまな物証的なデータ、生活資料の検証にも厳密でなければならない。その作業によってわれわれは、話者の生活史のみならず社会の変動、文化の変容を明証性水準の高い定性分析によって客観的に記述することが可能となる。

フィールドワークの現場は人間のさまざまな経験が交差する世界である。それは話者の経験のみならず、聞き手の経験、話者の経験、話者の聞き手としての経験、話者にとって〈重要な他者〉の経験などである。フィールドワークの技能もまた経験の領域に属する。その意味でフィールドワークは、職人の技のような伝承性を特徴としていることは多くの経験者によって語られているとおりである。

それと同時に重要なことは、フィールドワークの革新性であろう。フィールドワーカーはこれまで〈知られたこと〉の背後に〈知られなかったこと〉が豊かに生成していることを自覚している。言葉との出会いがあるからこそ〈知られなかったこと〉は、すでに〈知られたこと〉とは異なり、生活世界の理論化作業に先立つ経験の基盤として、生き生きした存在の場所をもつのである。その意味でフィールドワークとしての生活史——ナラティヴ・アプローチ——は、科学的世界に流れ込んでくる〈知られたこと〉を革新する余地を豊かに内包しているといえよう。

〔参考文献〕

Burg, Bruce L., 1995, *Qualitative Research Methods for the Social Sciences*, 2nd ed., Boston: Allyn and Bacon.

Graser, G. Barney and Anselm L. Strauss, 1967, *The Discovery of Grounded Theory: Strategies for Qualitative Research*, Chicago: Aldine Publishing Co. 後藤隆・大出春

江・水野節夫(訳), 1996,『データ対話型理論の発見』新曜社。
日本労働研究機構(編), 1992,『ポーランドの労働・日本の労働―日本・ポーランド共同企業調査報告書』上巻・下巻・別巻。
大山信義, 1983,「社会学の端緒と反省理論」『社会学研究報告／理論研究1』北海道大学文学部社会学研究室。
大山信義(編著), 1988,『船の職場史：造船労働者の生活史と労使関係』御茶の水書房。
大山信義, 1991a,「組織風土と職場の労使関係」日本労働研究機構(編)『前掲書』下巻。
大山信義, 1991b,「地方都市研究資料／山形県米沢市(1)ある製糸業女工の生活史―インタビューの記録」『社会学研究報告／実証研究4』北海道大学文学部人間行動学講座。
大山信義, 1991c,「地方都市研究資料／山形県米沢市(2)ある一六代織元の生活史―馬下助左衛門とのインタビュー」『社会学研究報告／実証研究5』北海道大学文学部人間行動学講座。
大山信義, 1993,「ポーランド家族の生活史Ⅰ」*REC Technical Report,* No.2, 札幌国際大学北海道環境文化研究センター, 1-51頁。
大山信義, 1994a,「ポーランド家族の生活史Ⅱ」*REC Technical Report,* No.10, 札幌国際大学北海道環境文化研究センター, 1-77頁。
Ōyama, Nobuyoshi, 1994b, "Industrial Relations in Polish Factories: A Study of 'Mistrz-Brygadowy' System as Work Group Organization", *Journal of Seishu University,* No.1.
大山信義, 2000,『コミュニティ社会学の転換』多賀出版。
中野卓(編), 1977,『口述の生活史―或る女の愛と呪いの日本近代』御茶の水書房。
野口裕二, 2002,『物語としてのケア―ナラティヴ・アプローチの世界へ』医学書院。
吉野悦雄(編著), 1993,『ポーランドの農業と農民―グシトエフ村の研究』木鐸社。
吉野悦雄(採録・評注), 1992/1993,『ポーランド・クレチェフ村の農民―その仕事と生涯』上巻・中巻・下巻、私家版。
吉本隆明, 1985,『対幻想―n個の性をめぐって』春秋社, 1頁。

社会調査における調査目的と
人間理解の問題

藤井　史朗
(静岡大学)

1. はじめに

　私は、布施鉄治先生をリーダーとする研究グループのもとで夕張の炭鉱労働者調査に参加して以降、細々と中小企業労働者や経営者へのインタビュー調査を続けてきた。しかし、意義ある社会調査の成果を出しているわけでなく、今回の企画に対し、成功した調査方法を語ることは私にはできない。むしろ逆に、調査目的と対象者の実態との乖離に直面するなかで、右往左往してきた経験を提示できるだけである。もちろん振り返るほどのものがないにもかかわらず、振り返ることしかできないということには忸怩たるものがある。
　また今回の企画は、北海道地域で調査研究をしてきた者の経験、ということであるが、私自身は、北海道という地域自体に対しては何もわからぬままそこを離れてしまった。だが、中央から距離のある地域社会における中小企業とそこでの労働者が主な調査対象であったことは、むしろ今の私の調査目的や対象者の人間像のあり方に大きく作用している。その意味では、私はやはり北海道の現実に学んだのだろうと思う。
　社会調査は、本来は何らかの社会科学的な目的のもとで、その検証・吟味のためになされるものであると思う。しかし私の場合には、現実のさまざまな個人のありようを理解し、説明したいという要求の方がずっと基底にあり、社会科学的な調査目的という点では、むしろ大きく変わってきた。本論では、乏しい私の調査経験のなかから、このような調査目的の変化の意味と、そのなかでの人間理解のありようについて述べてみたい。そのことはまた、インタビュー調査における対象者とのラポール形成ということにも関わっており、この点も振り返ってみる。

2. 調査目的と人間像の変化

(1) 炭鉱労働者と中小企業労働組合調査（階級矛盾の止揚過程視点）

　布施鉄治氏の学生として、1973〜74年にかけて参加した夕張の炭鉱労働者調査では、布施氏の調査方法論(資本主義社会としての「階級・階層的矛盾」の所在を前提としながら、労働者の「労働ー生活過程」の社会的再生産過程のなかでのその克服(止揚)過程と、その社会機構への定着を跡づけようとの視点)をもとに、かなり細かく生活史・生活事実のインタビューを行った。布施氏の方法論は、地域社会や全体社会領域まで含む視野を有するものであったが、私はそれを特定企業と労働現場のレベルに限定し、個別資本の労資関係のもとでの労働者の対応・対抗過程を捉えるものとして活用した。この視点は、職場の労資関係と「変革主体」の形成を問う、労働社会学の問題関心とも呼応していた。こうした問題意識から、1976年、札幌市の活動的な中小企業労働組合と労働者の調査を行った。

　この時期の私の調査目的は、資本主義社会の矛盾を、労働現場を中心に労働者が克服していく過程を跡づけるというマルクス主義的な問題関心によるもので、「法則」による社会変動を前提していた。しかしこれらの調査対象は、実際には、エネルギー政策転換や大事故を契機とする閉山、組合員の内部分裂を介する労働組合解体などといった経過をとった。特に後者の事例では、われわれの調査自体が結果的にそれを促進させるという面さえうかがえた。私のこうした調査目的は、労働組合の戦闘性に過剰な期待をかけるものでもあり、その点は批判を受けた。事実こうした調査目的では、労働組合のない、あるいはある程度労資関係が安定している中小企業や労働者のあり方をフォローすることは困難であり、その後の調査依頼には拒否が続いた。周辺地域社会の中小企業・労働者のリアリティを捉えるのに、個別資本の労資関係にこだわる視点はあまりに狭隘であると実感されたし、そうした指摘も受けた。しかしそのようなリアリティをフォローし得る精神的構えは当時の私にはなかった。

　他方、上記調査の経験から、職場の労資関係や労働者間関係の変動に、職場への技術革新の進行とそれへの労働者の対応があることも浮かび上がってきた。「階級矛盾の止揚」という大きな物語を労働現場で直接実証することが困難であっても、「生産力と生産関係の矛盾」という「法則」についてはどうであろうか。階級矛

盾の現れやそれへの対応・対抗という契機をしばらくカッコに入れたまま、最新技術への対応のなかで労働者に労働能力が形成されていく側面であれば地道な実証研究として続けられ、上記の法則の実証に連なる可能性もあるのではないか。このような経過から、ME（Micro Electronics）技術と労働－協業の調査に問題関心を移していった。

(2) ME技術と職場の労働・協業調査（生産力の担い手視点）

1980年代は、日本の製造業の中小企業レベルにまでME技術が進展する時期であり、先駆的な調査研究も現れていた。私も1980年代後半から、ME技術と労働・協業の変化のフォローを目的として、東京や長野県の中小企業調査を進め、また布施氏のグループで倉敷市のM自動車調査などを行った。これらの調査においては、当時の技術論の指摘に学びながら、ME技術の構造とそれを軸に編成される労働－協業の形態を類型的に捉え、そのもとでの労働者の労働能力の質を捉えることに意を注いだ。インタビューにおいては、対象者に自分の労働現場の絵を描いてもらい、どのような労働手段がどのように配置されているか、そのもとで労働者はどのように関わり合って仕事しているかを捉えた。

これらの調査研究では、ME技術のもとでの労働－協業の諸類型やその移行過程のモデル化などを目指したが、生産力の基軸としての「技術」への労働－協業の従属を前提としていた。「階級矛盾の止揚過程の実証」という大きな視点から距離を置こうとするあまり、地道なパターン認識を目指したが、知らず知らず技術の物象崇拝になっていた面もあり、技術決定論ではないかとの批判も受けたように思う。社会学が避けて通ることのできない人間主体のあり方やその基底的な能動性、共同の把握などを事実上わきに置いていたためであろう。確かに、こうした方法をとった背景には、私自身いくつかの中小企業の工場観察のおり、「労働」にロマンが感じられず、生産工程の流れにそのまま張り付いているかのような労働・労働者のあり方、という焼き付いた観念があった。しかしこれらの点については、「ポスト・フォーディズム」の問題関心を背景に、M自動車やM電機の工場をフィールドとして、生理主体としての労働者、労働と生活に関わる倫理、労働者自身の労働と職場コントロールの実態を細かくえぐった小林甫氏・浅川和幸氏の調査研究に大きな刺激を受けた。再度、「階級」や「生産力」といった概念に従属

させない形で、人間主体自体に視点を定める方法論(精神的構え)の必要を痛感した。

(3) 沖縄の農家調査と丸子町の労働者調査（地域中小企業労働者の自己充足視点）

それまでの私の調査目的はマルクス主義のテーゼを前提にしていたが、1990年代初頭の社会主義諸国の体制崩壊には、やはり再考を促された。他方、社会学理論の領域では、すでに早くから構造主義的思考や、さらにポスト・モダン思潮も浸透しており、不勉強で中央の動向にうとい私にも、それはいろいろな形で伝わってきた。特に、尾関周二氏の「われわれ日本人にあっては、社会的に有意義なことで忙しいことは美徳である、との抜きがたい価値観がある」との指摘には、「目から鱗」の思いがした。

1993年に、沖縄の今帰仁村N集落で行った飛び込み方式による農家調査では、周辺がみな生まれながらの仲間たち、という共同体とそこに生きてきた人びとの姿に強いインパクトを受けた。流浪する個人の意識と形式的な社会観を梃子にものを考えてきたそれまでの私のあり方を相対化するきっかけとなった。

誇大な社会観に位置づけた個人像ではなく、現実の人びと自身の実相に迫ろうとするときの視点として、作田啓一氏『生成の社会学をめざして』(有斐閣)の、「有用性」価値・「原則性」価値(これらは社会的価値としての側面が強い)から「自己充足」価値への移行という指摘や、シュッツの「現象学的社会学」も参考になった。個人(自分が関わっている他者のイメージを保有している個人)の社会的自己感情における自己充足、という価値志向は、それまでの何らかの社会法則の一要件としての個人、という視点を克服する要（かなめ）になり得ると思った。また、後で気づいたことだが、少子化社会が進行しており、生育した地域社会において、親譲りの財産と文化を継承していく個人が多数派になりつつあることも、こうした価値観の変化に関わっているように思えた。もちろんこの「自己充足」という価値志向は、社会貢献の多さを目指すそれまでの価値志向に比べれば、自己満足を思わせるものではある。しかし何より自分のことを振り返りつつ、社会貢献志向の裏にも潜んでいることが少なくない「序列を目指す競争主義」の限界を思うとき、「自己充足」志向のメリットもまたあると思った。そこには、自分自身の無力を棚に上げ

たものでもあるが、アカデミズムの世界における、社会の不平等告発というそれまでの私の研究志向の有効性に対する疑問も背景にあった。

　大都市の大企業従業員に顕著であろうと思われる「序列を目指す競争主義」に対して、中小企業労働者の「自己充足」志向を対置するという問題関心から、長野県丸子町の中小企業労働者の事例を分析した(1993年、日本労働社会学会大会報告)。そこでは、生まれ育った地域と出自家族の生活・文化を継承しながら生きている3つのパターンの労働者像を描いた。それは、産業の二重構造のもとでの弱者としての中小企業と、そこでの労資関係のもとでの労働者という「二重の矛盾下にある中小企業労働者」という外的な認識・指摘を梃子に社会が変わっていく面よりも、むしろ積極的に自己充足志向を貫いている中小企業労働者個人の営みの延長に、文化と社会が変容していくルートを確認しようとするものであり、私自身の労働者調査における調査目的と基本的人間像の変化を示していた。

(4)　中小企業経営者の経営志向調査（善なるものとしての企業経営把握視点）

　しかし、先のように中小企業労働者調査の基本像を描くということは、すでに労資関係視点の絶対化を避けることを意味しており、「企業＝資本＝悪」という前提認識を放棄することを意味している。実際、地域社会の中小企業労働者のあり方を見てきて、そのあり方・命運は、労資関係への対抗でも、労働組合のあり方でも、あるいは労働者個体が関わる生産力＝労働力のあり方でもなく、経営環境の中でのその企業自体のあり方、そこでの従業員の意欲の引き出し方と活用の仕方、すなわち、経営者の才覚、経営志向により大きくかかっているということを痛感してきた。そしてこうした点での経営者の積極面についても調査をとおして感ずることが少なくなかった。現在の中小企業労働者の方向性は、階級闘争の行き先にではなく、それぞれの企業経営の自覚的な針路選択のうちに、またそれへの諸労働者のコミットのうちにこそあるのではないかと思われた。

　こうして1990年代後半よりは、さまざまな地域の中小企業経営者の経営志向の形成過程とその妥当性を吟味するという視点によるインタビュー調査を続けた。その中では、従業員の扱い方や、他企業・地域社会との関係のあり方などから、当該企業・経営者が有する社会性（社会貢献性）のありように特に注意した。すでに、地域社会全体や産業全体を捉える視点への広がりが必要であったが、未だピンポ

イントのように、中小企業経営者への理解視点が中心になっている。

3. 調査対象者への接近と理解

　学生時代以降、私の本音には実存主義の影響があり、社会調査に際しても、社会科学的な問題関心や形象認識に基づく調査目的よりも、人間(個人)理解を進めたいという一般的な目的がずっと流れていた。また、私の社会調査への入門は、組織だった調査チームのなかでの調査票調査であり、ともかく対象者にインタビューするという局面に追い込まれてもいた。それゆえ、調査対象者といかにラポールをつけるかということは私の場合二重に（調査目的との関係でどのようにつなげるかということと、ともかく初対面で話をすること）切迫した課題となっていた。従って逆に、これまで述べてきた私の調査目的や人間理解のありようの変化には、インタビュー調査場面におけるラポール形成体験が作用しており、そのようなバイアスがかかっているものである。

　調査対象者のお宅に戸別訪問して、こまごました生活事実をインタビューするのに、相手側のかなりの抵抗があるのはやむを得ない。まず調査目的の明瞭な自覚、そしてそれへの相手の納得などは、ラポール形成に大きく作用する。これが不十分であった初期の頃、話が全くのらない（調査にならない）ことが多かった。調査拒否の多さはもとより、ようやく入れてもらったときでも、こちらの質問に対し、「ええ」、「そうですねー」、「さあねえ」といった形式的な返事の連続で、調査者としての無力感におそわれることも頻繁であった。特に不得意であった農家生活・家族生活調査などであまりに相手の声が小さく、はっと気づくと、対象者の主婦が恐怖にふるえている、といったこともあった。緊張を与えないため、調査票を相手の前において、視線を避けながらインタビューするといった工夫をした。また、調査項目のなかで、特に相手が乗ってきた話題に出会ったときには、調査票の文脈を離れて、その話題の文脈で聞き続け、最終的に調査票を埋める、という方法もとった。このような経験のなかで、調査対象者の最も重視している、あるいは存在がそこにあると思えるような事象をつかむことの必要性を学んだ。個体としての人間が、本音次元(意識的・無意識的次元)で、どのような社会的了承のあり方を求めているか、を見いだしていくという視点はかなり有効であった。

　もちろん、社会調査である限り、何らかの社会的意味・社会事象の担い手とし

ての対象者へのインタビューである。それは「炭鉱労働者」であったり、「中小企業労働者」であったり、「金型職人」であったりする。しかしあまりにそうした出発点にこだわった調査の前口上の後、「先生、金型労働者も普通の人間ですよ……」とあきれていわれるようなこともあった。

私は、ラポールをつけ本音に根ざす話をしてもらうために、相手の外見、何らかの演出的な人格パターン、職業・地位・業績などの社会的能力象徴、などへの過大評価やそれらへの滞りを避け、いわばこうした社会的諸形象をカッコに入れ（エポケーし）た上で、相手の基底にある心の動き自体を感知し、その後に、それら社会的諸形象とその人自身の関係を再構成する、という方法を工夫した。「序列志向」という私なりの意味を加えた表現は、それら社会的諸形象をカッコに入れる際の手がかりとして役立った。

かなり情緒的な接近方法であるが、社会調査の場面のみならず、さまざまな社会的場面において、本音に根ざす相手の話を引き出しラポールがつきやすくなる、といった副次効果もあった。このような会話の作法というのは、人間の社会的あり方を重視し社会的価値とのアクセスを重んずる人間観によるものではなく、その人間自身の生命の基底にある感情・思いなど、いわば「魂」ともいい得るような部分を感知し、それに向けて会話をするというものである。そのような調査対象者の存在の「コア」を重視しながら、それを支援する方向を模索する、ということが私なりの調査目的となった。しかしそうした調査目的による成果はまだ出ていない。

4. 社会調査目的と方法のその後の模索

これまで述べてきたような、インタビュー調査の心構えと連動するかのような、私の社会調査目的と前提的人間像（とそれへの接近）の変容は、実は社会調査に際して、私が現実に妥当する調査対象者の社会的位置・意味などを捉えておらず、それゆえ有効な社会調査をなし得ないで、単に心理事象へと縮まっていった結果かもしれない。実際、現実の社会は、物的条件を伴う社会形象の動きが、個々人の「本音」とは異なる論理において存在しており、社会調査はこのような現実を捉えるという目的も不可避的に有している。そのような社会調査を行うためには、インタビュー調査以前に、全体社会の具体的動きやその中で当該単位が占めてい

る位置・機能などを捉えている必要がある。

　このような点について、私自身50代も近づく頃から多面的にご指導を受ける機会を得た北川隆吉氏の調査視点に啓発を受けることが多かった。周知のように北川氏は日本の労働社会学創設者の一人であり、初期の職場の労資関係と労働者の分析（「富士フィルム労働組合員の意識と実態」1962年、など）から、経営と地域社会の関係、諸産業・地域に対する政策の問題、グローバル化の影響など、産業・労働領域を規定する諸事象の現実連関をその広がりのなかで捉えていく方向を追求してきている。また北川氏は、調査に際しては、当該フィールドのなかで最も大きな意味ある動きと連関を見いだすこと、諸構成主体が現実社会のなかで有しており、現に生きて機能している社会的意識形態と実態をフォローすること、そしてそこで有効に作用する知見を構成することという、きわめて現実的・実践的な調査目的を有している。このような形であれば、調査対象に関わる社会的諸形象を「カッコに入れ」ることなくそのまま問題にすることができ、調査対象の当面の「本音」からずれるものであっても研究者の側から何らかの有効なメッセージを提供することができるのかもしれない。このような諸点の検討は私にとっても避けられない課題となっている。

投 稿 論 文

1 日本における労働市場の特性：賃金構造
　と技能形成　　　　　　　　　　　　　　　　飯田　祐史
　　　——製造業と金融保険業の賃金プロファイル比較を通して——

2 高年齢ホワイトカラーの能力とキャリア　　　高木　朋代
　　　——雇用継続者選別の論理と条件——

3 専門学校と職業教育　　　　　　　　　　　　浅川　和幸
　　　——北海道情報系専門学校を事例に——

日本労働社会学会年報第13号〔2002年〕

日本における労働市場の特性
：賃金構造と技能形成
――製造業と金融保険業の賃金プロファイル比較を通して――

飯田　祐史
(東京工業大学大学院学生)

1. はじめに

(1) 課題と方法

　1980年代後半のバブル経済、その後の1990年代における日本経済の低迷で、日本的長期雇用慣行は、どのように変化したのだろうか。日本の労働市場では、特にホワイトカラー職は、長期雇用が主流であると思われている。しかし、長期雇用を今後どのようにするかは、成果主義の台頭と労働の流動化とともに近年注目されている論点になっている。このような議論が有効になるためには、日本の労働市場がどのように変化してきたのか、客観的な事実を捉えておく必要があるだろう。

　最初に、労働市場を構成する重要な要素である賃金プロファイルについての研究を概観してみよう。我が国では、年齢や勤続年数の増加によって賃金が上昇することは広く認められている。このような年齢・勤続年数による賃金上昇の説明は、これまで、小野 [1989] 等による労働者の生活費を保障するためであることや小池 [1991] 等による労働者の熟練形成から解釈されてきた[1]。しかし、賃金格差の大きさに焦点を当てれば、産業間で給付される賃金水準が異なるのだから、そのような場合、賃金プロファイルの差異が、どのように生じているのか、上記の仮説では、明確な答えを持ち合わせていなかった。一方で、産業間賃金格差に注目した実証研究が、少なからず存在し、その代表的なものとして、橘木・大田 [1992] があげられる。彼等によると、産業レントの高い産業は、賃金も高く、産業の特性が賃金に影響を与えることを明らかにした。それは、言い換えれば、市場独占力や高利潤は、企業の支払能力を高め、産業間の賃金格差と強い正の相関がある

というのである。しかし、その場合、参入規制等の保護を受けて高利益を獲得している産業は、他の産業に比べ、なぜ賃金を多く払う必要があるのだろうかという疑問は依然解決されていない。また、特になぜ金融保険業の賃金が高いのかに注目して、橘木[1992]は、その根拠を大企業や大卒が多数を占めるという金融保険業の産業組織と労働市場の特性に求めたが、賃金プロファイルに注目すれば、単に高賃金だけでなく、その傾きの時間的変化(年齢による賃金の変化)をどのように説明すればよいのだろうか。

以上のような問題意識に基づいて、本稿は、代表的な規制産業である金融保険業と比較的競争産業である製造業を取り上げ、それら産業の労働市場に影響を与える賃金プロファイルに注目し、その産業別賃金プロファイルが、日本経済の成長過程でどのように変化してきたのか検討する。具体的には、賃金プロファイルを決定する要因として、「経験年数」と「勤続年数」の効果に焦点を当て、これらの要因が長期雇用・年功賃金制の特徴を持つ日本企業システムが成立したといわれる70年代からどのように推移してきたのかを産業別に検証する。[2]経験年数や勤続年数に注目する理由は、それぞれの産業の労働市場における長期雇用・年功賃金制の特徴を説明するのに重要な要因となるからである。また勤続年数や経験年数の賃金への効果の分析は、必要とされるスキルの分類を可能にする。長期雇用は、スキル形成に影響を与えるが、そこで鍵となるのが、スキル形成の企業間の連続性である。スキル形成の連続性、すなわち勤続年数を鍵に、製造業と金融保険業の産業の特性を分析する。さらに本稿では、経験年数や勤続年数の効果を時系列に検討を加えることで、既述のように未解明に終わった産業別賃金格差の諸問題を明らかにしたい。そして、この試みは、一般的に知られている日本的長期雇用慣行において、賃金プロファイルがどの程度長期雇用のインセンティブ機能を付与させていたのかを示唆することになるであろう。

勤続年数や経験年数に注目する場合、人的資本理論に立脚したHashimoto and Raisian [1985]の研究が代表的である。彼等は、日米双方の賃金関数を比較することによって、80年代の日本の賃金プロファイルは米国と比べ勤続年数が賃金に大きな影響を与えていることを解明した。また、Hashimoto and Raisian [1985]のフレームワークを用いた研究として櫻井[2000]があり、日本における90年代の賃金関数は、勤続年数の影響が低下したこと、また経験年数の効果も90年代に低下

したことを明らかにしている。しかし、前者は、80年代での国際比較であり、各年代の時系列的視点がないために、経済環境の変化に対して、賃金関数がどのような影響を受けてきたのか分析できない。また、後者は、産業別に賃金関数比較する視点がないために、それらが経済環境の変化に対しどのような特徴を持っていたのか明らかにできない。したがって、時系列と産業別比較の二つの視角を取り入れることにより賃金プロファイルの差異を相対化させ、それぞれの労働市場の特性を明らかにすることは意義があろう。本稿は、彼等のフレームワークを用いて、分析の縦軸に時系列、横軸に産業別比較を行うことにより、産業別労働市場の特徴を各賃金関数の時系列的変化から検証する実証研究として位置付けられよう。環境の変化について特に注目したいのが、80年代後半から金融の自由化、人事における成果主義の台頭、バブル経済とその後の不況であり、そのような変化が、両産業の賃金関数にどのような影響を与えたのであろうか。

　本稿では、産業の比較においてなるべく共通の尺度を用いたいがために以下のように制限した。ホワイトカラーが多数を占める金融業と比較するために、両産業ともホワイトカラーを採用した。[3]また、対象は大卒男子労働者に絞った。その理由は、両産業ともホワイトカラーは大半が大卒男子であり、かつ彼等は、企業にとって基幹の労働者になっており、その賃金プロファイルが、彼等のパフォーマンスや企業のパフォーマンスに影響を与えると考えられているからである。一般的に、ホワイトカラーは、管理能力が重視され、その企業内部でスキル形成が行われる。しかし、金融保険業では、管理能力の他に為替取引ディーラーに見られるように一部の層には金融の専門知識が必要である。金融専門家には、外国為替ならびに資金取引ディーラー、資本市場取引専門家、経済産業調査マンなどがあり、給与体系も異なっていることが知られている。そのような金融の専門家層の知識が重視されれば、職能労働市場に近くなり、賃金は勤続年数と有意な関係にはならないと仮定できる。ホワイトカラーの管理職の職能が重要なのか、または金融の専門知識が重要になるのか、金融保険業のホワイトカラーをめぐる、このスキルの変化を明示したい。

　本稿が想定している仮説は次の通りである。製造業では、産業における専門的な知識よりもその企業での個別の問題に対処するスキルが生産には重要になる。[4]この場合、勤続年数との関係は高いと推測できる。一方で、金融保険業では、製

投稿論文

造業のような管理的な事務だけでなく為替取引ディーラー等の金融専門家の業務に比重が移行すれば、その産業で主に重要となるスキルは、金融保険業一般に通用する知識スキルになると考えられる。その場合、勤続を重ねスキルを形成させる必要がないから、勤続年数との賃金の上昇は関係がほとんどないと推測できる。それを判別するのが、賃金関数の導出である。

本稿の構成は以下のように予定している。まず次節で、製造業と金融保険業の賃金プロファイルを概観する。特に注目したいのが、勤続年数と賃金の関係である。第3節では、それを踏まえ、両産業の賃金関数を導出し、その推定結果を解釈する。最後に、論点を整理し、両産業の労働市場の特徴をまとめる。

2. 製造業と金融保険業の賃金プロファイルの比較

(1) 製造業

ここでは、製造業大卒男子ホワイトカラーの賃金プロファイルの変化について検証してみる。図1は、1975年から2000年までの1000人以上の規模の賃金プロ

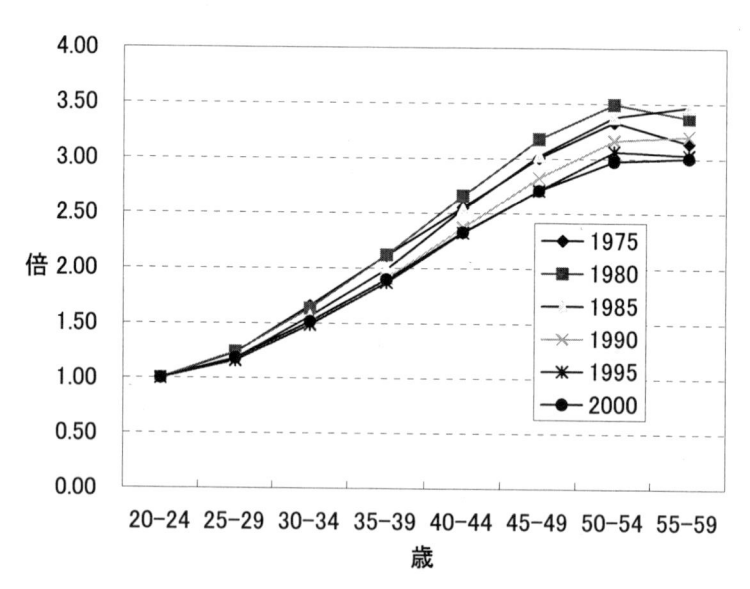

図1 製造業大卒ホワイトカラー賃金プロファイル

出所）労働省『賃金構造基本統計調査』。

ファイルである。なお、賃金プロファイルの傾きに注目したいために、20-24歳の賃金を1に標準化してある。まず、ピーク値の変化についてみると、20-24歳の賃金に対するピーク時の賃金倍率は、3.33倍(1975)→3.49倍(1980)→3.47倍(1985)→3.20倍(1990)→3.06倍(1995)→3.00倍(2000)と推移し、80年をピークに趨勢的に減少している。賃金がピークに達する年齢は、1975、1980年においては、50-54歳であるが、1985、1990年においては、55-59歳になり、1995年には、50-54歳に戻るが、2000年には、55-59歳にまた移行する。1980年以降賃金プロファイルがフラットになってきている。つまり、1980年の3.17倍(45-49歳)→3.49(50-54歳)と1990年の3.16(50-54歳)→3.20(55-59歳)を比較すると、ピークへの上昇する角度が低下してきている。

(2) 金融業

次に、金融保険業大卒ホワイトカラーの賃金プロファイルについて吟味してみる。図2は、1975年から2000年までの1000人以上の規模の賃金プロファイルであ

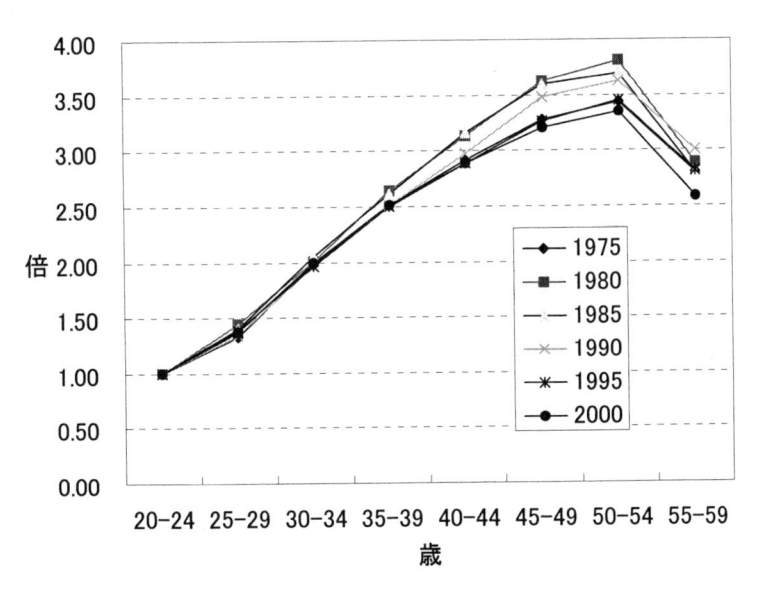

図2　金融保険業大卒ホワイトカラー賃金プロファイル

出所）労働省『賃金構造基本統計調査』。

投稿論文

る。まず製造業と同じように、ピーク値の変化についてみると、20-24歳の賃金に対するピーク時の賃金倍率は、3.43倍 (1975) →3.82倍 (1980) →3.70倍 (1985) →3.63倍 (1990) →3.46倍 (1995) →3.35倍 (2000) と推移し、80年をピークに趨勢的に減少している。賃金がピークに達する年齢は、1975年から2000年まで、50-54歳である。賃金プロファイルの形状は、凸型をしていて、50歳代後半からの低下が急であることが特徴である。また80年を境に、ピーク値の減少から、賃金プロファイルの傾きがフラット化していることがわかる。特に、90年以降は、そのフラット化の傾向が強い。上記で確認した現象は、製造業や金融保険業の個別の事情によって生じたものであろうか。この点を確認するために、製造業と金融保険業間の賃金格差を求めてみる。

(3) 製造業と金融保険業の賃金格差

図3は、製造業の賃金を1とした場合の金融保険業の賃金指数である。それに

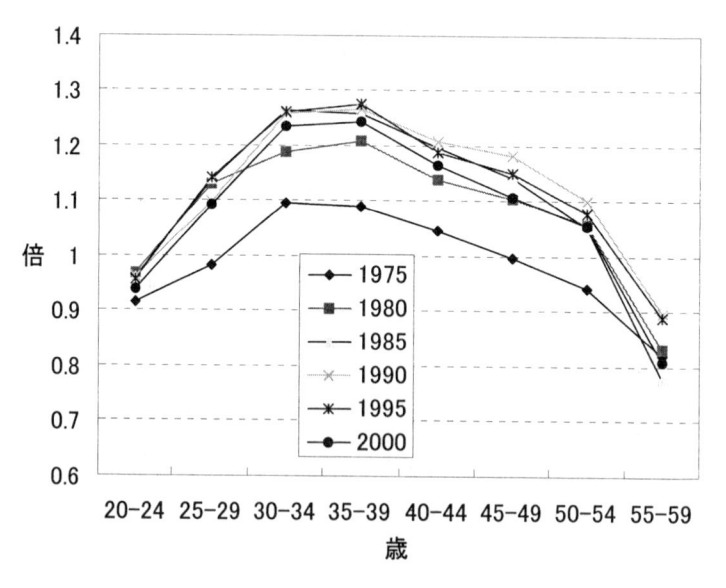

図3 製造業と金融保険業間の賃金格差

出所）労働省『賃金構造基本統計調査』。

よると、1975年から80年代にかけて、両産業間の賃金格差が広がった。そして1990年代に格差はピークになり、2000年には、僅かに縮まった。1975年を除いて、20歳代後半から50歳代前半までの世代で、金融保険業は、製造業の給与水準を超えている。また、1975年から2000年までの期間を通して30歳代の年齢階級で格差が、最大になっている。金融保険業は、製造業に比べて、入社直後の20歳代前半の若年層には、賃金は低いが、その後賃金は急速に上昇し、また50歳代後半の高齢層で急速に低下していることがわかる。

(4) 両産業の賃金プロファイル比較

　製造業と金融保険業の賃金プロファイルに関して、ここで、類似点、相違点を簡単に考察しておこう。両産業とも、20-24歳の賃金を基準としたピーク時の賃金指数は、1980年の値が最高値である。しかし、各年におけるピーク時の年齢の推移は、異なる。つまり、製造業は、1985年以降、95年を除いて、55-59歳になっているが、金融保険業では、一貫して50-54歳である。そして、その後、金融保険業の賃金プロファイルは、55-59歳の時には、ピークから低下する。一方で、1990年代に両産業の賃金格差が最大になった。このように、80年以降の両産業の賃金プロファイルがフラット化しているが、産業間賃金格差が最大になるのは90年代に起こっているので、両産業の賃金プロファイルのフラット化する程度が、異なっていると考えられる。

　製造業で、20-24歳の賃金を基準としたピーク時の年齢が55-59歳の高齢層に移行している点に関して、人的資本理論によれば、勤続年数、経験年数などが影響していると推測される。その場合、ピーク時の年齢が上昇したという事実は、勤続年数または経験年数の増加を意味し、その結果、スキルの向上を通じて、賃金が上昇したと理解することが可能である。両産業とも80年代以降、賃金低下の圧力を受けているが、賃金ピーク年齢が高齢層へ移行している製造業と一定であり続ける金融保険業では、勤続年数または経験年数の賃金への効果が、産業によって異なると推測できる。

(5) 製造業の勤続年数

　そこで、次に勤続年数を見よう。製造業では、1975年から1985年まで50-54歳の

表1　勤続年数（製造業、大卒男子、1000人以上）

（単位：年、%）

	1975	1980	1985	1990	1995	2000
20-24歳	0.9	0.8	0.9	0.9	1.0	1.0
25-29歳	4.3	4.5	3.8	4.0	4.1	3.7
30-34歳	8.7	8.5	8.4	7.9	8.2	8.3
35-39歳	12.9	13.4	13.2	12.4	12.3	12.9
40-44歳	17.7	18.6	18.3	18.0	17.8	17.1
45-49歳	22.3	23.0	22.5	23.0	22.5	22.5
50-54歳	23.3	24.3	25.8	26.5	26.9	26.6
55-59歳	22.3	23.1	25.7	27.0	28.3	28.5
平　均	14.1	14.5	14.8	15.0	15.1	15.1
定着度	11.2	15.5	20.6	22.9	25.5	25.9

出所）労働省『賃金構造基本統計調査』。

年齢階級の勤続年数が最長であるが、1990年以降、55-59歳の勤続年数が、最長になり、その値は各年延びている。1995年まで平均の勤続年数は、延び、2000年は、95年とほぼ同じ水準になっている。平均勤続年数は、総じて14年から15年辺りである。

定着度とは、勤続20年以上の層の割合である。(5) 1985年以降、この長期雇用層の割合が20%に達し、90年代後半には、25%に達している。

(6)　金融保険業の勤続年数

一方、金融保険業では、50歳代の勤続年数が、1990年を境に、短くなっている。特に、55-59歳の高齢層での勤続年数が、90年以降、大きく減少している。平均勤続年数は、75～80年とほとんど変化しないが、その後、90年にピークになり、それ以降、反転し僅かであるが短くなっている。また、定着度が、20%に到達するのは、1995年以降である。(6)

表2　勤続年数（金融保険業、大卒男子、1000人以上）

（単位：年、%）

	1975	1980	1985	1990	1995	2000
20-24歳	0.7	0.8	0.9	0.8	0.9	0.9
25-29歳	4.0	4.6	4.4	4.0	4.5	4.7
30-34歳	9.0	8.3	8.9	8.6	8.5	8.6
35-39歳	13.9	13.8	13.0	13.5	13.1	13.2
40-44歳	19.6	19.3	18.4	18.1	18.1	17.6
45-49歳	23.6	23.9	23.2	23.7	22.2	22.7
50-54歳	22.5	24.3	26.3	26.8	26.5	25.8
55-59歳	15.8	13.8	21.7	25.1	24.4	22.4
平　均	13.6	13.6	14.6	15.1	14.8	14.5
定着度	10.8	14.4	15.6	17.0	20.2	24.9

出所）労働省『賃金構造基本統計調査』。

(7)　両産業の賃金に対する勤続年数の比較

賃金と勤続年数を考えると、製造業については、50歳代で、勤続年数が、最長になり、1975年から2000年を通じて、延びている。そして、20-24歳の

賃金に対する賃金の倍率のピーク時に、この年齢の階級層があたるから、人的資本理論に従えば、勤続年数の効果が、能力向上を通して、賃金に反映されたと考えることができる。しかし、既述のように1980年以降、特に90年代から、賃金プロファイルが、フラットに移行しているので、賃金における勤続年数の要因は、むしろ弱まってきたとも考えられる。定着度、すなわち20年以上の長期雇用層の割合が増加しているにもかかわらず、賃金の上昇は、図1を見ると、さほど高くないように見える。この効果を正しく捉えるために、他の要因をコントロールする必要がある。この点を次節で検討する。

一方、金融保険業については、50-54歳の年齢階級が、勤続年数の最長を記録し、この年齢階級は、賃金の倍率がピーク時に達する年齢階級と一致する。また、この年齢階級では、20-24歳の賃金に対する賃金のピークの倍率が、80年以降、減少し、勤続年数は、90年以降、短くなっているから、賃金のピーク時の賃金低下圧力が、ある程度90年代以降の勤続年数の低下を促したと考えられる。一方で、90年代後半から定着層の割合が20%を超えている。その場合、勤続年数を考慮した年功賃金制を前提にすれば、企業側の賃金コストの増加になるだろう。

以上、本節では、1975年からの製造業、金融保険業の賃金プロファイルを概観し、その変化を考察した。しかし、上記の考察では、製造業と金融保険業で、勤続年数がどの程度、賃金に影響しているのか厳密にはわからなかった。そこで次節では、各産業の賃金関数を推計し、比較してみることにする。

3. 賃金関数の推計と解釈

本節では、Hashimoto and Raisian [1985]のモデルを用いて、人的資本理論に基づく賃金関数を推計する。対象は1975年から2000年までの製造業および金融保険業であり、データは、各年度の労働省『賃金構造基本統計調査』による。[7]大卒男子労働者数をウェイトとする加重最小二乗法(WLS)で推計を行った。推計式は

(1) $\ln Y = a_0 + a_1 j + a_2 j^2 + b_1 n + b_2 n^2 + cjn + zd + e$

ここで、Yは月次賃金(所定内給与)、jは経験年数(年齢－教育年数－6により算出)、nは勤続年数、dは規模のダミー変数(1000人以上＝大、100人未満＝小)、eは誤差項である。

なお、賃金として所定内給与を用いたのは、景気変動によるボーナス変動の影

表3 製造業大卒男子労働者の賃金関数の推定結果

		1975	1980	1985	1990	1995	2000
定項項		4.477** (377.5)	4.74** (360.1)	4.943** (456.1)	5.159** (435.5)	5.227** (429.6)	5.251** (401.1)
経験年数	j	0.05061** (19.5)	0.04706** (15.7)	0.04993** (21.0)	0.04704** (19.9)	0.04388** (17.6)	0.04347** (16.9)
	j^2	-0.00072** (-7.7)	-0.00043** (-4.0)	-0.00063** (-7.3)	-0.00050** (-6.0)	-0.00042** (-4.8)	-0.00045** (-5.2)
勤続年数	n	0.01146** (3.8)	0.0111** (3.1)	0.002819 (1.0)	0.000523 (0.2)	0.003302 (1.1)	0.003226 (1.1)
	n^2	0.000070 (0.5)	0.0002 (1.4)	0.000372** (3.1)	0.000523** (4.4)	0.000456** (3.9)	0.000547** (4.9)
j×n		0.000004 (0.02)	-0.00025 (-1.4)	-0.00004 (-0.3)	-0.00026 (-1.8)	-0.00033* (-2.2)	-0.00041** (-2.9)
規模ダミー	大	0.06339** (7.1)	0.0813** (9.0)	0.0774** (9.7)	0.08982** (10.6)	0.108** (12.9)	0.139** (16.4)
	小	0.01073 (0.8)	-0.231** (-5.6)	0.016 (1.3)	-0.00576 (-0.4)	-0.00562 (-0.4)	-0.01948 (-1.5)
Adj.R^2		0.974	0.975	0.984	0.98	0.979	0.976
サンプル数		180	170	171	170	170	167

注 1）推計式は、本文(1)式による大卒男子労働者をウェイトとしたWLSを用いた。
　 2）括弧内は t 値、*は5%で、**は1%で有意であることを示す。
出所）労働省『賃金構造基本統計調査』より作成。

響を除去するためであると同時に、産業間の基本となる給与の差を確認したいためである。一般的には、Hashimoto and Raisian [1985]が行ったようにボーナスを含めている[8]。

　表3と表4は、製造業と金融保険業について、推定結果を整理したものである。製造業、金融保険業ともに、多くの変数が1%水準で有意であり、自由度調整済決定係数も非常に高い。最初に製造業から見ていこう。経験年数の効果については、二乗項の符号がマイナスであるので、限界的効果は逓減していく。一方、勤続年数の効果は、二乗項の符号がプラスであるので、限界的効果は逓増していく。ただし、この二乗項が有意になるのは、1985年以降である[9]。経験年数と勤続年数の交叉項の符号は、マイナスであり、別の会社で働いた経験が現在の会社での勤続年数の効果にマイナスの影響を与えていることが考えられる。しかし、交叉項が有意になるのは、1995年以降である。規模ダミーは、大企業では、有意になっている。大企業ダミーの効果が1985年以降大きくなってきている。

表4 金融保険業大卒男子労働者の賃金関数の推計結果

		1975	1980	1985	1990	1995	2000
定項項		4.404** (297.3)	4.662** (293.8)	4.815** (243.7)	5.065** (222.4)	5.113** (205.4)	5.16** (158.5)
経験年数	j	0.04225** (10.8)	0.04849** (12.1)	0.05859** (12.1)	0.06873** (11.6)	0.07322** (13.2)	0.08684** (13.4)
	j^2	-0.00085** (-6.0)	-0.00068** (-4.9)	-0.00092** (-5.4)	-0.00113** (-5.7)	-0.00139** (-7.5)	-0.00193** (-8.8)
勤続年数	n	0.04031** (8.8)	0.03262** (6.9)	0.02551** (4.6)	0.003061 (0.4)	-0.00196 (-0.3)	-0.01883** (-2.7)
	n^2	-0.00119** (-6.6)	-0.00057** (-3.0)	-0.00010 (-0.4)	0.000461 (1.7)	0.000338 (1.3)	0.000448 (1.6)
j×n		0.000719** (3.1)	0.000045 (0.2)	-0.00023 (-0.8)	-0.00023 (-0.7)	0.000117 (0.3)	0.000623 (1.8)
規模 ダミー	大	0.06374** (4.9)	0.153** (11.7)	0.179** (11.6)	0.167** (9.3)	0.21** (11.3)	0.177** (8.1)
	小	-0.0243 (-0.8)	0.06402* (2.3)	0.02713 (0.8)	-0.01721 (-0.4)	0.06561 (1.7)	0.114* (2.4)
Adj.R^2		0.974	0.972	0.961	0.943	0.938	0.894
サンプル数		157	177	163	161	162	156

注 1) 推計式は、本文(1)式による大卒男子労働者をウェイトとしたWLSを用いた。
　 2) 括弧内はt値、*は5%で、**は1%で有意であることを示す。
出所) 労働省『賃金構造基本統計調査』より作成。

次に、金融保険業について見ていくと、経験年数の効果について、二乗項の符号がマイナスなので、限界的効果は逓減していく。また勤続年数の効果は、二乗項の符号がマイナスなので、限界的効果は逓減していく。ただし、この二乗項は、1985年以降、有意でなく、しかも1900年以降、符号がプラスになっている。経験年数と勤続年数の交叉項の符号は、プラスであり、別の会社での経験が、現在の会社での勤続年数の効果にプラスに影響するといえる。ただし、1980年以降はこの項は有意でなくなっている。また2000年の勤続年数の一次項が、マイナスになっている。規模ダミーは、大規模で有意である。

以上より簡単に整理しておくと、製造業に関しては、1985年以降、特に1995年と2000年に注目すると、賃金に対する長期雇用の効果が見て取れる。つまり、賃金に対する勤続年数の限界的効果がポジティブで、交叉項がネガティブであるので、一つの企業に長く勤続すると、勤続年数の効果により賃金が、上昇するということである。人的資本理論に従えば、勤続年数は、企業特殊的スキルの蓄積で

あると考えられるから、1990年代半ばからその効果が、スキル向上を通じて、賃金に顕著に現れてきたといえる。既述のように1990年代から賃金プロファイルが大きくフラット化したが、それは、賃金に対する長期雇用の効果の下に、行われたものといえるだろう。つまり、90年代に入り景気後退とともに、総賃金を減少させ、一方で、労働意欲を増加させるために、長期雇用を維持しようとする誘引、すなわち勤続年数を評価する年功的賃金制を採用する誘引が製造業の企業に働いていたということである。90年代からの成果主義、能力主義は、製造業に関しては、あまり大きく働いていないということを示唆する。

一方、金融保険業では、1985年以降、勤続年数の限界的効果は有意でなくなり、交叉項も、有意でないために、賃金に対する長期雇用の効果が認められない。特に1990年代では、一次項である勤続年数の賃金への効果は、有意でないから、長期間同一企業に勤続するメリットがないといえる。ただし、1975年と1980年では、勤続年数の賃金への効果は認められる。[10]これらのことは、金融保険業において、勤続年数を評価する年功的賃金制であったものが、むしろ90年以降、経験年数を評価するような賃金制度に変化してきたことを示唆するものである。

以上より、製造業と金融保険業の賃金関数を推計し、勤続年数、経験年数の賃金への効果に関して若干の考察を加えた。産業による勤続年数の効果や経験年数の効果の差は、賃金の長期雇用に対するインセンティブ設計の差であると考えられる。勤続年数の効果が高ければ、長期雇用を促すことができ、反対に、勤続年数の効果が低ければ、労働の流動性を促す。それでは、その勤続年数の効果や経験年数の効果の差は、どのような要因が考えられるのだろうか。人的資本理論に依拠すれば、両産業が構成するスキルが異なっていると解釈できる。[11]金融保険業では、賃金への勤続年数の効果を低く誘導できることは、長期雇用によって形成されるスキルが重視されなくなったこと意味する。つまり、金融保険業で利用されるスキルは、製造業の場合と異なり、一企業しか有効でない企業特殊的スキルではないということである。むしろ、それは、汎用な一般的スキルで、そのために他の企業に移るような労働移動が容易になる。その場合、賃金が低ければ、他企業による労働者の引抜きが行われるか労働者自らより高賃金を求めて移動してしまうだろう。

厚生労働省『雇用動向調査報告』によると、入職・離職率ともに、金融保険業の方

が、製造業を上回っているから、金融保険業の労働市場の流動性が高いと考えられる。しかも、厚生労働省『毎月勤労統計要覧』を見ると、金融保険業は、常用雇用指数の増減も大きく、人材調整が製造業と比較して行われやすいと考えられる。また、表1と2を比較してみると、金融保険業の方が、総じて勤続年数が短いことがわかる。さらに、周知のように日本の銀行間で新卒学生の採用をめぐって激しい競争が行われているが、中途採用にもそのような厳しい競争が働く可能性はある。したがって、金融保険業の場合は、高い流動性の労働市場による優秀な人材確保のために、生産性以上に、賃金を高く設定して、雇用の定着を図ると考えられる。それは、金融保険業の給与が、何故に高いかの一つの理由になるだろう。

また製造業に比べ、全般に経験年数の効果が大きいことは注目に値する。特に金融自由化の80年代後半から、その傾向は強くなっている。これは言い換えれば、金融保険業では、他の企業での外部経験が評価されていることになる。外部での経験が評価されるから、金融保険業では企業特殊的でない一般的スキルを形成しているということになるだろう。その場合、たとえ労働移動しても、一つの企業でしか通用しないスキルではないから、スキルは失われないことになる。その結果、金融保険業は、製造業に比べ、労働の流動性は高くなると考えられる。ただし、長期雇用層の割合は不況を背景に上昇しており、二極分化している可能性はある。つまり、長期雇用で企業特殊的スキルを形成する層と、一方で、流動性の高い一般的スキルを形成している層の二つがある。前者の層の人数が、上昇しても、賃金低下の圧力を受け、一方で後者の層が、賃金を多く獲得すれば、勤続年数と賃金の上昇の関係は弱くなる。

図2と表2の1990年以降の金融保険業を見れば、平均勤続年数が低下し、特に、高齢層である55-59歳の年齢階級での勤続年数の低下とその年齢階級での劇的な賃金低下が行われたことがわかる。それは、どのような要因が考えられるのだろうか。1980年以降、定年制が55歳から60歳に引き上げられたが、その人件費負担を、55歳以降の賃金引下げで対応したことが考えられる。それでは、なぜ55歳以降での賃金引下げなのであろうか。一般に、金融保険業では、証券市場などの金融市場の景況で取引が左右され、取引が急減した場合、人件費が、長期雇用のために、固定費化されていれば、人件費負担が過大になりうる。したがって、潜在的に金融保険業の企業は長期雇用を回避する誘引がある。もし企業が長期雇用を維

持させようとする場合には、全体的な賃金低下または一部の層に長期雇用を維持するコストを負担してもらう必要がある。既述のように1980年以降、賃金プロファイルがフラット化したが、それは長期雇用にかかるコストの削減であると考えられる。その結果、そのような賃金の低下は、労働の流動性を高め、平均勤続年数の低下を招いたと考えられる。他方で、1995年から2000年に長期雇用層の割合が急増したことは、この間に、企業側の労働コストが大幅に増加したことを意味する。そのようなコスト負担を軽減させるために、企業は、1990年以降に分社化など企業組織の改変や人事制度における成果主義の導入などの長期雇用者層である高齢層の大幅な賃金低下と流動性を高めるという方策を採用したと考えられる[18]。

一方、製造業では、1990年以降、55-59歳の年齢階級は、賃金がピークになり、勤続年数も最長となる年齢階層である。90年代からのこの高齢層に対応する製造業と金融保険業の賃金プロファイルの差は、何によってもたらされたのであろうか。人事における成果主義が製造業にも導入されているので、この差は注目に値する。一つの解釈として、製造業では、賃金の評価に対し、従来の知識が企業特殊的スキルを形成するうえで依然重視されているのに対し、金融保険業では、従来の金融保険業の知識が陳腐化したと考えられる。特に金融の自由化の進展に伴う、金融サービスにかかわる技術的条件、コンピューター関連技術や通信技術等の発達が、従来の知識の重要性を低める結果をもたらす。1975年から2000年まで間に、金融保険業では長期雇用の賃金に与える影響が低下したから、労働者の流動性が上昇する。高い労働流動性と金融自由化以後の知識に関する一般的スキルが陳腐化する条件を前提とすれば、生産性が低いないし変化に対応し難いと考えられる高齢層が、解雇ないしは賃金を低下させられる。したがって、この層での賃金の低下圧力が一番高くなるだろう。

最後に、本稿の冒頭で示した仮説的見解についての判断を述べておく。80年代後半から90年代にかけて金融保険業では、既述のように金融の自由化ならびに分社化や人事制度における成果主義の導入等、制度的環境が大きく変化したが、それが賃金プロファイルにも影響を与えている可能性がある。もし、制度変化の結果、取引ディーラーのような金融の専門家の給与が上昇したり、その地位が上昇したりすると、金融保険業の賃金プロファイルに影響を与える。本稿では、その

仮説を実証するように、90年代以降に勤続年数の賃金への効果が弱くなり、企業内部でスキルを養成するのではなく特定技能者による外部労働市場と同じような賃金体系になってきたと人的資本理論から仮設的見解を述べた。ホワイトカラーでは、企業特殊的スキル形成が重要であることが、小池［1991］等から主張されたが、本稿では、むしろ金融保険業では、90年代以降、その性格が変化したと主張したい。それは、金融保険業の流動性が高い労働市場を初期条件として、制度的変化を背景に、もたらされたものであるといえる。留意点として、80年代後半からの金融保険業におけるさまざまな制度改革のどの要因が働いて、勤続年数の効果を下げたのかの特定はできなかった。仮説的見解として、現実的にはいくつかの要因が複合的に働いている可能性がある。金融保険業のホワイトカラーに与えた影響が制度的な変化に起因するとすれば、この変化は、恒久的になるかもしれない。

おわりに

製造業と金融保険業の大卒男子、特に1000人以上の企業での賃金プロファイルを1975年から2000年まで、概観すると、両産業とも、1980年以降、賃金プロファイルの傾きが、低下してきた。20-24歳の賃金を基準とした場合の賃金がピークに達する年齢階級は、製造業では、1975から1980年まで、50-54歳であったが、1985年以降、55-59歳に延びた。一方で、金融保険業では、賃金がピークに達する年齢階級は、一貫して50-54歳である。また勤続年数を見ると、製造業では、勤続年数がピークになる年齢階級が、1975年から1985年までの50-54歳から1990年以降の55-59歳に延び、年々勤続年数は延びている。金融保険業では、勤続年数がピークになる年齢階級は、一貫して50-54歳であるが、1990年以降、その層の勤続年数は減少している。一方で、製造業と金融保険業の産業間の賃金格差を見ると、格差は、両産業とも賃金プロファイルがフラット化している1990年代に最大になる。以上のことは、賃金プロファイルがフラット化する過程において、勤続年数の効果が、産業によって異なる可能性を示唆する。

この要因を検討するために、経験年数や勤続年数を変数に含んだ賃金関数を推計した。製造業では、勤続年数の限界的効果が、1985年以降見られるが、金融保険業については、勤続年数の限界的効果が、1985年以降、見られなかった。一つ

の企業で長期雇用されるメリットは、製造業のみ、1995年以降に確認できる。経験年数の効果は、総じて金融保険業の方が、製造業に比べ、大きいという結果が得られた。製造業や金融保険業において、このような勤続年数・経験年数の効果の差異がなぜ生じたかについては、労働の流動性が考えられる。特に、金融保険業では、労働の流動性は高い。そして、人的資本理論に従えば、その流動性の違いは、産業で必要とされるスキルの違いであると解釈できる。製造業では、企業特殊的スキルを必要とするために、長期雇用を促す必要があると考えられ、逆に、金融保険業では、そのようではないと考えられる。つまり、そのようなスキルの形成を促しているのが、賃金プロファイルであるとみなすことができる。この変化は、特に80年代後半から顕著になった。80年代後半以降、金融自由化が行われたが、そこで重視されるスキルに変化が生じ、その結果、勤続年数の賃金への効果が有効にならなくなったと考えられる。

最後に、本稿では、人的資本理論を援用して、産業において必要とされるスキ

付表1　製造業と金融保険業の離入職率

(単位%)

	1985	1990	1995	1999
完全失業率	2.6	2.1	3.2	4.7
製造業の入職率	14.5	14.3	10.6	10.3
金融保険業の入職率	15.3	16.4	15.7	13.3
製造業の離職率	13.6	13.4	12.1	12.7
金融保険業の離職率	14.2	13.4	16.4	13.9

出所)厚生労働省『雇用動向調査報告』。

付表2　年齢階層別転入職率および離職率（男子、1995年、1999年）

(単位%)

	95年転入職率	95年離職率	99年転入職率	99年離職率
20-24歳	12.8	18.7	30.0	20.5
25-29歳	8.7	12.4	12.1	12.4
30-34歳	6.7	8.8	8.8	9.8
35-39歳	5.3	7.1	7.4	7.5
40-44歳	5.7	7.4	6.3	6.3
45-49歳	4.6	5.9	5.9	7.2
50-54歳	5.6	7.0	6.2	8.0
55-59歳	5.8	10.7	7.3	11.6
平　均	6.9	9.8	10.5	10.4

出所)厚生労働省『雇用動向調査報告』。

ルが異なることが、賃金プロファイルの差異になると解釈した。この差異が、特に明白になってきたのは、金融自由化以降であるから、金融保険業の場合、重視されるスキルが、ホワイトカラーに必要なスキルから、金融保険業の知識スキルに移行したと考えられる。その証拠に、金融保険業はむしろ80年代前半まで、勤続年数に賃金は影響を受け、製造業のそれに近かった。

付表3　常用雇用指数

(1995年平均＝100)

	製造業	金融保険業
1975年	97.3	85.1
1980年	92.9	93
1985年	96.6	90.4
1990年	101.7	100.5
1995年	100	100
2000年	90.9	85.4

出所）厚生労働省『毎月勤労統計要覧』。

しかし、その場合のスキルを形成させるのはどのような知識かを具体的に特定化したわけではなかった。これらを特定化するために聞き取り調査も含め新しい分析方法の探究を今後の課題としておきたい。

〔注〕
(1) 生活費保障仮説では、企業は労働者のライフスタイルに応じて必要な生活費を賃金として支払うとしている。一方、小池は、知的熟練を促すために、年功的になると主張している。
(2) 本稿では、「経験年数」とは学卒後の総就業年数と定義し、「勤続年数」とは、同一企業での就業年数と定義することにする。人的資本理論によると、経験年数、勤続年数の延びは、それぞれ一般的スキル、企業特殊的スキルの蓄積に対応すると考えられる。産業による経験年数や勤続年数の効果の違いが、その労働市場を構成するスキルを特徴づけることになる。
(3) 製造業の労働者は、生産労働者と管理、事務、技術労働者の二つに分類することができるが、本稿では、後者をホワイトカラーとして採用している。
(4) 小池［1999］は、ホワイトカラーに必要なスキルは、不確実性に対する技能であると述べている。
(5) 勤続年齢分布から、勤続20年以上の長期雇用層の割合を求めたもの。
(6) 90年以降、平均勤続年数は低下し、そして各年齢世代の勤続年数が低下する中で、定着度が上昇しているということは、注目すべきことである。
(7) 本稿での研究は、マクロデータに基づいているために、個々の企業の個人データに基づいた研究とは異なる可能性がある。特に注意したいのは、純粋な管理職と専門的な金融取引ディーラー等がどれくらいの割合で存在しているのか測定できない。
(8) 櫻井［2000］は、本稿と同じように所定内給与で行っている。
(9) この結果は、櫻井［2000］と異なる。その理由として、サンプルデータを大卒男子労働者に限ったことが考えられる。大卒者は、高卒者より失業に対しリスク回避的であると考えれば、勤続年数の効果は、高卒者を含めた統計よりも大きくなる。
(10) 橋本［1999］によれば、既に60年代には証券業で長期雇用が普及していた。

(11) ただし、両産業とも一般的、企業特殊的スキルの要素を持つ。しかし、比較の上でどちらに重きを置くかによって、両産業を分けることができると考える。
(12) **付表1**を参照。この統計資料では、女性労働者を含んでいる。自主的・非自主的を問わず離職率が高く、また入職率も高いことは、すなわち、金融保険業には、自由な移動が可能な外部労働市場が存在することを示唆する。
(13) **付表3**を参照。外部労働市場が成立しやすい条件となる。そして潜在的に多くの中途採用を行うことができる。
(14) 中分類で分析すると、銀行業より証券業の方が、勤続年数も短く、勤続年数の賃金に与える影響が弱いという結果を得た。この点は重要であるので、この詳細の分析は次回で報告する。
(15) 生産性以上に高い賃金を払いつづけることは、企業にとってコスト高になるから、生産性が低くなる高齢層での賃下げ圧力は高くなる。金融保険業の各年の賃金プロファイルで見られた高齢者層での賃金低下は、この要因によると考えられる。
(16) 砂村［1996］のように銀行員はゼネラリストとして長期雇用の中で育成され、身につけるスキルは企業特殊的であるという認識が一般的である。しかし、表2を見てもわかるように、長期雇用されている層は30％もなく、しかも勤続年数が賃金に対しあまり関係がないから、企業特殊的スキルよりも一般的スキルである層の割合が多いと理解できる。
(17) 泉谷［1982］は、この定年延長を賃金低下と子会社出向による実質的に高齢者層の再雇用制度であると指摘している。また、鷲澤［2000］も、「定年延長を受け入れるかわりに、ほとんどの行員を55歳から銀行を離籍（転籍・出向）させる政策をとった銀行（都市銀行など）は多い」と述べている。
(18) この制度変革の詳細は、『賃金実務』1999年4月15日号、『金融ジャーナル』1999年8月号に記述があるが、90年代に経常利益が落ち込んでくる時期と符合する。

【参考文献】

Hashimoto Masanori and John Raisian [1985], "Employment Tenure and Earnings Profiles in Japan and the United States", *American Economic Review*, vol.75 no4, September, pp.721-735.
泉谷甫［1982］,「銀行業における職業能力と定年制」『労務研究』第35巻第4号。
エドワードP.ラジアー［1998］樋口美雄・清家篤訳,『人事と組織の経済学』日本経済新聞社。
大橋勇雄［1990］,『労働市場の理論』東洋経済新報社。
大竹文雄［2001］,『雇用問題を考える』大阪大学出版会。
小野旭［1989］,『日本的雇用慣行と労働市場』東洋経済新報社。
小池和男［1991］,『仕事の経済学』東洋経済新報社。
小池和男［1999］,『仕事の経済学(第2版)』東洋経済新報社。
櫻井宏二郎［2000］,「90年代の日本の労働市場—賃金プロファイルはどのように変化したか」『社会科学研究』51巻第2号。

佐野陽子 [1989]、『賃金決定の計量分析』東洋経済新報社。
砂村賢 [1996]、「メインバンクの人材育成と管理技能の向上」青木昌彦、ヒュー・パトリック『日本のメインバンクシステム』東洋経済新報社。
樋口美雄 [2001]、『人事経済学』社会経済生産性本部。
橘木俊詔・大田聰一 [1992]、「日本の産業間賃金格差」橘木俊詔編『査定・昇進・賃金決定』有斐閣。
橘木俊詔 [1992]、「金融保険業の労働市場と賃金」堀内昭義・吉野直行『現代日本の金融分析』東京大学出版会。
中村恵 [1999]、「製造業ブルーカラーの賃金構造の変化と技能形成」中村二郎・中村恵編『日本経済の構造調整と労働市場』日本評論社。
橘本寿朗 [1999]、「証券会社の経営破綻と間接金融・長期雇用システム」『証券経済研究』19号。
橘本寿朗 [2001]、『戦後日本経済の成長構造、企業システムと産業政策の分析』有斐閣。
堀内昭義 [1999]、「日本の金融制度改革の展望—Path DependenceとAdaptive Efficiency」『経済研究』50巻第3号。
村松久良光[1988]、「勤続別給与構造からみた内部労働市場の類型化—EC諸国と日本の金融業の比較—」『南山経済研究』第3巻第2号。
鷲澤博 [2000]、「わが国における企業の定年制延長と高齢者の賃金引下げについて—銀行の事例を中心に、最高裁の判例から新しい賃金管理を考える—」『産能短期大学紀要』34号。

投稿論文

⟨Abstract⟩

The characteristic of the labor market in Japan: Earnings profile and skill
―― Earnings profile comparison between the manufacturing industries and the financial insurance business in Japan ――

Hiroshi Iida

(Student in Graduate School of Tokyo Institute of Technology)

This paper explores employment tenure and earnings profiles in Japan to explain the difference in the wages profile between the manufacturing industries and the financial insurance business. Central to my approach is Masanori Hashimoto and John Raisian [1985]'s wages function model in order to use the human capital theory.

In the manufacturing industries, growth rates in earnings have been associated with tenure since 1985. On the other hand, growth rates in earnings haven't been associated with tenure in financial insurance business since 1985. As a whole, the total year of work experience is more important in financial insurance than in the manufacturing industries.

These findings indicate that the pattern of the differences in employment tenure and earnings-tenure profiles is consistent with there being more specific human capital in the manufacturing industries than in the financial insurance business. In other words, the skill needed in industries is different. That can also account for the difference in the earnings profile between the manufacturing industries and the financial insurance business in financial deregulation of the 80s.

高年齢ホワイトカラーの能力とキャリア

――雇用継続者選別の論理と条件――

高木　朋代
（一橋大学大学院学生）

1.　問題意識

　本稿の目的は、定年後の雇用継続を実現する高年齢ホワイトカラーの能力とキャリアの特徴を明らかにすることにある。そのために、高年齢者雇用の先駆企業2社で定年を迎えた高年齢ホワイトカラーと、人事担当者への詳細な聞き取り調査を実施し、企業がどのような基準で雇用継続者を選別しているのか、その論理と条件を検討した。[1]

　近年日本の労働問題の一つとして、高年齢者の雇用・就業が重要な課題となりつつある。当初この議論の中心は、少子高齢化によって予見される労働力不足と年金財政の逼迫を背景として、「いかにして高齢労働者に働き続けてもらうか」におかれていた。しかし、近時のデータによれば、55歳以上労働者で60歳以降も働きたいと考える割合は70.7%であるのに対し、実際に定年後も就業している割合は僅かに29.0%であった。つまり、働きたいと考える高年齢者は多いが、実際には働く場がないというのが、近年の厳しい経済情勢下での高年齢者雇用の実態であることを表している。[2]

　その中でも、とりわけ厳しい雇用情勢を迫られているのは、管理・事務職等に従事する、いわゆる高年齢ホワイトカラーである。[3]日本労働研究機構［1998］が企業に対して行った調査においても、雇用継続が特に難しい職務として「営業・販売・サービス(39.7%)」「管理職(34.1%)」が1位、2位に挙げられる。だがその中でも、定年後も雇用される高年齢ホワイトカラーは確実にいる。[4]

　厳しい経営状況の下では、企業は全ての高年齢者を雇用できない。つまり、定年後の雇用継続には選別がありうる。それでは、ともに就業意欲を持つ高年齢ホ

ワイトカラーであるとして、定年後も雇用される人とされない人がいるとすれば、両者にはどのような違いがあるのだろうか。「雇用管理調査」(労働大臣官房政策調査部[2000])によれば、雇用継続制度を設置する企業のうち、勤務延長制度では90.0％が、また再雇用制度では83.0％が制度適用者を限定している。そして多くの企業が、その選定基準を「能力」とし、その活用を意図して雇用を行っているとしている。ここから、雇用継続を実現する高年齢ホワイトカラーの能力には、企業が求める基準を満たすような、共通の特徴があるものと考えられる。

本稿の課題は、「企業側から選ばれ雇用継続された高年齢ホワイトカラーは、どのような能力の持ち主であり、その能力はどのようなキャリアを経て獲得されたのだろうか」という問題意識に対し、企業が行う雇用継続者の選別の基準に焦点を当てることによって、雇用継続者の職務との関係から、その能力とキャリアに見られる法則性を明らかにすることにある。この課題に取り組むため、製造業2社で定年を迎えた高年齢ホワイトカラーと人事担当者の計19名に詳細な聞き取り調査を行った。また、2社のホワイトカラー定年者57名の人事情報を独自に入手し資料とした。本稿はこれらの資料に基づいて、定年後も雇用される高年齢ホワイトカラーの能力とキャリアの特徴を明らかにしようとする試みである。

2. 先行研究の再検討および本稿の分析視角

(1) 高年齢者の能力とキャリアに関する既存研究

高年齢者の雇用・就業研究は、その重要性の高まりに比例して、わが国でも多くの蓄積がなされつつある。これまでの研究の視点は総じて労働供給側の就業行動に向けられ、年金や定年制度との関係から高年齢者の就業を規定する要因を導くものであった (清家[1993, 2001]；清家・島田[1995]；小川[1998]；清家・山田[1998]；大橋[2000])。またその一方で、企業の雇用継続制度や定年後の雇用形態に着目し、その問題点と可能性を検討した研究がある (佐藤[1986]；高田[1991]；藤村[2001]；藤村・松村[2001]；守島[2001]；玄田[2001])。しかしながら、高齢労働者の雇用される能力に関する研究は決して多くはない。

これまで高年齢者の能力・キャリア研究はいずれも、どのようにすれば現役時代の能力を衰えさせることなく、高年齢期においても陳腐化させずに持続することができるのかという視点に基づくものであったといえる。例えば初期の調査と

しては、日本労働研究機構 [1994] がある。同調査は、全国の雇用促進センターが実施した訪問調査によって、高齢労働者が従事する職務内容と、高齢労働者が持っているとされる一般的能力を概観した上で、雇用継続者は新規雇用者と比較した場合、高度な技能、知識、経験を必要とする職務に従事している確率が高いことを確認している。そしてさらに時代環境への適合を促す教育訓練の重要性を指摘する。しかし、その能力が具体的にどのようなものであり、またどのように高度であるために雇用が果たされているのかといった、能力と雇用継続との関係性については明らかにされていない。

また、高齢期の就業に必要な能力を研究したものに、雇用促進事業団・雇用情報センター [1994] がある。ここでは、高齢化に対応する職業能力と高年齢者のキャリアに関するアンケート調査と事例調査を実施している。その上で高齢期においても就業を続けるためには、時代環境への適合が必要であり、そのためには、1) 若年期から計画的に能力の幅を広げ、質を高めていくことが必要である、2) OJTでは不十分であり、Off-JTが極めて重要であるという点を指摘している。だが、時代環境への適合能力だけが職務をこなす能力ではない。それは必要条件ではあっても、十分条件とはいえないだろう。幅の広い能力が、実際にどのように定年後の雇用に結びついているのかはここでは明示されていない。

一方、高年齢者雇用開発協会 [2002] は、これまでの認知論研究の成果を基礎として、検査実験による精神・運動系機能面の測定と、質問票調査による管理者能力の測定を試み、生理学的、組織行動論的見地から検証を行っている。これによってホワイトカラーの職務能力のうち、加齢によって影響を受ける職務能力を明らかにすることで、高齢期の就業に必要な能力要件を解明しようとしている。しかし先のデータが示すように、29.0％の人しか高齢期の雇用を実現していないとすると、加齢の影響にかかわらず、雇用継続を実現できない場合があることが予見される。つまり、加齢とは必ずしも関係しない能力が、雇用継続を決定付ける強い要因となっている可能性がある。

このように見てくると、これらの分析視角は、現役時代の能力の維持と陳腐化の防止という視点に集中しており、高年齢者のどのようなキャリアが担当職務をこなす能力の形成につながり、実際に定年後の雇用に結びついているのかという視点が含まれていないことが指摘できる。つまり、雇用継続の実現を左右する、

より本質的な能力とキャリアの特性を解明するという視点は、これまでの高年齢者雇用・就業研究の分析視角から欠落する傾向にあったといえる。[7]

(2) 企業はどのような人材を定年後も雇用しようとするのか

もし、企業側に雇用継続者を選別する決定権があった場合、当然のことながら企業は営利を追求する経済組織として、企業にとって「価値ある人材」を選ぼうとするであろう。それではどのような人材が、企業にとって価値があると目されるのであろうか。この点に関し、ホワイトカラーのキャリア研究において、いくつかの興味深い知見が導かれている。

ホワイトカラーにとっての主要な能力とされる管理者スキル（技能）に関する早期の研究として、Katz[1955]のリーダー・スキル分析が挙げられる。ここでは、管理者に必要とされる技能は3つに整理され、①テクニカル・スキル（Technical skill：仕事に関係する専門知識や技能）、②ヒューマン・スキル（Human skill：人や集団への洞察、コミュニケーション、協調関係の維持などの対人処理技能）、③コンセプチュアル・スキル（Conceptual skill）とされた。この中で最終的に最も重要となるのはコンセプチュアル・スキルであり、そのスキルは「複雑な事象の分析」「変化への予測」「問題への対処法の発見」など、総合的な判断技能によって特徴づけられているとした。

また日本における研究として、小池[1991, 1997]が挙げられる。小池は、ホワイトカラーに必要な能力を「不確実性に対処する能力」とし、これはOJTによって形成されるとして、OFF-JTを強調する世論を否定した。そしてホワイトカラーに必要なキャリアは、「幅の広い一職能型」であるとして、担当する特定分野での経験の幅を広く持つローテーションの重要性を指摘した。[8]小池はこれらの事実を、他国企業との比較分析を通じて明らかにした。

中村[1991]の研究も、ホワイトカラーのキャリア・ファイル分析から、概ね小池の見解を支持する事実を導いている。すなわち、ホワイトカラーのキャリアは、特定の分野での幅広い異動を中心とし、専門性を深めるものが主流である。したがって、従来いわれてきたような多様な職能を横断するホワイトカラーのジェネラリスト論は現実を反映していないとした。

一方、猪木[2002]は、ホワイトカラーの能力に関し、次のような特徴を記して

いる。大卒ホワイトカラーの仕事内容には、1) 判断業務 (変化への対応) が重要な仕事としてあり、また、2) ルーティンとノン・ルーティンの仕事がある。そしてノン・ルーティンの仕事への対応を可能とする能力は、a) 多種多様で幅の広い現場での経験から学び取られる技能、また、b) 特殊的訓練を土台とする総合的判断能力であるという。さらに総合的判断能力の中味については、①他あるいは隣接の専門領域の理論と実際の要点を素早く理解する力、②当面の問題に関する事実を構成する推理力、③不確かな人間行動を予測したり深読みする力、④不確実な情報の下で推量した結果が、良識と直感に合うかどうかを素早く判断する力であるとした。ここからホワイトカラーの持つ能力の専門性は、狭さを意味するのではなく、幅と厚みを意味しているとした。

以上の研究に共通する知見は、
1) ホワイトカラーの主要な能力は、担当職務を遂行する上で生じる不確実性に対処できるような職務能力である、
2) その職務能力の獲得には、特定分野での幅広い経験と専門性の深耕を要する、

ということである。このような、「企業にとって価値のある」ホワイトカラーの能力とキャリアの特徴は、高年齢ホワイトカラーの雇用継続を決定する際にも、企業にとっての主要な判断基準になると予想される。

もしホワイトカラーにとって最も重要な能力が、不確実性に対処する職務能力であり、企業が行う雇用継続者の選別における主要な基準であるとすると、これまで企業によって各人の職務能力を認定する指標とされてきた諸項目よりも、雇用継続を決定付けるより強い要因になっていると考えられる。すなわち、現在では曖昧な職務分析や能力評価によって決定されている「職務資格」や、職務能力に関係する指標である「資格技能」「語学力」「学歴」よりも、不確実性に対処する能力こそが、雇用継続の実現にとって重要ということになる。ここから、定年後も雇用される高年齢ホワイトカラーの能力に関して、次のような作業仮説が想定できる。

作業仮説1：定年後も雇用される高年齢ホワイトカラーの能力特性は、「不確実性に対処する職務能力」であり、「職務資格」「資格技能」「語学力」「学歴」よりもより重要な要因となっている。

またその能力の獲得には、先行研究が示すように、特定分野での幅広い経験と専門性の深耕が必要であるとすれば、特定分野に長期的に留まり、なおかつその

中で多様な仕事経験を経ていることが必要と考えられる。また、ここでの主要な育成方式はOJTと考えることが妥当であろう。したがって、特定分野での長期の経験と多様な仕事経験は、OFF-JTに代表される「研修」経験よりも、雇用継続を決定付けるより強い要因になっていると考えられる。ここから、定年後も雇用される高年齢ホワイトカラーのキャリアに関して、次のような作業仮説が想定できる。

作業仮説2：定年後も雇用される高年齢ホワイトカラーのキャリア特性は、「一つの職能内での長期の経験と多様な仕事経験を積むこと」であり、「研修」よりもより重要な要因となっている。

この作業仮説を検証するために、雇用継続・不継続者に関して、1)不確実性に対処する職務能力、2)「職能資格」「資格技能」「語学力」「学歴」、3)同一職能内経験年数、4)同一職能内での異動回数、5)「研修経験」について定性的分析を施す。しかしそのためには、「不確実性に対処する職務能力」をどのような視点によって観察すればよいのかが検討されねばならない。

(3) 「不確実性に対処する職務能力」を観察する尺度

不確実性に対処する職務能力が、雇用継続者の能力の特徴であるという仮説が検証されるためには、その能力が何らかの尺度によって具体的に測定できる必要がある。

これまで「職務能力」という用語は、「技能（スキル）」「知識」とともに、多義的もしくは明確に区別されることなく利用されてきた感がある。伊藤［2001］は、ホワイトカラーの職務遂行プロセスを解明する調査の中で、職務能力を「技能」「知識」に分類し検討している。ここでいう「技能」とは「職務に必要な個々の機能（職務要件）を遂行する能力」であり、「知識」は「技能を発揮する際に、適用が可能となる知識・技術体系」と捉えられる。ここから本稿は、「（職務）能力」を「技能、および知識・技術体系によって構成されており、またこれらによって規定される行動、態度、価値観の総体」と定義づけ、「技能」「知識・技術体系」という二つの要素の、掛け合わせの度合いが、不確実性に対処する職務能力の程度に関係していると想定する。よって「技能」と「知識・技術体系」という二つの側面から「不確実性に対処する職務能力」を観察していく。

さらに、職務能力に関してもう一つ重要な視点がある。それは、職務によって

```
┌─────────────────────────────────────┐
│ 研究目的：定年後の雇用継続を実現する高年齢ホワ │
│         イトカラーの能力とキャリアの特徴を明 │
│         らかにする。                  │
└─────────────────────────────────────┘
                                                    分析項目
┌─────────────────────────────────────┐     ┌──────────────────────┐
│ 作業仮説1：定年後も雇用される高年齢ホワイトカ │     │・「不確実性に対処する職務能 │
│         ラーの能力特性は、「不確実性に対処す │ ⇐  │ 力」→「技能」「知識・技術体 │
│         る職務能力」であり、「職務資格(役職)」│     │ 系」の掛け合わせの程度    │
│         「資格技能」「語学力」「学歴」よりもより重│     │・職能資格              │
│         要な要因となっている。          │     │・資格技能              │
│                                   │     │・語学力               │
│                                   │     │・学歴                │
├─────────────────────────────────────┤     └──────────────────────┘
│ 作業仮説2：定年後も雇用される高年齢ホワイトカ │     ┌──────────────────────┐
│         ラーのキャリア特性は、「一つの職能内 │     │・同一職能内経験年数      │
│         での長期の経験と多様な仕事経験を積む │ ⇐  │・同一職能内での異動回数   │
│         こと」であり、「研修」よりもより重要な │     │・研修経験             │
│         要因となっている。             │     └──────────────────────┘
└─────────────────────────────────────┘
```

図1　分析視角

その能力やキャリアに違いが生じる可能性があるという点である。労働力内部化に関する一般理論では、企業に貢献する能力が内部化されることにより、効率的な企業組織が形成されるとしているが、その能力とは次のような特徴を持つものとされている。Doeringer and Piore (1971) は、「職務が持つ特異性」ゆえに内部労働市場が形成されるとし、その特異性とは、1)設備の特異性、2)作業工程の特異性、3)非公式的チームへの適応、4)コミュニケーションの特異性であることを指摘した。これに関連して、Williamson (1975) もまた、「職務の特異性(job idiosyncracy)」へ対応する能力が、効率的な企業にとって重要な要素であることを指摘している。またここでいう「職務の特異性」とは、1)それ自体が複雑である、あるいは、2)技術的かつ組織的に複雑な条件の組み合わせの中にはめ込まれているような場合であるという。そして、そのような職務の特異性がもたらす不確実性や複雑性が、それに応じる熟練というものを特徴づけているとした。

　ここから、不確実性に対応する職務能力およびキャリアは、職務の種類によって異なる特徴を持つと想定される。したがって本稿は、能力・キャリアに関して職務別に分析を施していく。以上に述べた本稿の分析視角は、図1のようにまとめられる。次節において、調査対象者が所属する企業の紹介と調査の方法を述べた後、4節ではこの分析視角に即して事例を検討し、先の仮説の妥当性を検証していく。

3. 事例と調査方法

　研究の目的上、分析単位は定年者個人におかれる。ここでは、調査対象となった高年齢ホワイトカラーが、どのような背景を持つ定年者であるのかを明らかにするため、所属していた企業の特性と高年齢者雇用の仕組みについて触れておく。

　製造業A社は、設立1920年、単独従業員数5,952名(2000年3月現在)の、制御・情報機器、計測器、航空・宇宙機器等の開発・製造・販売を手掛ける企業である。対してB社は、設立1889年、単独従業員数17,478名(2000年9月現在)の、産業機械、鉄工、プラント、航空・宇宙、船舶・海洋の総合重機器を手掛ける製造業者である。

　両社はともに定年者雇用に積極的に取り組む高年齢者雇用の先駆企業といえる。A社は1975年に高年齢者会社を設立し、そこでの再雇用を通じて従来部署での就業を継続させる手法を用いて、安定的に高年齢者雇用を実現してきた[9]。2001年のデータによれば、A社の全定年者数は101名であり、その中で約7割にあたる68名がグループ内での雇用継続を果たしている。またB社は、1997年に設立した高齢者会社によって、厳格に選別された定年者を、従来部署を中心に戦略的に活用することで、急速に高年齢者雇用の規模を拡大させてきた。B社の直近のデータによると、2000年12月から2001年9月にかけての定年者数は502名であり、その中で約3割にあたる169名が雇用継続を果たしている。

　両社では、次のような共通する規約によって、高年齢者雇用の仕組みが運営されている。1)定年年齢を60歳とし、その時点で一旦定年退職の手続きをとり、その後再雇用を行う。2)雇用継続の決定には選別があり、企業側のニーズと定年者側のニーズの一致によって決定される。企業側のニーズは、最終的には職場の意向を代表する所属長が決定する。3)再雇用は主として高年齢者会社によって行われ、そこから従来部署に派遣する。4)雇用継続者は基本的には定年前と同じ職務に就き、同じ勤務条件の下で働く。5)給与は大きく下がり、年金給付を含めた年収は定年前の5〜7割になる。6)雇用契約は、例外を除き1年毎の申請手続きを必要とする。なお、両社の規約での相違点としては、A社では雇用継続者全員が役職を離れるのに対し、B社では概ね定年前の役職が継続される点が挙げられる。

　以上のような2社の企業に聞き取り調査を分けたのには、次のような理由がある。発見事実の一般通用性の問題である。ここでの事例は、製造業ホワイトカ

ラーの場合に限られるわけだが、しかしその場合でも、事例企業の持つ企業特性に依拠したいわゆる「条件付き」となる可能性を回避したいと考えた。必然的に調査サンプルが少なくなることは定性的調査法の場合やむを得ないが、少ない事例から見出された結果を、一般的傾向として推定していく可能性を確保したいと考えたからである。

聞き取りは、A社およびB社の、管理・事務職系に従事する高年齢ホワイトカラー12名と、その上司を含む人事担当者7名を対象に、一人につき1時間半から4時間に渡って行われた。またさらに、A社、B社の人事情報を収集し、聞き取り対象者の職務内容や経歴に関する内容の確認と補正を行った。なお人事情報は、聞き取り対象者以外の定年者を含め、その総数は57名に及ぶ。

この人事情報はA社の場合、当該雇用継続者の個人的、職務的情報を記載した11項目から構成されるが、本稿はそのうち職務に関わる6項目、すなわち「入社前キャリア」「資格・特殊技能」「内部キャリア」「職務履歴」「研修記録」「出向履歴」を利用している。また補足資料として、「定年後の雇用・就業に関する職場と本人の意識調査原票」と「人事担当者との面接記録」が利用された。これに対し、B社の人事情報は様々であり、入社以降の「社内経歴」「処遇経歴」「資格」「給与歴」を記載した人事情報カードを基本とし、学校卒業時からの職務履歴を記した履歴書や業務経歴書、また社内報や教育プログラムの中で本人が記した職務経験に関する手記等が資料として加えられている。

4. 能力・キャリア分析

(1) 事例の紹介

本節では、A社およびB社で定年を迎えた高年齢ホワイトカラーの能力とキャリアを、先の分析視角に即して考察していく。調査対象者は既に雇用継続あるいは不継続という結果が明らかになっている。したがって、両者を比較検討することで、定年後も雇用される高年齢ホワイトカラーの能力とキャリアの特徴を推測することができる。分析は、先にも述べたように、職務の種類によって異なる特徴があると想定されることから、職務別に行う。職務は各人の仕事内容から判断し、「事務職系」「技術職系」「経営・企画職系」の三つに区分した。

ここでは、各職務に関してそれぞれ雇用継続者、不継続者の事例を一つずつ見

投稿論文

表1　6名の能力とキャリアのポイント

	雇用継続者	雇用不継続者
事務職系	A社C氏：「技能」「知識・技術体系」の組み合わせ：「組織関連的」×「一般的」／職能資格：S1／資格技能：なし／語学力：3／学歴：大学卒／同一職能内経験年数：36年／同一職能内での異動回数：11回／研修経験：8回	A社D氏：「技能」「知識・技術体系」の組み合わせ：（一）／職能資格：8級／資格技能：作業資格2／語学力：試験未受験／学歴：高校卒／同一職能内経験年数：14年／同一職能内での異動回数：1回／研修経験：10回
技術職系	B社E氏：「技能」「知識・技術体系」の組み合わせ：「職務関連的」×「職務に関して専門的」／職能資格：―／資格技能：公的資格9／語学力：―／学歴：大学卒／同一職能内経験年数：30年／同一職能内での異動回数：9回／研修経験：―	B社F氏：「技能」「知識・技術体系」の組み合わせ：（一）／職能資格：3級／資格技能：公的資格1／語学力：―／学歴：大学卒／同一職能内経験年数：21年／同一職能内での異動回数：5回／研修経験：―
経営・企画職系	A社G氏：「技能」「知識・技術体系」の組み合わせ：「組織関連的」×「職務に関して専門的」／職能資格：S2／資格技能：作業資格1、管理資格2／語学力：3／学歴：大学卒／同一職能内経験年数：27年／同一職能内での異動回数：5回／研修経験：23回	A社H氏：「技能」「知識・技術体系」の組み合わせ：（一）／職能資格：S1／資格技能：なし／語学力：3／学歴：大学卒／同一職能内経験年数：10年／同一職能内での異動回数：2回／研修経験：9回

注1）「職能資格」は、A社の場合、職能等級1〜8級、M1、M2、S1、S2、B社の場合、企画職・専門職1〜3級、基幹職1〜5級からなる。
2）「資格技能」には、公的資格、管理に関わる資格、作業に関わる資格があり、数値は各資格の獲得数を表す。
3）「語学力」は会話力、読解力、作文力の評価平均を表し、1(低)〜5(高)および試験未受験に区分される。
4）表内「―」は、情報未入手を表す。また「技能」「知識・技術体系」の組み合わせにおける（―）表示は、各職務において最適と考えられる組み合わせから外れている状態を表している。
出所）A社、B社内部資料およびインタビュー調査に基づき作成。

ていく。紹介する6名の調査対象者の能力・キャリアのポイントは、分析項目に即して**表1**にまとめている。事務職系および経営・企画職系に関してはA社の事例を、技術職系に関してはB社の事例を紹介している。A社の場合、調査対象となった2001年9月期定年者のうち、技術職系5名全員が雇用継続者となっており、そのため比較検討する準拠事例がないために、またB社の場合、調査対象者の中に経営・企画職に従事する者がいないために、このような事例の選定方法をとった。なお、「**4）解釈**」の節で紹介されるデータ集計は、人事情報に関してある程度まとまったサンプル数が確保できた、A社2001年9月期定年者のものを利用して

いる。以下では、雇用継続者の事例を中心として、能力、キャリアの順で事例を検討していく。

(2) 能力分析
1) 事務職系ホワイトカラーの事例

A社で定年を迎えたC氏は、海外電力業界への参入プロジェクトを総轄することを主な職務としている。C氏は入社当初から、海外石油プラントのシステム制御装置の新規顧客開拓と、装置の設置およびスタート・アップの進行管理を行う業務に携わってきた。この業務には多くの知識やノウハウが必要とされる。例えば石油会社プラントではどのような流量計や遠隔制御装置が必要とされるのか、その製品が円滑に作動していくにはどのようなメンテナンスを何年間にわたって行う必要があるのかなどといった知識、またその製品の取り付けを顧客に快諾してもらうための見積書の書き方、社内工場へのオーダー指令書の書き方といったノウハウなどである。これらは営業職であれば誰でもが習得しなければならない知識・技術であり、C氏も特に勉強したわけではなく、仕事をする中で徐々に覚えていった。つまり、営業職に必要とされる知識・技術体系は、専門的というよりはより一般的なものであるといえるだろう。

制御装置の設計や運転時のトラブルの対応は技術者の仕事であり、実際にC氏自身がするのではない。C氏の主要な仕事内容は、その職務を遂行するのに最適なスタッフを見つけ出すことや、そのスタッフとクライアントとの橋渡しをして、最良の方法で仕事を遂行していくことである。例えば、台湾で電力発電を新たに2基増設する予定があるという情報を得る。この仕事を獲得するためには、先方の電力会社に関する情報を得て、担当者との関係を築き、適切な制御装置の開発を検討していく必要がある。よって、台湾企業の仕事を担当したことのある他部署の営業や技術者、現場監督者、もしくは電力事業に携わったことのある社内外の人に協力を要請する。そして、どのようなメンバーにプロジェクトに参加してもらうのが良いかを検討していく。よってC氏の営業としての技能の質は、どこにどのような能力を持った人材がどのくらいいるのかを把握し、いつでも仕事を依頼できるような人間関係を日頃から築いておくことにかかっている。また社内のどの部署の誰に働きかければ、仕事が円滑に流れるのか、そのような見当がつ

くということも重要となる。C氏は、システム制御装置に関係するあらゆる部署で仕事をしていたために、そのような人材情報に敏感であり、広範囲にわたる社内事情に通じている。このようにC氏の職務能力は、情報へのアクセスの容易さや、良好な人間関係の構築といった、職務自体よりも、どちらかといえば組織に関わる技能によって支えられているといえる。C氏は最終的に定年前と同じ職務において、雇用を継続することとなった。

　一方、D氏は情報ソリューション部の営業に従事しており、情報通信技術について高度な知識を持っていた。D氏はコンピュータ関連に非常に興味を持っており、日頃から研修以外でも独学で勉強していた。D氏は情報ソリューションシステムの販売において責任を持つ立場であったが、社内における人間関係や仕事の進め方にはやや問題があるようであった。D氏はインタビューの中で「自分に従わないのであれば、(後輩に)仕事を教えてやるつもりはない。だって、仕事っていうもんは、基本的に自分でやるもんでしょ」といい、同様の内容の発言を度々していた。D氏の仕事の進め方は極めて自己完結的であるようであった。例えば、警備会社の監視カメラ・システムの営業では、その仕事を引き受けると、全ての仕事を自分で抱え、遂行していく。その間に、他者との情報交換や意見を交しながら仕事の進め方を再検討するといった工程が見られない。その結果、その仕事の先にある可能性や業務としての広がりというものが、断ち切られているようであった。そのためにD氏の仕事は、比較的定型的なものとなりがちであった。D氏は最終的に、企業側から定年後も雇用したいという要請を受けることはできなかった。

2)　技術職系ホワイトカラーの事例

　B社E氏は、LPG（液化石油ガス）の貯蓄プラントの設計を行う技術者である。LPGプラントは今では概ねの民間企業には行きわたっているため、現在担当しているのは、非常事態に備えるための国家備蓄プラントである。E氏は入社以来、LPGやLNG（液化天然ガス）の貯蓄プラントの設計にほぼ一貫して携わってきた。その間、各地のあらゆるプラント建設に関わることで、貯蓄プラントの設計に関する、様々な状況に対応できるようになっていた。例えば、液体の種類が違えば貯蔵する時の温度が変わってくる。それに伴いプラントの素材が変わってくる。そのような多様な条件の下では、設備の不具合が往々にして起きてくる。不具合

は頻繁には起きないが、その内容はいつも異なっている。不具合の多くは、前例から得た知識で対処可能であるが、その中で新たな対処を迫られることもある。例えば、これまで米製ポンプで対応できた装置が、液体や温度条件の違いによってうまく機能しなくなった時があった。この時E氏は、どのようなポンプに成型すれば問題が解決されるか、いくつかの要点を頭に描くことができた。結局E氏は、日本のメーカーとの共同開発で新型ポンプを作り出し、最終的にこの問題を解決した。

このように、専門分野で少しずつ様子の異なる仕事経験を重ねることで、E氏はますますプラント設計に関する知識・技術の専門性を深め、不測の事態にも対処が可能なまでに、その職務に関する特殊な技能を有するに至っているのである。最終的にE氏は、定年前とほぼ同じ職務において雇用継続することとなった。

一方、B社F氏は、エネルギープラントのボイラー設計を担当していたが、その仕事内容は、技術職というよりはむしろクライアントとの折衝や事務仕事に傾いたものとなっていた。しかし完全な営業職に従事したことはなく、仕事のマネジメントをするという点では、正規の営業職の同僚にはかなわない。F氏の上司である事業部長は、F氏に関して「ジェネラリストという感じだった……」と表現していた。技術者でありながら、その知識・技術体系は、担当職務に特化した専門性という面で不足しており、また技能は、職務に関するものよりも、むしろ組織関係に関わるものに傾斜しているようであった。そのために、設計や製造の過程で度々生じる不測の事態に対して、技術的な提案を行うという視点は見られなかったとされる。

3) 経営・企画職系ホワイトカラーの事例

経営・企画職とは、企画室のコーポレート・マーケティングや関連会社の取締役を行う仕事である。ちなみに経営・企画職従事者は、概ね技術職系か事務職系を経ているものが多く、入社時からこの職につくものはいない。

A社G氏の職務は、A社の生産部門関係会社での常任監査である。それ以前はA社の他の関連会社で取締役をつとめ、さらにその前には、差圧伝送器の設計を主な仕事とする技術者であった。G氏は本来、技術者であったため、A社の扱う製品の基本的技術にはかなり通じていた。その中でも特に差圧伝送器に関しては、設計から生産工程開発まで携わったため、この仕事を通じて、製造部門の仕事が

どのようなものであるのかを概ね把握していた。「監査の仕事の中の、業務監査では、自分が今まで仕事をやってきた中で、ラインを見るという目が非常に役に立っている……。」G氏がこのように言うように、工場での監査の仕事では、モノを作るということへの理解、その技術と製造過程に関する知識が必要となる。また、関連会社の取締りを経験してきた中で、貸借対照表や損益計算書を読む技術や、会計に関する知識も養ってきた。しかし監査の仕事で重要なことは、生産部門の仕事に関する専門知識だけではない。本来、監査という仕事は経営側でも、労働者側でもなく、極めて中立的立場にある。この仕事には、法律業務であると同時に、社会的責任として局面がある。G氏の仕事は、工場の中で工員や他の役員、事務職員との関係、あるいは本社との関係を正常に保ち、中立的立場を維持してこそ、遂行していくことができるといえる。

このようにG氏は技術、製造に関する専門的な知識を基礎としながらも、多様な部門経験を通じて人間関係に代表される組織関連的な技能を体得することで、複合的な能力を有するに至ったということができる。そのために監査という仕事の中で生じがちな複雑で予測困難な、職務的あるいは組織的な問題に対しても、概ね対処することができた。

一方、雇用継続の要請を受けることができなかったH氏も、G氏と同様に定年直前に関連会社の取締役を経験していた。H氏も技術者として入社したが、その後情報通信技術の進展と同時に、営業やマーケティングを担当することになり、その後も何度かにわたって技術スタッフと営業職を繰り返すこととなった。その結果、技術部門関連会社の取締役を何度か経験したが、その中でH氏の技術に関する知識・技術体系は、その仕事をこなす上で土台となるほどに高いものではなかったと思われる。H氏は、経営・企画職に必要とされる組織関係的な技能を身に付けていたが、知識・技術体系では専門性という面がやや不足していたと予想される。

4) 解　釈

このように見てくると、「不確実性に対処する職務能力」は、「技能」と「知識・技術体系」の二つの掛け合わせによって表され、高年齢ホワイトカラーの能力はその掛け合わせによって構成されており、さらにその比率は職務毎に異なると察せられる。その能力の内容は、担当職務毎で必要となる技能と知識・技術体系の種

```
                              技能の種類
                              組織関連的
                      ┌─────────────┐  ┌─────────────┐
                      │ 経営・企画職系 │  │  事務職系   │
                      └─────────────┘  └─────────────┘
知識・技術体系の種類 ←─────────────────┼─────────────────→ 一般的
職務に関して専門的      ┌─────────────┐
                      │  技術職系   │
                      └─────────────┘
                              職務関連的
```

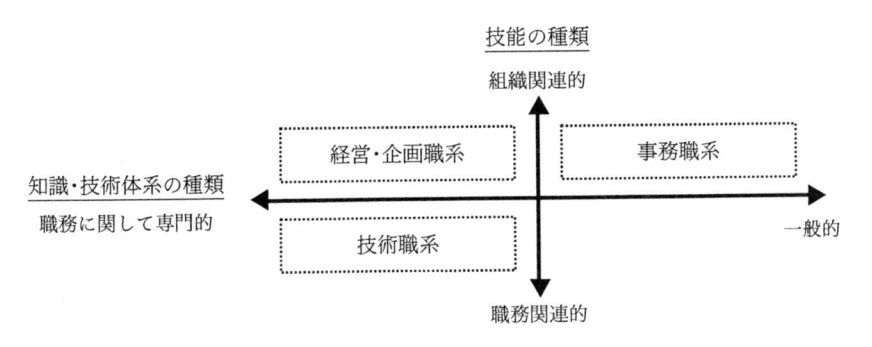

図2 雇用継続者の能力

類によって概ね次のように分類される（図2参照）。

「事務職系」の場合、技能の種類は「組織関連的」である比率の方が高く、知識・技術体系の種類は「一般的」といえる。「技術職系」は、これに対して技能の種類は「職務関連的」である比率が高く、知識・技術体系の種類は「職務に関して専門的」である比率が高い。また「経営・企画職系」は、それらの複合型であり、技能は「組織関連的」である比率が高いが、知識・技術体系は「職務に関して専門的」といえる。

これに対し、雇用継続されなかった人の能力は、上記のような職務毎の能力の組み合わせから外れている傾向がある。雇用継続者と不継続者の間にある以上のような能力内容の違いは、他の聞き取り対象者の場合にも、概ね同様の傾向として見られていた。

Wachter and Wright[1990]は人的資源管理論の立場から、人材の育成に関して、人材の当該企業への適合に向けた投資（match-specific investments）が必要であるとし、その投資によって形成された技能の特殊性を、職務それ自体に関わる特殊性と、企業組織への適合に関わる特殊性とに分離した。さらに、Baron and Kreps[1999]は、Doeringer and Pioreのいう「非公式的チームへの適応や、コミュニケーションの特異性」、またWilliamsonのいう「職務が技術的かつ組織的に複雑な条件の組み合わせの中にはめ込まれている」状況に対応する技能を、relational-specific assets（組織関係性に特殊化した人的資産）と呼んだ。つまり、これらの研究によって、職務の特異性に対応するためには、労働者の技能自体も特殊なものとなること、そしてその特殊技能は「職務に関連するもの」と「組織関係に関連するもの」とに分かれることが指摘された。本稿の分析においても、高年齢ホワイ

トカラーの技能には、「職務関連的」と「組織関連的」の二つの方向があり、その比率は職務毎に異なっていることが明らかであった。

また「知識・技術体系」においても職務毎の違いが見られ、「職務に対して専門的」と「一般的」の二つの方向があり、その比率も職務毎に異なっていると考えられる。そして各職務における、これら「技能」「知識・技術体系」という二つの要素の最適な掛け合わせが、不確実性に対処することを可能にさせており、高年齢ホワイトカラーの定年後の雇用継続を決定付けていると考えられる。

以上では、聞き取り調査によって定性的に分析することを試みたが、さらに人事情報データを用い、雇用継続の有無と「職能資格」「資格技能」「語学力」「学歴」との関係を検証した。利用データは、A社2001年9月期定年者の人事情報である。結果は**表2**のようであった。

「職能資格」「資格技能」「語学力」「学歴」の各項目ともに、平均値には雇用継続者と不継続者間に違いがあるものの、平均値の t 検定では、その差は雇用継続を決定付けるほどまでに有意なものではないことが確認された。つまり、現役時代に職務分析や能力評価を通じて与えられた「職能資格」や、一般的に職務能力を表す指標と考えられている「資格技能」「語学力」「学歴」というものが、実際の雇用継続の決定において、重要な要因とはなっていないと考えられる。定年後の雇用継続

表2　雇用継続者・不継続者の職能資格、資格技能、語学力、学歴

	職能資格		資格技能		語学力		学歴	
	雇用継続者	雇用不継続者	雇用継続者	雇用不継続者	雇用継続者	雇用不継続者	雇用継続者	雇用不継続者
平均値（標準偏差）	9.03 (2.30)	8.13 (1.25)	1.53 (2.20)	0.75 (1.04)	2.22 (1.20)	2.13 (1.36)	1.24 (0.54)	1.12 (0.64)
t 値	1.068		0.971		0.203		0.538	
有意確率	0.292		0.337		0.840		0.594	

注）データは、A社2001年9月期ホワイトカラー定年者。N＝45(雇用継続者＝37、雇用不継続者＝8)
1)「職能資格」は職能等級1～8級を仮に数値とみなし、さらに上位資格であるM1、2をそれぞれ9、10、S1、2を11、12として数値化している。
2)「資格技能」は、公的資格を「3」、管理に関わる資格を「2」、作業に関わる資格を「1」として加算し、その合計値を表している。
3)「語学力」は会話力、読解力、作文力の評価1(高)～5(低)の平均を算出し、「5」および「試験未受験者」を「1」、「4.9～4」を「2」、「3.9～3」を「3」、「2.9～2」を「4」、「1.9～1」を「5」とし、また英語以外の語学評価のある者はこれに1を加算して数値を算出している。
4)「学歴」は大学卒業を「2」、高校卒業を「1」、中学卒業を「0」としている。
5) 有意確率は両側検定。
出所）A社内部資料およびインタビュー調査に基づき作成。

に重要な能力特性は、各職務で必要とされている技能、知識・技術体系を体得することによって可能となる、不確実性に対処できるような実践上での職務能力であると考えられる。したがって仮説1は概ね受け入れられたことになる。

(3) キャリア分析

各職務で必要とされる以上のような能力は、どのようなキャリアを経て獲得されたのだろうか。先の能力分析と同様に、雇用継続者と不継続者との比較を通じて考察していこう。

1) 事務職系ホワイトカラーの事例

C氏は、入社から6カ月間の研修を経て、九州支社に1年ほど勤務した後、本社のプラントメーカー担当部署に配属された。ここで石油会社や化学会社、パルプ会社を担当し、制御装置のスタート・アップまでのひと通りの営業業務を経験した。その後入社4、5年目に新規顧客を開拓する部署への異動となった。担当する顧客は以前と同じ、石油、化学、パルプ会社であった。C氏によれば、顧客先が異なっていても産業が同じであれば、どのような営業をすればよいのか概ね見当がつくという。C氏は新しい発注が取れそうな場合には、国内外のどこにでも行った。そのために出張が多く、日頃から各地の支店や事業所に頻繁に出入りしていた。

当初は国内と海外新規開拓の両方を同じ部署で担当していたが、海外担当が独立部門となり、それと同時にC氏も異動となった。そこでC氏は中近東を中心とする海外営業担当になった。主な顧客は石油会社である。中近東地域へはこれまでの仕事で何度か訪れていたので、そこでのビジネス環境はある程度理解していた。またこれまで国内外の石油会社を担当してきたので、同産業のビジネスの特徴も概ね予想がついていた。

同部署での仕事は、複雑な条件がいくつにも重なり合う中で行わなければならなかった。例えば仕事の進め方としては、現地の会社を回って自社や自社製品の説明を行う場合と、現地にまず代理店の設置を行う場合とがある。また顧客も、現地の石油会社自身である場合と、その仕事を請け負っている商社などの日本企業の場合とがある。さらには政治・経済的に不安定な中でのプラント建設では、いつも様々な問題が生じた。このように一つとして同じ条件下にないような仕事

を遂行していく場合に求められることは、顧客の理解に合わせて自社製品を適確に説明できるような知識や技術、その国の社会情勢を鑑みた上での現地ビジネスのやり方や現地スタッフへの理解、顧客の要求に合致した製品開発が行えるか否かを判断できるような自社能力に関する正確な認識を持っていることである。C氏は同産業に関して、海外のみならず国内企業の仕事も担当し、またいくつものクライアントを担当してきたことで、以上のような技能、知識・技術体系を体得し、プラント制御装置に関する営業の仕事がどのようにあるべきかを総括的に理解していたといえる。

このようにC氏はプラント営業という専門分野の中で、幅の広い経験をし、様々な業務を遂行してきたが、その間受けてきた研修は、上位資格に昇格する際に行われる階層別研修のみであった。したがってC氏の概ねの職務能力は、実務をこなす中で獲得されていったものと思われる。C氏は最終的に定年を迎えるまで同様の仕事に従事し、その結果、同じ職能内での経験年数は、勤続年数とほぼ同じ36年間に及び、そこでの異動回数は海外子会社への異動を含めて11回に及んでいた。

一方D氏は、入社当初は生産工程に従事していた。そこで職場内での異動を経験した後、工業計測器の需要が急激に伸び、営業職のニーズが社内で起きたため、営業職に異動することとなった。この時点で、D氏のキャリアの連続性は一旦断ち切られたことになる。その結果、同じ職能内での経験年数は14年、異動回数は1回となった。その後工業計測器の需要の低迷と情報関連市場の拡大とともに、D氏は工業計測器担当営業から、情報関連機器のセールス・エンジニアとなった。D氏は職場の同僚と比較すると、研修には積極的に参加し常に勉強をしていたが、このような経歴から見て、正規の営業職としての能力を着実に蓄積していくことができなかったものと思われる。D氏は、自分が担当している仕事を組織の中に位置付けて、他の人々との相互作用の中で遂行していくという、営業職の本来的なやり方を構築するには、あまりにも短期のうちに他職に異動しているようであった。そのために、D氏はどのような仕事もほとんど単独でこなしていくというスタイルをとっており、仕事内容も定型的なものとなっていった。同じ職場には一貫して同職務を担当してきた者がおり、彼らの幾人かは定年後の雇用継続を実現していたが、D氏は企業側から雇用継続の要請を受けることはできなかった。

2) 技術職系ホワイトカラーの事例

　E氏のキャリアは、定年を迎える6年前まで、一貫してLPG、LNGタンクの建設に関係していた。入社当初は、食品の粉末製造技術に携わったが、3年後にはLPGの低温プラントの基本設計部門に配属となった。それ以来、担当する顧客や扱うガスの種類は変わったが、工業化学分野のあらゆる会社のプラント建設に携わってきた。E氏の仕事は、その中で化学分野での知識を活かして、技術者の立場からプラント建設の設計を行うことである。建設場所や、担当顧客、扱う化学物質の種類が変わることで、所属する部署が変わっていったが、常にガスのプラント設計という点では同じであった。徐々に役職も上がり、プロジェクト・マネジャーもつとめた。定年を迎える6年前に初めてプラント設計の現場を離れ、これまでとは異なる部署に異動した。その間における同一職能での経験期間は約30年、異動回数は9回に及ぶ。新しい部署での仕事は、防衛庁の航空宇宙関連機器の設計とテスト設備の設置を行う部署である。例えば、ロケット打ち上げのための成層圏のテスト条件を作る設備や、ジョット・エンジンのテスト設備製作などである。仕事の内容は大きく変わったが、設備を設置するという意味で、プラント設計時代に培った技術がここでも活かされた。

　その後定年を迎えるまで防衛庁関連の仕事を続けたが、定年後は再びLPGプラントの設計に戻ることになった。以上から、E氏のキャリアは、担当職務に関する専門性を深耕すべく、ほぼ一貫して特定分野に留まっていたことがわかる。

　一方、F氏は入社当初、関係会社へと出向し、そこで見習員を経験した後に、B社ボイラー部に配属となった。そこでは一貫して設計課に所属した。その間に何度かの異動を経験したが、鉄構設計を中心として21年間を技術者として過ごした。しかしその間の仕事は、技術者として多くの経験を積むというよりは、管理職として人の管理を中心に、プロジェクトを担当するというものであり、実際そこでの異動回数は5回に留まっており、技術者としての経験幅は広かったとはいえない。その後、以前に出向していた製作所に再び出向となり、定年前にボイラー部に戻ったが、企業側から雇用の要請を受けることはできなかった。

3) 経営・企画職系ホワイトカラーの事例

　G氏は、当初は計測器の設計を主要な仕事とする技術者であった。入社後の実務研修では、製造部門をはじめとする様々な部門をローテーションで回り、その

後、計測器の設計部門に配属となった。同部署ではあらゆる計測器の設計を手掛けたが、その中に開発当時から携わった差圧伝送器があった。設計課長をつとめ、その開発の中心的な役割を果たし、製品化の段階では製造部生産技術課に異動して、生産ラインの開発にまで携わった。その後製造部長を経て、メーター事業部長となったが、その間技術職としてつとめた期間は、入社以降約27年間であり、そこでの異動回数は5回に及んだ。

その後は工事本部とソリューション・センターを経て、二つの関連会社の取締役を経験した。関連会社の一つは設計会社であり、もう一つは製造部門会社であった。そこでは監査の仕事に必要な会計に関する基礎知識、技術を身に付けた。G氏は、技術職以降は異なる職能をいくつかにわたって経験することとなったが、そこで一貫していたのは、技術職時代での知識、技能を基礎として、新しい仕事の場合にもその能力が常に活かされていたということである。以上から、G氏のキャリアは、長期にわたる同一職能内での経験の後、これまでに培ってきた専門能力を基礎として他職能をいくつか経験することで、複合的な能力を獲得するに至ったものと思われる。

一方、H氏は、技術者としての経験年数は僅かに10年しかない。その間の同職内での異動経験も僅かに2回であった。その後営業部門や品質保証部門、そして関連会社役員を経験したが、いずれも短期間の異動を繰り返し、これは定年を迎えるまで続いた。最終的に企業側から雇用したいという要請を受けることはできなかった。

4) 解 釈

このように見てくると、定年後も雇用される高年齢ホワイトカラーのキャリアには、共通する特徴があるようである。それは同一職能内での長期にわたる就業と、その中での多くの異動を通じた多様な仕事経験である。この点を雇用不継続者の事例と比較した場合、より明らかな特徴として確認できる。雇用継続者と不継続者のキャリアの違いに関して、前出A社の2001年9月期定年者のデータを用いて、さらに検証を行った。結果は**表3**のようであった。

まず同一職能内での就業を中心とするキャリアと、それ以外のキャリアの場合とに分け、雇用継続とキャリアの関係における独立性の検定を行った[14]。その結果10%有意で、キャリアのあり方が雇用継続の結果に影響を及ぼしている可能性が

表3 職務別キャリア集計結果

	事務職系				技術職系				経営・企画職系			
	社内キャリア			同一職能経験年数	社内キャリア			同一職能経験年数	社内キャリア			同一職能経験年数
	計(%)	同一職能中心キャリア(%)	それ以外のキャリア(%)	平均値(標準偏差)	計(%)	同一職能中心キャリア(%)	それ以外のキャリア(%)	平均値(標準偏差)	計(%)	同一職能中心キャリア(%)	それ以外のキャリア(%)	平均値(標準偏差)
雇用継続者	24(100)	20(83.3)	4(16.7)	36.58(6.47)	5(100)	3(60.0)	2(40.0)	28.20(13.33)	8(100)	6(75.0)	2(25.0)	25.38(11.65)
雇用不継続者	7(100)	3(42.9)	4(57.1)	27.00(12.78)	0(100)	0(−)	0(−)	0.00(−)	1(100)	0(0)	1(100)	10.00(−)
カイ二乗値[1]	4.637*				−				−			
t値[2]	2.726**				−				−			
サンプル数	31				5				9			

注)データは、A社2001年9月期ホワイトカラー定年者。社内キャリアに関する数値は人数を、括弧内は%を表す。第2小数点以下四捨五入。
1)雇用継続とキャリアの独立性に関するカイ二乗正確確率検定の結果を記している。*p<.10(両側検定)。なお「技術職系」「経営・企画職系」はサンプル数に制約があり、検定は行っていない。
2)同一職能内年数の平均値の差に関するt検定の結果を記している。**p<.05(両側検定)。なお「技術職系」「経営・企画職系」はサンプル数に制約があり、検定は行っていない。
出所)表2に同じ。

確認された。また雇用継続者と不継続者では、同一職能内での経験年数にどのくらいの違いがあるのかを職務別に見た結果、いずれの職務においても、両者の平均年数には明らかな違いがあることが確認された。事務職系で雇用継続を果たした者は、ほぼ勤続年数に等しい期間を同一職能内で過ごしており、その年数は平均36.58年に及ぶ。これに対し雇用不継続者は27.00年と短い。その違いはt検定の結果でも5%有意で確認されている。また技術職系の雇用継続者の場合、その期間は28.20年となり、経営・企画職系の雇用継続者の場合は25.38年であり、事務職系と比較すると短いものの、雇用不継続者と比較した場合には明らかに長いようであった。[15]このように雇用継続者は同一職能内に長く留まることで、その中で多くの異動を経験することになり、したがって特定分野における多様な仕事経験を蓄積するに至っていると思われる。

また職務毎に見られる同一職能内年数の違いは、次のような事情によって生じるものと考えられる。技術職系の場合、技術革新による変化が激しく、製品開発

表4 雇用継続・不継続者の研修経験

	研修経験	
	雇用継続者	雇用不継続者
平均値 (標準偏差)	11.0556 (6.6114)	8.6250 (4.8385)
t 値	0.979	
有意確率	0.333	

注）データは、A社9月期2001年ホワイトカラー定年者。
N＝45(雇用継続者＝37、不雇用継続者＝8)
1)「研修経験」は入社以降に受けた教育研修の回数を表している。
2)有意確率は両側検定。
出所）表2に同じ。

の最先端でその技術力を長期にわたって維持することが比較的難しい。そのためにキャリアの後半では、技術力をベースとして他職能に移っていき、結果的に同一職能内での経験期間は事務職系よりも短くなるものと予想される。また経営・企画職系の場合、同一職能内で蓄積した技能や知識を、ある時点から他職能に異動することを通じて当該企業用にシステム化していくことが求められ、そのために同一職能内年数が事務職系と比較して短くなるものと思われる。

また能力形成のプロセスに関しては、事例にも示すとおり、多くの雇用継続者が、実務を経験する中で必要能力を習得していった事実を述べていた。雇用継続・不継続者の研修経験について分析を施したところ、研修経験の程度と雇用継続との関係には有意な関係が見られなかった (**表4**)。つまり能力形成に最も影響力を持つ教育訓練は、研修などのOFF-JTではなく、実務上でのOJTにあると考えられる。

以上から、定年後も雇用される高年齢ホワイトカラーのキャリア特性として、入社以降同一職能内に長期に就業し、その中で多様な仕事経験を積むことが、研修経験などよりも重要であるとする仮説2は、概ね受入れられるといえる。

5. 結 論

本稿は、製造業2社の定年者への聞き取り調査と、独自に入手した人事情報に基づき、定年後の雇用継続を実現する高年齢ホワイトカラーの能力とキャリアの特徴を考察してきた。事例分析からは以下の事実が明らかとなった。

1) 定年後も雇用される高年齢ホワイトカラーの能力は、その職務によって特徴が異なる。「事務職系」の場合、技能の種類は「組織関連的」である比率が高く、また知識・技術体系の種類は相対的に見てより「一般的」といえる。これに対し「技術職系」は、技能の種類は「職務関連的」である比率が高く、知識・技術体系の種類はより「職務に関して専門的」である。また「経営・企画職系」は、

先の二者の複合型であり、技能の種類は「組織関連的」である比率が高く、知識・技術体系は「職務に関して専門的」という傾向を持つ。
2)　定年後の雇用が実現されなかった高年齢ホワイトカラーの場合、職務毎に見られる以上の能力の組み合わせから外れている場合が多い。
3)　職能資格、資格技能、語学力、学歴は、雇用継続を決定付ける重要な要因とはなっていないと考えられる。
4)　定年後の雇用継続を実現した高年齢ホワイトカラーのキャリアは、雇用不継続者と比べると、同一職能内での経験が長く、その中での異動回数が比較的多い。つまり雇用継続者には、先行研究が示すような特定分野での専門性、およびそこでの経験の幅を持つという特徴が見られていた。しかし雇用不継続者にはこの傾向は当てはまってはいなかった。なお、同一職能内年数は職務毎に異なっており、「事務職系」の場合ほぼ勤続年数と等しいほどに長期間に及んでおり、これと比較し「技術職系」「経営・企画職系」は10年ほど短い。
5)　雇用継続者と雇用不継続者の研修経験には大きな違いが見られなかった。したがって、雇用される能力の形成過程は、その多くがOFF-JTよりもOJTに支えられているものと想定される。

　以上のように、定年後も雇用される高年齢ホワイトカラーの能力とキャリアには、雇用されなかった者と比較し、大きな違いがあることが明らかにされた。雇用継続を実現したホワイトカラーの能力は、概ね職務毎に想定されるような、技能の種類と知識・技術体系の種類の最適な組み合わせによって構成されており、そのために不確実性への対処が可能となっていると考えられる。そしてその能力の獲得のために必要な適切なキャリア過程を経ている。したがって、高年齢ホワイトカラーの雇用拡大のためには、能力とキャリアに関する以上のような特徴が認識され、多くの人が企業にとって「価値ある人材」となるような、意図的な人材育成が現役時代に行われることが必要と考えられる。

　それでは、ここから導かれる含意とはどのようなものであろうか。
　高年齢ホワイトカラーの雇用問題は、おそらく助成金のような一時的な制度措置や、パソコン教育をはじめとする公共・民間職業訓練機関を通じた、一般的スキル教育によっては解決されない。高年齢ホワイトカラーの雇用拡大のためには、まず高齢労働者自身が雇用されるような能力を所持していることが必要である。

その能力とは、企業から必要とされるような「価値ある人材」としての能力であり、その形成には企業内でのOJTが極めて重要な役割を持つと考えられる。したがって、企業側による充分な育成投資が必要といえる。

　また、最終的に雇用された者とされなかった者の間には、明らかキャリアの違いがあることから、定年前後ではなく、入社時にまでさかのぼるキャリア形成の重要性が指摘できる。最終的に獲得される能力の違いは、確かに、各人が本来的に備えている資質などにも関係していよう。だが、各人のキャリアは、突発的な需要の高まりなど、いくつかの偶発性に影響を受けて形成されていくと思われる。しかしながら、この偶発性を労働者自身は制御できない。したがって高年齢ホワイトカラーの雇用拡大のためには、企業側が人材形成を意図して、人事異動をはじめとする、計画的な人事管理を行っていくことが求められる。また働く側も、入社以降の自分のキャリア形成に関心をはらい、より高い能力の獲得に向けて、積極的に行動する主体であることが望まれる。

　本稿の分析からは、定年後も雇用される能力の獲得には、同一職能内での長期の経験が必要であることが明らかであった。この期間を確保するには、長期安定的な雇用関係が前提となる。現在、高年齢者雇用を拡大するという視点からも、年齢に拠らない雇用関係の構築の必要性が議論されている。そしてその仕組みを支える制度は、業績と報酬を連動させていく個別的、成果主義的人事制度とされる。しかしこれらの制度は、これまでの雇用関係をより短期的に決済していく方向に向かわせるであろう。従来の高年齢者雇用研究の主流となる議論に反しているが、本稿の結果は、企業内での人材育成の土台となる、長期的視点に基づく伝統的人事管理システムの重要性を示唆している。

謝　辞

　この論文の作成にあたっては、大変多くの方々にお世話になりました。聞き取り調査にご協力くださいました皆様と、貴重なデータを公開し、調査の機会を与えてくださいました事例企業の人事部の方々に深く御礼を申し上げます。また、論文をまとめるにあたって、丁寧かつ適確なご指導とご配慮をくださいました、一橋大学社会学研究科林大樹先生、商学研究科守島基博先生、年報編集委員長の駒澤大学文学部山田信行先生、レフェリーおよび編集部の先生方に心から感謝いたします。

〔注〕

(1) 一律定年制を定める企業が約9割に達する現在においては、高年齢者雇用とは概ね定年を迎えた後の雇用が中心と考えられる。したがって本稿においても、定年を迎えた後の定年前企業での再雇用、勤務延長に焦点を絞り、議論を展開している。例えば高年齢者雇用開発協会［2000］においても、55歳以上従業員の63.9％が定年後も従来企業で就業を続けることを望んでおり、また日本労働研究機構［1998］では、企業側も84.4％が継続雇用によって60歳代前半層の雇用を行っていく姿勢が示されている。また継続雇用を中心にそえた行政機関の雇用推進策も、従来企業での雇用継続が、当面の現実的な雇用形態であることを鑑みたものといえるだろう。

(2) データは高年齢者雇用開発協会［1999］および労働大臣官房政策調査部［1997］。

(3) 労働省［2000］による労働者過不足判断D.I.（diffusion index：「不足」と答えた事業所の割合―「過剰」と答えた事業所の割合）動向によれば、管理・事務職系従事者は過去5年間では常に過剰超過状況にあり、特に1998年にマイナス20ポイント前後まで悪化した後は、常に高い水準の過剰が続いている。高年齢ホワイトカラーの雇用継続の困難性は、このような情勢の延長上にあるといえよう。

(4) 日本労働研究機構［1998］では、60歳以上の高齢労働者が担当する職務（複数回答）として、「管理職（38.3％）」「営業・販売・サービス（34.9％）」が挙げられている。

(5) 数値は5000人以上企業。

(6) 聞き取り調査および人事情報には、雇用継続されなかった者が含まれる。なおここでは、高年齢ホワイトカラーの考察に焦点を絞るが、分析の際の準拠グループである、高年齢ブルーカラー13名にも聞き取りを行い、また人事情報を得ている。したがって、聞き取り調査の対象者は計32名、人事情報資料の総数は96名に及ぶ。

(7) これまで高齢労働者の能力とキャリアに関する研究が、充分に進められてこなかった理由として、次の諸点が挙げられる。1）企業にとっての高年齢者雇用は、行政指導の下で行われる社会福祉的側面が強いと捉えられ、例えば能力によって選定されるという、通常とられるような正規の採用過程が想定されづらかった。そのため、従来の能力・キャリア分析が高齢労働者には適用されてこなかった。2）高年齢者は若年新卒者に比して、能力、年金、健康状態、家族環境など、仮定される条件が複雑であり、非同質的な労働者と捉えられる。そのため、一般化可能な共通の枠組みで分析することが困難と考えられてきた。3）高齢労働者に関するまとまった個票データの入手は未だ困難であり、また能力やキャリアという個人的な資質に関わる聞き取り調査も困難性が高い。特に雇用継続が実現されなかった高年齢者への聞き取りやデータ収集は困難であり、比較分析に耐え得る資料の収集が難しい。以上のような理由が、高年齢者の能力・キャリア分析の障壁となっていたと思われる。

(8) なお、特定分野でのローテーションは、事業所、工場、支店など企業内のあらゆる範囲におよび、さらに部長以上になると専門職能を超えた異動が見られるという。また研修は入社3、4年までに集中し、中高年になるにつれ専門関連の研修は少なくなる一方、階層教育は継続的に行われるとする。これらの発見事実は、本稿の分析においても重要な分析視座を提供している。

(9) 2002年4月からは、人事部門関連会社に業務が移管され、各定年者が個人事業主として同社と契約することによって行われている。なお、雇用継続の仕組みや雇用規模はこれまでと同様である。
(10) なお、聞き取り調査を行った12名には、正規の雇用継続とは異なり、人事部による職務開発によって雇用継続された者1名と、企業側の要請により他社から再就職してきた者1名、そして、定年後に従来部署にしばらく従事した後、他社に派遣されて就業している者1名が含まれる。また内訳はA社7名、B社5名である。
(11) 定年後の雇用・就業に関する意識調査は、本人とその所属長を対象とした調査票と、その後の人事担当者面接が基本となっており、基本的には定年を迎える6カ月前に行われている。意識調査票には、職場の意向を代表する所属長が、当該定年者に対する同部署の雇用希望の有無や雇用形態に対する要望を書くことができる。また定年者側は、定年後の就業意志の有無とともに、希望する職種や部署について書き込むことができる。また面接はこの意識調査票に基づいて人事部によって行われている。
(12) 本稿では雇用継続者を、企業側から定年後も就業するよう求められた者とし、また雇用不継続者を、そのような要請がなかった者としている。実際には、雇用要請がなかったが人事部の職務開発によって就業した者、また雇用要請があったが就業しなかった者がいる。しかしその事例は少なく、B社の場合、雇用要請を受けた者の100％が実際の雇用継続者となっており、A社の場合には、雇用要請を受けた者の87.1％が雇用継続者となっている。ここでは簡便化のために、企業側から雇用要請を受けた者を雇用継続者としている。
(13) 「事務職系」には、営業・販売・サービス、事務、総務・人事労務・教育、財務・経理職が含まれる。また「技術職系」には、研究開発、技術・設計職が含まれる。「経営・企画職系」とは、各部門の仕事に関する管理や立案、コンサルティングなどの業務職を指している。
(14) 「それ以外のキャリア」とは、同一職能内での経験期間が比較的短い場合、および中途採用の場合を指す。なお、学校卒業から3年以上を経て入社した者を中途採用者とみなしている。
(15) さらに、このような長期に及ぶ同一職能内での経験蓄積が入社以降のどの時点で行われるのかを確認するために、何度目の職能経験が最も長期に及んでいたのかを調査した。その結果、最も長期に及ぶ職能は概ね第1回目の配属先であることが明らかであった。つまり入社後最初の配属が、その人材の専門職能とキャリアのあり方を決定付けていることが指摘できる。なお同一職能内年数は、他職に異動しその従事期間が3年以内であった場合には、その年数を同一職能内期間に含めて計上している。このような短期間の異動は、需要の変動などによる応援のための一時的な異動であることが多いためであり（2001年9月28日インタビューによる）、そのような手続きが妥当と判断されたためである。

〔参考文献〕

Baron, James N., and David M. Kreps [1999], *Strategic Human Resources: Frameworks for*

General Managers, New York: Wiley.
Doreinger, Peter B., and Michael J. Piore [1971], *Internal Labor Markets and Manpower Analysis,* Massachusetts: D.C. Heath and Company Lexington.
Katz,R.L. [1955], "Skills of an effective administrator," *Harvard Business Review,* No.33.
Wachter, Michael L., and Randall D. Wright [1990], "The Economics of Internal Labor Markets," *Industrial Relations*, Vol.29, No.2.
Williamson, Oliver E. [1975], *Markets and Hierarchies: Analysis and Antitrust Implications,* New York: Free Press.
伊藤謙治 [2001]、『情報化対応職務能力診断システムの構築に関する研究報告書（中間報告）』第3章, 高年齢者雇用開発協会。
猪木武徳 [2002]、「ホワイトカラー・モデルの理論的含み」小池和男・猪木武徳編著『ホワイトカラーの人材育成』第2章, 東洋経済新報社。
大橋勇雄 [2000]、「定年後の生き方と引退年齢」『労働市場の構造変化とマッチングシステム』第9章, 雇用・能力開発機構。
小川浩 [1998]、「年金が高齢者の就業行動に与える影響について」『経済研究』Vol.49, No.3。
玄田有史 [2001]、『60歳台前半層の雇用延長の制度化を進めるための方策に関する研究報告書』第2部第2章, 高年齢者雇用開発協会。
小池和男 [1991]、『大卒ホワイトカラーの人材開発』東洋経済新報社。
小池和男 [1997]、『日本企業の人材形成』中公新書。
雇用促進事業団・財団法人 雇用情報センター [1994]、『企業の高齢化に対応する従業員の能力開発に関する調査研究結果報告』。
財団法人 高年齢者雇用開発協会 [1999]、『継続雇用に関する従業員意識調査結果報告書』。
財団法人 高年齢者雇用開発協会 [2002]、『情報化対応職務能力診断システムの構築に関する研究報告書（最終報告）』。
佐藤博樹 [1986]、「高齢者会社の現状と課題：60歳台前半への雇用継続の可能性」『日本労働協会雑誌』。
清家篤 [1993]、『高齢化社会の労働市場』東洋経済新報社。
清家篤 [2001]、「年齢差別禁止の経済分析」『日本労働研究雑誌』No.487。
清家篤・島田晴雄 [1995]、「日本の公的年金と高齢労働者の供給」野口悠紀男・デヴィット・ワイズ編『高齢化の日米比較』日本経済新聞社。
清家篤・山田篤裕 [1998]、「引退決定過程に及ぼす社会保障・雇用制度の影響にかんするハザード分析」『三田商学研究』第41巻第4号。
高田一夫 [1991]、「高齢者雇用問題の新展開」『大原社会問題研究所雑誌』No.395。
中村恵 [1991]、「製造業事務系のキャリア形成」小池和男編『大卒ホワイトカラーの人材開発』東洋経済新報社。
日本労働研究機構 [1994]、『高年齢者の職業能力開発ニーズに関する調査研究』No.36。
日本労働研究機構 [1998]、『中高年者の転職実態と雇用・職業展望』No.111。
藤村博之 [2001]、「60歳代前半の雇用継続を実現するための課題」『日本労働研究雑誌』

投稿論文

　　　　No.487。
藤村博之・松村文人［2001］、『高齢化時代への労使の対応』中部産政研。
守島基博［2001］、『60歳台前半層の雇用延長の制度化を進めるための方策に関する研究報
　　　告書』第2部第4章，高年齢者雇用開発協会。
労働省［2000］、『労働白書』日本労働研究機構。
労働大臣官房政策調査部［1997］、『平成8年高年齢者就業実態調査報告』。
労働大臣官房政策調査部産業労働調査課［2000］、『雇用管理調査報告』。

⟨Abstract⟩

The Employability and Career of Elder White-Collars
──The Conditions of Selection on the Continued Employment after Retirement──

Tomoyo Takagi

(Student in Graduate School of Hitotsubashi University)

The purpose of this study is to clarify why some elder white-collars continue their employment after retirement. In the present Japanese society, fewer employment opportunities are left for elder persons who are willing to work after their retirement, and elder white-collars are particularly facing severe competitions in the labor market. Practically white-collars who continue their employment are selected by management. Some studies show that valuable employees for companies are those capable of dealing with uncertainties, and have long experiences in the same functional field.

In this study, we examined the employability and career of elder white-collars through the case studies of two manufacturing companies. The study is based on interviews of 19 persons and personnel data of 57 persons in the two companies.
The findings are as follows: 1) White-collars who are selected for continuous employment after retirement have job specific ability characterized by balanced combination of "skill variety" and " knowledge variety". On the other hand, unselected ones do not. 2) The former has longer experience in the same functional field than the latter.

The results indicated that Japanese long-term employment system is still valid from the perspective of effective accumulation and utilization of human resources which elder persons possess.

―――― 日本労働社会学会年報第13号〔2002年〕 ――――

専門学校と職業教育

―― 北海道情報系専門学校を事例に ――

浅川　和幸
(北海道大学)

1. 本研究の意図と問題の焦点

　一時ほどの勢いはなくなったとはいえ、ITは未だに日本産業の浮沈のカギをにぎっているといわれている。しかしIT産業の技術者が絶対的に不足しているため、企業が抱えている受注を消化しきれず、産業の成長に歯止めがかかっているといったら、信じられるだろうか。

　例えば、情報産業振興の政府系中核団体である日本情報処理開発協会(JIPDCE)の発行する『情報化白書2001』[2001]によると、IT人材は慢性的で「絶対的」な不足に陥っており、その育成は各国政府の「最大の関心事」となっているという。白書には、さらに、国によって提案されている以下のような三つの対策が書かれてある。

　①外国人IT技術者の獲得のための規制緩和、②IT人材の不足解消と失業者の雇用確保を連動させる職業能力開発、③「新しい人材像」の提言に基づいた情報処理技術者試験制度、である。

　このなかで技術者調達に威力を発揮するのは①だけになるだろう。すでに2000年に平沼通産大臣(当時)が「アジアITスキル標準共通化イニシアチブ」を提案し、2001年には日本とインドの間で、IT技術者試験の相互認証と入国規制の緩和措置が行われている。さらに同様の措置はこれからアジア諸国に拡げられてゆく予定であるという[1]。

　実のところ、わが国のIT人材[2]の不足は15年以上前から予測されており、旧通産省によって、資格制度の整備と専門学校振興を軸にした対策がたてられてきた。それにもかかわらず、外国人技術者の獲得で対応するしかなくなっているのだ。

167

ところで、専門学校は人材養成の重心が企業内教育におかれているわが国において、様々な問題を抱えつつも、後期中等教育後の重要な職業教育機関としての役割を果たしてきた。そのなかでも、専門学校における情報系職業教育(3)は、企業内教育と部分的に重なる位置にありながらも、情報処理産業の急速な拡大に応じて技術者を供給するために、政策的に大きくテコ入れされてきた特徴をもつ。

　本稿は、情報系人材養成の事例を検討することから、これからの職業教育を考えるための基礎的な論点を提出する意図をもっている。

　まず、情報系人材養成の政策の展開過程に、第一の焦点をおく。

　①政策の前提となっている問題意識、特に学校（企業外部）と企業内教育が、どのような問題を抱えていると考えていたのか、②この問題を解消するために、どのような機関をつくり、あるいは利用し、政策を実行したのか、を明らかにする。政策は、時期によって大きな変更をともない、専門学校振興策も動揺する。また、企業内教育への問題意識と、対策とのギャップについても注目したい。企業内教育の問題は、幾つかの研究(4)の示唆も受けているが、ここでは政策サイドからの考察が中心となる。

　そして、個別の専門学校の教育市場におけるサバイバルの比較検討に、第二の焦点をおく。

　①情報系専門学校が同分野の地域教育市場において、どんな論理によって競争・分化してゆくのか、それを規定する要因は何か、②このサバイバルの方法は、個別の専門学校のどのような条件と関わっているのか、そして、③それはどのような限界をもっているか、を明らかにする。専門学校の「私立」という経営の条件は、教育市場の変化への適応をいかに制約するのか(5)。またそれぞれの専門学校の歴史的な実績や経営資源は、それとどう関わるのか、等が検討の対象となる。

　さて、全体の構成は以下のようになる。

　まず次節では、情報産業振興政策と人材養成ニーズの変遷をみてゆく。ここでは、情報系専門学校が行う職業準備教育の位置や期待について確認すると同時に、情報系人材養成政策全体が抱えていた矛盾についてもふれる。

　次に3節で、専門学校を規定するもう一つの要因である教育市場を、大枠で規定した高等教育の大衆化と少子化の問題に簡単にふれておく。専門学校の教育市場は、18歳年齢人口の激変と、バブル経済の影響を受けた「専門学校ブーム」とそ

の終焉によって特徴づけられる。

そして4節で、個々の専門学校がこれらの変化にどのように対応してきたのかを、北海道の情報系専門学校を事例に考察する。個々の専門学校が生き残りをかけて、差別化競争を進めてゆく。そしてこの差別化の過程で、専門学校の教育課程は大きく変わる。

最後に5節で、全体をまとめると同時に、これからの職業教育を考えるための基礎的な論点の提出をしてみたい。

2. 情報人材育成政策と専門学校

情報系専門学校の展開は、国の情報産業振興策によって強く後押しされ、同時に制約されてきた。特に、産業振興策のなかでも人材養成策と深い関係がある。ここでは一旦、技術的な解決や資格制度も含めた広義の人材養成策まで話を戻し、そのなかで狭義の人材養成が占める位置と役割の変化をみる。それは広義の人材養成のトータルな配置に位置づけてこそ、学校職業教育の意味も理解できると考えるからである。

まず、①技術的側面からの解決開発的な政策はどのように試みられたかに注目する。さらに人材養成策を二つに分けて考えるが、②職業に就く前の準備教育をどう構想し、実現したのかである。ここに専門学校が大きく関わってくる。構想と結果のズレに注目する。そして、③企業内教育に対してどんな問題意識と対策をもっていたのかである。

さて、わが国の情報産業政策を俯瞰すると、大きく4度にわたる政策的な転機があった。この転機に沿う形で進めてゆこう。

(1) 第一の転機——情報産業の振興への着手——

第一の転機は、情報産業の振興に国が着手する1970年になる。1970年に「情報処理振興事業協会等に関する法律」を制定し、これによって、特別認可法人である「情報処理振興事業協会」(IPA)が発足する。また、前後して1969年に「情報処理技術者認定試験」を開始し、翌年に名称を「情報処理技術者試験(第一種、第二種)」に改める。これには、財団法人「日本情報処理開発センター」(JIPDEC)(後の財団法人「日本情報処理開発協会」略称は同じ)が関わる。その後の情報産業政策をリー

ドする政府系の二団体が、この時点で設立された。

　まだこの時点では、人材養成策は資格制度の整理にとどまっている。その後、「特種情報処理技術試験」、「情報処理システム監査技術者試験」が追加されるが、基本は変わらない。

(2)　第二の転機――「ソフトウェアクライシス」への中央集権的対応――

　第二の転機は、「高度情報化社会に向けて」[1985]という提言によってなされる。ここで大きく変わる。これは、ソフトウェア需要の急増、情報処理技術者の不足、コンピュータシステム障害の危険に早急に対応する必要性を強調した。これをうけて、1985年5月に「情報処理振興事業協会等に関する法律」が大幅に改正され、「情報処理の促進に関する法律」となった。

　この法律を支えた認識は、ソフトウェア需要の逼迫、ソフトウェア技術者不足、とりわけSE（システムエンジニア）の不足に対し、国家的な対策を講じることで、開発生産性の向上や企業間のネットワーク化を進めようとするものであった。

1)　技術的解決の挫折

　一つの柱が、「ソフトウェア生産工業化システム（シグマシステム）」である。IPAにシグマシステムの開発を行わせた。これは、ソフトウェア開発の諸工程を、共通のシステムによって自動化し、ソフトウェア作成を効率化するもので、技術的な側面からの問題解決の試みであった。ソフトウェア作成の下流工程であるプログラミングの人材不足は、これによって大きく改善するものと考えられていた。

　ところで、当時のソフトウェアはメインフレーム用のそれであった。今となっては明らかであるが、ソフトウェア作成のネックは上流工程にある。また、90年代中盤以降は、オープン化の影響を強く受けることになる。

　その後のソフトウェア技術の展開はシグマシステムの基本的な前提を壊してゆく。事実、シグマ計画は5年で打ち切られた。

2)　「情報大学構想」と専門学校「委嘱校制度」

　二つ目の柱が、情報人材養成策である。

　1986年に産業構造審議会情報産業部会に、「情報化人材対策小委員会」が設置された。この委員会は、わが国の2000年におけるソフトウェア供給力が需要に比して著しく低く、そのことが今後の情報化のボトルネックとなると指摘した。いわ

ゆる「ソフトウェアクライシス」である。そして予想されるソフトウェア技術者の需給ギャップは97万人にも及ぶと考え（1985年の技術者総数は43万人である。2000年のそれは、「特定サービス産業実態調査」によると52万人にすぎない）、抜本的な改革の提言を行った。これが、『2000年のソフトウェア人材 高度情報化社会を担う人材育成について』[1987]である。

提言が「当面講ずべき施策」として提起したのは、「情報大学構想」と「情報処理技術者試験の改善」である。

「情報大学構想」は、①産業界のニーズに応じたソフトウェア技術者教育の推進と、②地域におけるソフトウェア技術者教育の活性化・地域の情報化に資することを目的とした、大きな改革案であった。

この構想の背景には、企業内教育に関する否定的な評価がある。提言は、情報人材養成として企業内教育が大きな位置を占めていることを認めたが、同時にそれが大きな問題を抱えていることも指摘している。例えば、教育の時間や、教育方法や教材の問題も含め、企業内キャリアシステムのなかに情報人材が位置づいていないこと、そして特に、情報人材の教育投資が一企業のなかでは大きすぎることを、特に中小企業ではその負担が困難であると述べる。この情報人材養成の受け皿として企業内教育が根本的に問題を抱えているという認識は、その次の答申にも受け継がれている。この指摘は非常に重要である。

ところで、提言における「情報大学構想」は、「地方情報大学」の指定とそれをバックアップする「中央情報大学校」の創設からなる巨大な体制が構想されている。しかし、当時の情報処理関連機関の状況からみて、専修学校に担わせるしかないと判断する。

なぜ、「大学構想」でありながら、新設大学や大学の改革は問題にされていなかったのか。提言では直接ふれてはいない。しかし別の箇所で大学の問題点をあげる。「学科の転換、定員の増減等の機動性がなく、需要に対して定員が少ない」こと、「産業界の技術進歩に追いついていない」こと、「設備が不十分」であること、「質の高い教員の確保が困難」であること等を指摘する。学校基本法における「一条校」としての大学の制度的な安定性が、逆に否定的にとらえられている。その点で、専修学校が「一条校」ではない（八十二条で規定されている）ことが、変化への可能性として評価されたのである。また、専修学校専門課程は、中等後教育で

171

急速な拡大を遂げつつあり、量的な受け皿としては十分だ。こうして、「地方情報大学」の位置に専修学校がくることになった。

　しかし、産業界からみて専修学校の教育内容には問題がある。専修学校卒の技術者は、企業で使われている技術の実態に対応できておらず、SEへの順調なキャリア展開ができない。また専修学校は教育方法が未確立で、良質な教材やインストラクターが不足している。その全体的な底上げには、強力な規制が必要だ。そこで、提言を受けて「情報化人材育成連携機関委嘱校制度」(87年～95年)が生まれた。この委嘱校は、ほとんどが専修学校専門課程(専門学校)で、1992年に最多の150校を数える。同年の情報処理・電子計算機学科をもつ専門学校数は、文部省『学校基本調査』によると386校であるから、4割程度の学校が委嘱校であったことが分かる。

　ところで、「中央情報大学」はどうなったのか。これも大学を設置するのではなく、JIPDECの情報処理研修センターを中央情報教育研究所(CAIT)に改組することで対応することになった(87年)。CAITは、前年から取り組まれていたCAROLシステム(技術教育用ソフトウェア)の開発・普及を下敷きに、専門学校の教育内容を底上げしてゆく。そのために、産業界の実態に則した効果的な情報処理技術者の養成を図るための調査、それを基にした調査研究・指針(カリキュラム)の開発、専門学校の教師・スタッフへの研修、情報人材育成連携機関の委嘱を行った。専門学校は、実質的にはCAITの実施部隊として活動することになる。

　このように、個別の企業を超えた産業全体の技術者への要請を、一つの機関(CAIT)に集約し、標準的なカリキュラムを作成し、それをトップダウンで個々の専門学校に実施させる、集権的な構造をもっていたのである。

　資格試験制度の改善は、技術進歩や企業の要請に、試験をより対応させることがもとめられるという一般的なものであった。資格制度の抜本的な改革を提起するのは、この小委員会の次の報告になる。

3) 「地域ソフトウェア法」とその挫折

　ところで提言で最も問題とされたSEの不足の解消は、その後どうなったのであろうか。提言では、「企業内教育へのインセンティブ作りが必要だ」等の指摘はなされたものの、具体策に乏しかった。

　これへの制度的な提案は、別の角度からなされる。地域開発という視点でで

ある。そして特に、地域における企業内教育の受け皿づくりが課題とされた［通商産業省機械情報産業局監修、1990］。

これは、ソフトウェア産業の地方展開を促進する「地域ソフトウェア法」(89年)に具体化され、地域開発政策である「テクノパーク構想」(83年)や「頭脳立地構想」(88年)において、人材養成のセンター的な役割を果たすための、「地域ソフトセンター」として提案された。「地域ソフトセンター」がどのように展開していったのかについて、伊東維年［1994］の研究がある。これによるとプログラマを企業外において、SEへと養成するための「実践事業」や「研修事業」等は、成功していない。その後、「テクノパーク構想」や「頭脳立地構想」が、「新事業創出促進法」(99年)に収斂するなかで、「地域ソフトウェアセンター」も、「情報関連人材育成事業」における「中核支援機関」に変わった。企業外でSEを養成するためのOJTを行う機関は生まれなかった。すなわち、人材養成の一番のネックは一貫して問題であり続けている。

(3) 第三の転機――人材養成策の再定義――

第三の転換点は、1993・94年になる。ここでも、産業構造審議会情報産業部会の報告や提言が重要な役割を果たす。『新情報革命を支える人材像―ソフト新時代をめざして―』［1993］である。これは、「ソフトウェア新時代」(産業構造審議会情報部会緊急提言)と、「情報化のための人材像」(情報化人材対策小委員会中間報告)からなっている。そして人材対策小委員会はさらに、「最終報告」［1994］を行った。

「緊急提言」は、ソフトウェア市場の整備を目的としたもので、①ソフトウェア市場におけるルールづくり、②市場の確立に資する政策的補完措置、③情報産業の構造転換、からなる。人材対策小委員会の二つの報告について詳しくふれよう。

この二つの「報告」は、先の提言の基本的認識(「ソフトウェアクライシス」)から6年経過してなされている。情勢は大きく変わった。ソフトウェア開発人材の養成を目的とすることから、大きく変化した。次に、人材の需給に関する予想を大きく変えた。2000年までの情報化人材の不足は54万人で、「クライシス」での予想から大幅に下方修正された。量の確保を至上命題としていた充足目標は、質的なそれに変わった。

1) 資格整備でキャリアにデファクトスタンダードをつくる試み

ところでこの報告の最も大きな特徴は、「新情報革命」の担い手としての情報化人材が、非常に緻密に類型化されているという点にある。それは、「各分野に特化した高度技術者を育成する」と当時に、標準カリキュラムに準拠した国家試験の実施で、「その能力を客観的に評価できるようなシステムとして確立する」ことを目的としているからだ。

そして情報化人材はこれまでの情報システム開発人材に特化せず、ベンダー側に情報システムの企画・設計・開発・運用・評価にわたるトータルな人材を、ユーザー側に情報化推進の先導役や情報システム構築運用機能の移管を行いうる人材を求めている。人材類型は、多様化の観点が強く17類型を数えた。

なぜ、資格制度による能力の客観評価に強くこだわったのか。その理由は企業内教育に影響を与える方法が他になかったからだと考えられる。

情報化人材は高度化、多様化する。そのため、人材養成の主な機関は企業内教育になる。しかしながら、相変わらず企業は時間的余裕や長期的養成プランをもっていない。報告は、「情報処理技術者が最大の経営資源である」との視点にたつ必要があると強調する。そして、これまでとは本質的に異なる人材養成策として、「企業戦略に基づく中長期的な人材育成の方針の策定」と、「技術者に必要な知識・技術を明確化するとともにその習得を可能とする育成策を実施すべき」であり、さらに「技術者の将来像及びそこに至るキャリアパスの提示をするとともに社内における技術者の処遇制度との連携を確保すべきである」という。しかし、報告書の掲げる企業内教育の充実に向けた直接的な支援策(「総合的な人材育成システムを有する企業の表彰」等)は、著しく実効性に乏しい。

そこで企業外部から影響を与えるために、先の資格制度の改善が出てくるのである。資格による人材像の類型化と体系化を行うことで、企業内に同様なキャリアのデファクトスタンダードを作ろうと試みたのである。それを通じて企業内における、教育と処遇の体系化を企図した。

2) 「学科認定制度」と専門学校設置基準の弾力化

ところで、企業外部の教育機関はどう位置づけられたのか。

大学教育に対する期待は相変わらず低い。後の大学改革の動向を先取りするような提案もなされるが、具体性に乏しい。

では、専門学校はどうなったのか。ソフトウェア開発人材を量的に確保すると

いう方針が退き、実務経験の重要性が増してきたため、専門学校の位置は下がらざるをえない。将来の高度情報処理技術者となるための、「基礎的な知識・技術を備えた人材を育成する役割が期待される」となった。しかしまだ専門学校は、量的な供給能力から重要であり、産業界から教育内容の高度化、教員の質的な充実等が要請されている。政府の取り組む方策として、「情報処理専門学校コース認定制度の創設」、「標準カリキュラム、教材及びテキストの提供」、「新たな教育手法の導入」、「教育の質の向上」が提起されている。

「情報処理専門学校コース認定制度」は、「情報化人材育成学科認定制度」として具体化される（94～00年）。これは、「高度な情報処理技術者を目指す技術者の効果的な育成を図る学科」として通産大臣が認定を行うもので、情報化人材対策小委員会の報告に基づいて作成された、「高度情報化人材育成標準カリキュラム」(第二種情報処理技術者試験に対応)に準拠した教育を行う学科を認定するものである。認定される学科は2種類ある。履修期間が3年の情報化人材育成学科(Ⅰ)と、2年の情報化人材育成学科(ⅡA)である。履修期間3年の学科が認定される事態が生じたために、専門学校の一部はこれへの対応のため、3年課程や4年課程を設置することになった。

この制度転換の背景には何があったのであろうか。少なくとも二つのことは指摘してよいと思う。

まず第一に、専修学校設置基準の一部改正(94年)である。これによって、専門士の称号付与が認められたが、基準の弾力化・多様化が打ち出され、授業時間やそれに占める実習の割合に対する規制が緩和された。後に述べるが、「マルチメディア学科」やゲームやCG(コンピュータグラフィックス)の学科が可能になったのは、この改正による。3節で詳述する、1995年以降の差別化競争は、この弾力化によって生み出された。

そして第二に、「専門学校ブーム」の終焉である、情報系専門学校の学生の充足率(入学者／学生定員)は、後述するが1993年からひどい低下を迎える。

これらの変化は、専修学校教育の水準を下げる方向で働くであろうことは、想像に難くない。そのため学科の「認定の基準」は、数値目標も含めた厳しいもので、それをくいとめる目的をもっている。①定員の超過率の規制、②情報処理教育機関カリキュラムへの準拠、③企業実習等の実務教育の充実、④卒業研究を「成果

物」にまとめさせること、⑤教員の資格や人数についても、従来の設置基準を上回ることを求めている［三原詰、1994］。そのため認定校は、委嘱校よりも格段に少ない。1998年の時点で、Ⅰ類が22校、Ⅱ類が41校にとどまった。このことは、専門学校の支持が部分的にしか得られなかったことを意味している。

(4) 第四期の転機――中央集権的対策の解体と人材養成の放棄――

第四の転機になるのが、『戦略的情報化投資による経済再生を支える人材育成』［1999］である。

この報告の骨子は、情報化投資の進まない企業(特に中小企業)を変えるために、どんな環境が必要であるかを、人材養成の観点から具体化したものである。「戦略的情報化投資を活性化させるための中心的プレイヤー」を絞り込み、提案する。ユーザ側では「情報化戦略担当役員（CIO）」が、ベンダー側では「ITコンサルタント」が、さらにこの二つをつなぐインターフェイスの役割をもつ「ITコーディネータ」が提案された。個別企業の利害に中立的な人材類型の必要性が打ち出されたのである。もはや数的な目標も掲げられることはない。

1) 人材養成目標の転換――「ITコーディネータ」――

まず、情報処理技術者試験の改善である。人材の多様化は、「細分化」として批判の対象となり、大括り化することが提案される。新しい人材類型で強調されるのは、IT投資を活性化する役目をもった「ITコーディネータ」である。認定試験の機能として、企業が人材養成の指標とすることはふれられるものの、もはや企業内教育のデファクトスタンダードをつくるという観点はない。

2) 「情報大学構想」の終焉――市場主義スキームの登場――

そして、「情報大学構想」は見直しを提案される。学科認定制度において、認定の基準となった統一的なカリキュラムを「弾力性の欠如」と指摘し、「各校独自の努力を促し、産業界の多様な人材育成に関するニーズへ的確な対応を図るため」、制度の廃止を求める。2000年2月に、実際廃止となった。さらに、各学校のそれぞれの努力が、クリアな形で雇用市場における競争力に結びつくような環境整備が期待されている。これは専門学校だけにとどまらず、文部省管轄の大学、短期大学、各種学校、さらに旧労働省管轄の職業能力開発総合大学・職業能力開発大学、職業能力開発短期大学、職業能力開発促進センター、さらには、「株式会社形式の

学校等（いわゆる無認可校）」さえ加えた教育機関のなかで、産業界との連携強化を競うものとして考えられている。

またCAITも、2002年3月をもって廃止となった。

ここに至って、国家的な技術者養成は市場的なメカニズムへ、すなわち各教育主体の競争と、それによる活性化の成果に期待することになったのである。[7]

(5) 小 括

情報処理産業の開発力の向上を問題意識として取り組まれてきた幾つかの政策は、以下のように総括できる。

第一に技術開発の面では挫折に終わったということである。これは現在のソフトウェア開発の隘路が明らかに上流工程にあることからも当然の帰結であったろう。

第二に、職業準備教育は、大学（高等教育）として構想されながらも、専門学校（中等後教育）としてしか現実には展開されなかった。このズレの意味を、三つに分けて考えてみたい。

まず、この前提には職業準備教育を可能にする条件が関わっている。プログラマの量的な確保のために専門学校は、大きな働きをした。この働きは、人材養成のニーズが標準的な形で存在することで可能になった。逆の言い方をすると、職業準備教育の可能性と規模は、個別企業の人材ニーズを超えた、企業横断的な人材ニーズの存在がカギになるということである。

そして次に、人材養成のニーズに集合的に、機動的に応ずるためには、大学ではなく、より柔軟な専門学校という枠組みが有効であったことである。しかし、ここには一定の保留が必要である。ニーズの拡大局面においてはそれに応ずることが可能であったにしても、減少する局面においては色々な問題が出てくる。後述するが、専門学校の財政基盤を含めた制度的な脆弱さは、彼らのサバイバルの過程を問題多いものとしている。この専門学校の機動性は、人材養成が必要とする中・長期的な視野を危ういものとする可能性ももっている。

最後に、人材の高度化やもともと目標であったSE確保が前面にでると、専門学校の位置は後退せざるをえなかった。しかし、筆者は専門学校の意味が減少したとは単純には考えていない。この判断は、将来の情報系人材養成の構想とからん

でくる。日本においては、SEをプログラマと区別して上位の職能と考えるが、これはプログラマの職能を限定した考え方である。SEのキャリアの初期段階をプログラマとみる考え方や、SEと異なる専門職としてプログラマをみる考え方も有力である。その意味でSEが重要だから、大学卒が重要だというのは短絡である。要は、専門学校にしろ大学卒・大学院卒であろうと、実際の仕事現場に非常に近い実践的な教育ができない限り、準備教育は部分的な意味しかもてないということである。

　第三に、企業内部の人材養成に問題があると考えているが、解消できなかった。「ソフトウェアセンター」の試みは意欲的であった。また、企業内キャリアのデファクトスタンダードとするための資格整備の試みもそれなりに意味があった。しかし、極めて部分的な効果しかあがっていない。

　さて、情報人材養成政策のなかに、専門学校が問題をもちながらも、大きく位置づいてきたことを明らかにしてきた。ところで、これらの政策に専門学校はどう対応していったのか、節をかえて追いかけてみることにしよう。

3. 高等教育の大衆化と専門学校――「専門学校ブーム」の終焉とその影響――

　18歳人口の量的なピークは、1992年前後になる。これを境に専門学校が中等後教育に占める位置は大きく変わる。1992年以前には大学の代替的役割であったが、これ以降は、四年制大学と異なる進路の意味ももった[浅川、2001]。

　2000年3月の高校卒業者の進路は多い順に、四年制大学進学が34.9％、専修学校進学が20.7％（専門課程だけで17.2％）、就職が18.6％、無業者等（「左記以外のもの」）が10.0％、そして短期大学進学が9.9％となっている。専修学校進学は、四年制大学進学に次ぐ進路となっている。

　まず、専修学校のなかでもその大半を占める専門学校全体の動向を確認しておこう。1985年から2000年までの学校数は2,445校から3,003校へと増加している。在学者数でも同様に、398,821人から637,308人へとおよそ1.6倍になっている。

　これを分野別にみると顕著な特徴がある。工業分野と商業実務分野は、1992年まで急拡大し、その後著しく縮小している。工業分野を例にとると、48,725人（85年）から104,216人（92年）に拡大、そして64,078人（00年）に縮小する。商業実務分野も同様の傾向にある。さらに、工業分野のなかで、情報系学科すなわち、電子

表1　情報系学科の年次別学校数・入学定員・入学志願者数・入学者数の変化

	学校数		入学定員		定員/学校数	入学志願者数		志願者/定員×100	入学者数		入学者/定員×100（充足率）	入学者/学校数
85年	149	100.0	23,856	100.0	160.1	27,111	100.0	113.6	22,396	100.0	93.9	150.3
86年	215	144.3	34,042	142.7	158.3	35,056	129.3	103.0	30,280	135.2	88.9	140.8
87年	254	170.5	37,188	155.9	146.4	40,186	148.2	108.1	34,551	154.3	92.9	136.0
88年	292	196.0	42,449	177.9	145.4	46,496	171.5	109.5	40,017	178.7	94.3	137.0
89年	318	213.4	46,382	194.4	145.9	54,019	199.3	116.5	45,841	204.7	98.8	144.2
90年	337	226.2	49,218	206.3	146.0	65,986	243.4	134.1	54,034	241.3	109.8	160.3
91年	361	242.3	53,411	223.9	148.0	69,137	255.0	129.4	57,133	255.1	107.0	158.3
92年	386	259.1	59,355	248.8	153.8	66,234	244.3	111.6	56,581	252.6	95.3	146.6
93年	378	253.7	58,550	245.4	154.9	51,847	191.2	88.6	46,229	206.4	79.0	122.3
94年	390	261.7	55,091	230.9	141.3	39,123	144.3	71.0	34,716	155.0	63.0	89.0
95年	387	259.7	49,797	208.7	128.7	36,026	132.9	72.3	32,199	143.8	64.7	83.2
96年	383	257.0	48,867	204.8	127.6	37,187	137.2	76.1	33,053	147.6	67.6	86.3
97年	379	254.4	46,665	195.6	123.1	35,596	131.3	76.3	32,034	143.0	68.6	84.5
98年	343	230.2	41,294	173.1	120.4	30,477	112.4	73.8	27,281	121.8	66.1	79.5
99年	327	219.5	40,224	168.6	123.0	27,574	101.7	68.6	25,110	112.1	62.4	76.8
00年	338	226.8	39,511	165.6	116.9	29,175	107.6	73.8	26,742	119.4	67.7	79.1

注）学校数、入学定員、入学志願者数、入学者数の変化の比率は、85年を100とした数値。
出所）文部省『学校基本調査報告書』各年度号より作成。

　計算機学科と情報処理学科を合わせたものでみてみよう（**表1**）。
　学校数では、149校（85年）から386校（92年）へ、その後338校（00年）となった。これをみると、学校数の減少はそれほどでもないように思える。しかし入学者数でみると減少幅の大きさがわかる。入学者数の変化は、22,396人（85年）から、56,581人（92年）へ、その後26,742人（00年）となった。85年から、2.5倍に拡大した後、2000年には以前と同水準へ落ち込んでいるのだ。これを充足率（入学者／定員×100）で考えると、情報系専門学校の問題、特に今日の経営的な苦境が理解できる。充足率は、93.9％（85年）から95.3％（92年）へ、そして67.7％（00年）にまで落ち込むのである。
　バブル経済による好況、「ソフトウェアクライシス」状況、18歳人口のピークが、もたらした情報系専門学校の活況（「専門学校ブーム」）は、この三つの要因の消失によって失われた。
　さらに、情報系専門学校がこれらの変化にどう対応していったのか、節を改めてみてみよう。

4. 情報系専門学校の変化——差別化競争——

　北海道は情報処理産業の地方集中地の一つである。近年札幌は、「サッポロバレー」と呼称され、注目されている。旧北海道通産局の独自調査によると、情報処理産業の採用者数は、1991年をピーク(2,350人)に、1994年のボトム(786人)へ、およそ3分の1に縮小し、その後回復した。中途採用者は、停滞期に重要な採用者となった。また、この停滞期を挟んで、新規採用者の主力が専門学校卒から、大学卒へ交替している。

　1998年の新規採用者数は、中途採用者が686人(46.7%)、大卒475人(32.3%)、専門学校卒189人(12.9%)、その他新卒120人(8.2%)となっていた。

(1) 北海道の高等教育の大衆化の特徴と専門学校

　北海道における高等教育の大衆化は、専門学校のウェートが高い点に特徴がある。全国平均と比較すると、専門学校進学率が相対的に高く、大学進学率との差が拡大した。

　2000年3月の高校卒業者の進路を全学科でみると、高い順に、四年制大学進学(26.3%)、専修学校進学(24.3%、専門課程のみ21.8%)、就職(23.1%)、無業者等(「左記以外のもの」:10.7%)、そして短期大学進学(8.6%)となる。

　全国的な動向からみると、もともと専門学校進学の比重も高いこともあり、先に述べたような、激烈なブームとその終焉はみられなかった。ブームは、商業実務分野と文化・教養分野で生じた。そしてこの商業実務分野のブームの終焉が、情報系専門学校の苦境に関わってくる。商業実務分野の学校が情報系分野の教育市場になだれ込み、専門学校間の競争を激化させたのである。

(2) 「情報系」学科をもつ専門学校の類型区分の確認

　専門学校の通常使われる学科区分では、「情報処理」と「電子計算機」が「情報系」にあたるが、90年代後半からのマルチメディア化は、ソフトウェア開発やその利用・応用を超えて、様々な新規分野を生み出した。教育市場における競争を考えるためには、このことを考慮しなければならない。「ソフトウェア開発」、「EUC」(エンドユーザーコンピューティング)、「メディアコンテンツ作成」の3領域を含

めて「情報系」を考えたい（以下情報系の括弧を省略する）。専門学校設置基準の大綱化(94年)が拍車をかけている。

ここでは、社団法人北海道私立専修学校各種学校連合会の発行している『専修学校概要』を材料とする。情報系かどうかの判断は、資格取得目標、2年制以上かどうか、カリキュラムに占める情報系教育の時間数等を総合的に勘案した。さらに、専門学校の教育市場における位置と戦略をクリアにするために、情報系を三つの水準に区分してみたい。

まず、①「第一種情報処理技術者」か「高度情報処理技術者」の一部を含む、いわば高度な目標をもった学科、次に②「第二種情報処理技術者」か「システムアドミニストレータ初級」という情報処理教育としては基礎的な目標を掲げた学科、そして最後に、③情報処理技術者資格の取得を目指していないが、マルチメディア関係の資格取得を目標にし、教育時間数から情報系と判断される学科、である。

さらにこの情報系学科と併設する学科の分野を複合することで、情報系学科をもつ専門学校の形態を考えてみた。すると、結果的に下位類型をもつⅠ〜Ⅳの4類型に区分できることが分かった。1997年を例に類型区分をしたのが、**表2**である。

Ⅰ類型は、情報系学科だけの専業の専門学校である。学科の水準は、ほぼ第一水準で、二年制以外に三年制学科や四年制学科の併設もある。

Ⅱ類型は、情報系学科を中心に、別分野の学科を併設したものである。併設学科の違いによって小区分ができる。Ⅱ-ⅰは工業分野の学科を併設、Ⅱ-ⅱは商業実務分野の学科を併設、Ⅱ-ⅲは福祉分野の学科を併設、Ⅱ-ⅳは複数の分野の学科を併設している。97年では、Ⅱ-ⅱのみである。学科の水準は、Ⅰ類型と近く三年制や四年制学科を併設したものもある。しかし第二や第三水準の学科の併設もありばらつく。

Ⅲ類型は、他の分野の学科を中心に情報系学科を併設した類型である。同様に下位区分をする。Ⅲ-ⅰは工業分野の学科を中心に、Ⅲ-ⅱは商業実務分野の学科を中心に、Ⅲ-ⅲは文化・教養分野を中心に、Ⅲ-ⅳは複数の分野の学科を中心にした専門学校である。学科の水準は、Ⅲ-ⅱが第一水準の学科をもっていないという特徴がある。

Ⅳ類型は、デザイン等のメディアコンテンツ作成を中心にした専門学校である。

表2 情報系学科をもつ専門学校の学科定員の比較（1997年度）

類型とケースNo.		四年制（四大併修）	三年制	二年制			総定員数（人）
				「第一種情報処理技術者」資格取得目的	「第二種情報処理技術者」「システムアドミニストレター初級」資格取得目的	情報処理技術者資格取得を目的としない	
I類型	①	高度情報学科 40	応用情報工学科40	総合情報学科 120			200
	②			Mクリエイティブ学科40			80
				情報S学科 40			
	③	情報S研究科 200	情報S専門科 120	情報S科 200			520
	⑪		応用情報工学科10	情報S学科 80		マルチM科 40	140
	⑬			情報処理科 40			120
				CG学科 80			
II類型 ii	⑥			情報処理科 80	医療・福祉情報処理科 80		160
	⑦			情報S科 80		情報B科 40	120
	⑧		SE専攻科 40		情報S工学科 80	OAB科 40	160
	⑨	専攻情報学科 40		総合情報学科 40			80(120)
	⑩			情報Sコース 30		情報Bコース 30	75(120)
						OABコース 15	
	⑤			情報技術科 40			120(200)
				情報通信科 40			
				情報処理科 40			
	④				情報S科 40		40(80)
III類型 i	㉑			情報処理科 80			80(360)
	㉒			情報処理科 160	機械制御工学科 40	情報B科 40	320(640)
				情報工学科 40	マルチM科 40		
	⑫			情報処理科 40		医療福祉情報処理科 40	80(200)
III類型 ii	㉔				B情報学科 50		50(250)
	㉕				情報処理コース 440*		440*(520)
	㉚				B情報学科 40		40(360)
	㉓				コンピュータコース 20		20(200)
	㉗				情報通信コース 20*		20*(100)
III類型 iv	㉜			マルチM科 40			40(310)
	㊵				情報S学科 80*		80*(140)
					Mクリエイト専科 80*		
	㉖			情報科 30			30(120)
IV類型	㊶					CGコース 40	80*(600)
						Gクリエーターコース40*	
	㊷					国際産業デザイン学科 40	120(360)
						マルチMデザイン学科 80	

注1）Sはシステム、Mはメディア、Gはグラフィック、Bはビジネス、CGはコンピュータグラフィックスを省略している。
2）*はそのうちの一部分が定員であることを表わす。例えば440*であれば、定員は440名の一部(不定)を表わしている。
3）実数は「情報系」学科、コースの定員。カッコ内は、その専門学校の総定員。
出所）(社)北海道私立専修学校各種学校連合会編『専門学校概要』。

資格の取得を目的としていないので、厳密には情報系専門学校ではない。しかし、CG（コンピュータグラフィックス）等の作成をする学科は、情報系に分類したほ

専門学校と職業教育

表3　情報系専門学校の類型移動

	I類型	II類型				III類型				IV類型
		i	ii	iii	iv	i	ii	iii	iv	
89年	①②③④⑤		⑥⑦⑧⑨⑩		⑪⑫	㉑㉒㉓	㉔㉕㉖㉗	㉘㉙	㉚㉛㉜	㊶
90年	③④⑤		①②⑥⑦⑧⑨⑩		⑪⑫	㉑㉒㉓	㉔㉕㉖㉗㉝	㉘㉙	㉚㉛㉜㊵	㊶
91年	②③⑤	④	①⑥⑦⑧⑨⑩		⑪	⑫㉑	㉔㉕㉖㉗㉝	㉘㉙	㉚㉛㉜㊵	㊶
92年	②③⑤	④	①⑥⑦⑧⑨⑩⑬		⑪	⑫㉑	㉔㉕㉖㉗	㉘㉙	㉚㉛㉜㊵	㊶
93年	②③⑤	④	①⑥⑦⑧⑨⑩⑬		⑪	⑫㉑	㉔㉕㉖㉗㉝		㉚㉛㉜㊵	㊶
94年	②③	④	①⑤⑥⑦⑧⑨⑩⑪⑬			⑫㉑㉒	㉔㉕㉖㉗		㉚㉛㉜㊵	㊶
95年	①②③	④	⑤⑥⑦⑧⑨⑩⑪⑬			⑫㉑㉒	㉔㉕㉖㉗㉞		㉚㉜㊵	㊶㊷
96年	①②③⑪⑬		④⑤⑥⑦⑧⑨⑩			⑫㉑㉒	㉔㉕㉖㉗㉞㉟		㉜㊵	㊶㊷
97年	①②③⑪⑬		④⑤⑥⑦⑧⑨⑩			⑫㉑㉒	㉔㉕㉗㉞㉟		㉖㉜㊵	㊶㊷
98年	①②③⑪⑬		④⑤⑥⑦⑧⑨⑩			㉑㉒	㉔㉕㉗㉞㉟㊱㊲	㉙	⑫㉖㉛㉜㊵	㊶㊷
99年	①②③⑪⑬		④⑤⑥⑦⑨⑩	⑧		㉑㉒	㉔㉕㉗㉞㉟㊱㊲㊳㊵		⑫㉖㉛㉜	㊶㊷㊸

注）丸のなかが専門学校のケースナンバーである。
出所）㈳北海道私立専修学校各種学校連合会『専修学校概要』各年度号より作成。

うが専門学校の競争を考える上で都合が良いと考え、別の類型として加えることにした。

　学生定員でみると、I・II類型が中心であるが、III・IV類型もその半分に迫る規模をもち、十分強力な競争相手であることが分かる。

　個々の専門学校は、設置する学科の変化によって類型を変える。次に、1990年からの類型間移動をみよう(**表3・図1参照**)。

(3)　情報系専門学校の類型変化とその特徴

　まず、I・II類型とIII・IV類型には大きな壁があることを指摘したい。参入障壁が存在している。新規参入はNo.13、退出はNo.12だけである。

　I・II類型の間では移動がある。1990年では、I類型であったNo.4、No.5はII-iiに移動し、No.11とNo.13は逆にI類型になる。例外が1校あるが、基本的に札

投稿論文

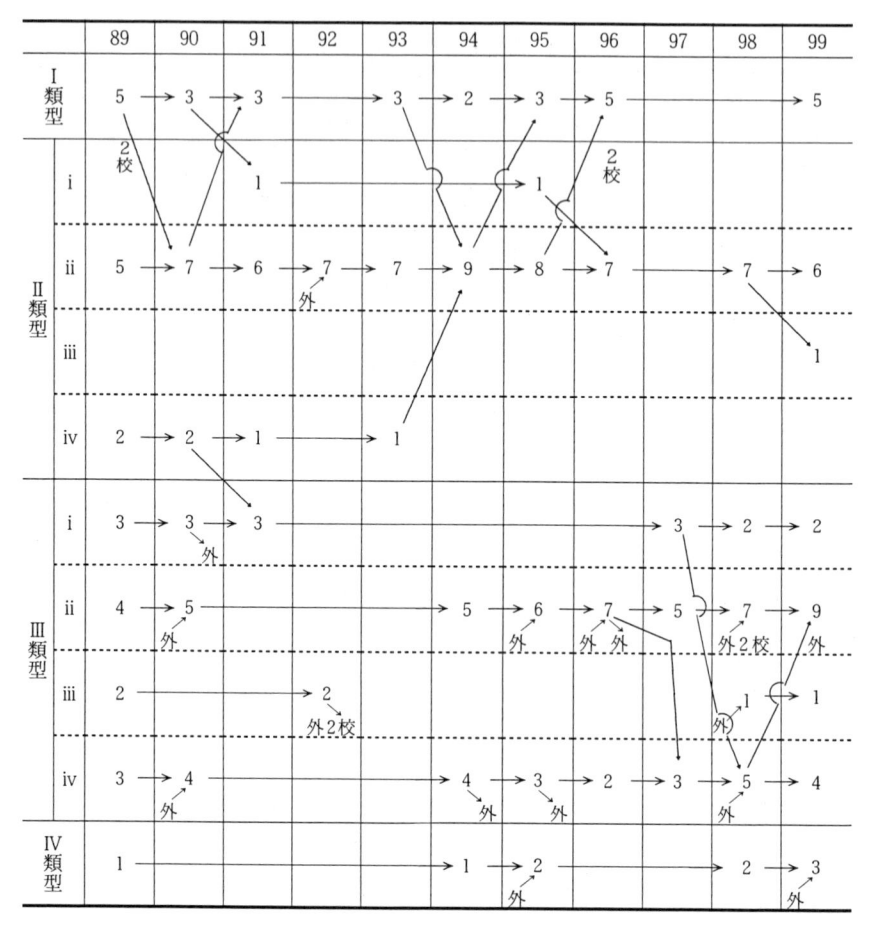

図1　情報系専門学校の類型移動（模式図：表3を書き直したもの）

注1）数字は学校数
　2）範例と図の読み方

〈範例〉

	95	96	97
	4	7	4

外　外
2校

2校

※矢印に学校数が記されていないものは1校を表わしている

〈読み方〉

95年のこの類型の学校数は4校
96年は、別の類型から2校参入 　　　情報系以外(外)から1校参入 　　　同じ類型の4校と合わせ 　　　結果7校になった
97年は、96年の7校から、 　　　情報系以外(外)へ2校退出 　　　別の類型へ1校退出 　　　同じ類型のまま4校が残った 　　　結果4校になった

幌圏の専門学校はⅠ類型に、非札幌圏の専門学校は、Ⅱ-ⅰ～Ⅱ-ⅳになった。専門学校の立地条件の違いが、専業化の可能性に大きく関わっている。札幌と地方の差である。

　Ⅱ-ⅱ(No.6、7、9、10)は、商業実務分野の学科を併設することで入学者の確保を目指している。No.8は、Ⅱ-ⅲ(福祉分野学科の併設)に向かった

　Ⅱ-ⅳは過渡的な類型であったようだ。No.11はⅠ類型に、No.12はⅢ類型に変わった。

　Ⅲ類型は、Ⅲ-ⅰ以外の激しい移動に特徴がある。Ⅲ-ⅰは、安定している。No.12が通過しただけだ。第一水準の教育が目的とされている。工業分野の専門学校と商業実務分野の専門学校では、同じ情報系学科といっても内容が異なる。Ⅲ-ⅱには、新規参入する専門学校が集中した(No.33、34、35、36、37、38)。これは、商業実務分野の専門学校が、事務作業のOA化への対応に合わせ、情報系学科を併設したものである。そのため、安定的に情報系人材を供給する事を目的にしていない。第二水準の教育目標に、商業実務が付加されたカリキュラム構成をとっている。さらに情報系学科の定員が不定の場合もあり、教育目標も低い。Ⅲ-ⅲのNo.28、29は、情報系学科をやめている。学生獲得が難しくなれば情報系学科の廃止もする。Ⅲ-ⅳは動きが激しい。No.40は系外からきた。No.31のように一時情報学科をやめ、その後また設置したものもある。主な分野も工業、農業、商業実務、医療、福祉・教育等、総合専門学校といってよいもので、時々の状況に応じて、弾力的に学科の新設や廃止を行っている。その過程で情報系学科をもつことがあった、というタイプの専門学校である。

　Ⅳ類型(No.41、42)は、デザイン系の専門学校がCG作成にも手を染め、参入してきたものである。ゲーム・クリエイターコースをもつⅠ類型に近い学科をもつ学校もある。

　展開の過程を総括しよう。商業実務分野の専門学校が、「専門学校ブーム」終焉の過程で、情報系学科に定員を移す形で多角化を図ったことが全体の変動の基盤にある。1995年以降にその動きが顕著になっている。それによってⅡ類型の一部の学校が、情報系分野のマルチメディア化に対応した差別化を行い、Ⅰ類型となった。そしてこの領域には近年、文化・教養(デザイン系)分野の専門学校が、進出しており、Ⅰ類型と競合している。

投稿論文

　最後に委嘱校と学科認定校についてふれておこう。

　委嘱校は1987年の制度発足時に8校から始まり、1992年に15校に拡大する。1992年の委嘱校をその時の類型とケースナンバーで確認しておこう。Ⅰ類型は、No.2、3、5の3校で、この時のⅠ類型の全ての学校である。Ⅱ類型は、ⅰがNo.4の1校、ⅱがNo.1、6、7、8、9の5校、ⅳがNo.11の1校であり、全8校のうち7校が委嘱校である。Ⅲ類型は、ⅰがNo.12、21の2校、ⅱがNo.24の1校、ⅲがNo.29の1校、ⅳがNo.30の1校である。全14校中5校にすぎない。Ⅳ類型には委嘱校がない。すなわち、Ⅰ・Ⅱ類型のほとんどは委嘱校であったということだ。また、Ⅲ類型ではⅰのみ多い。

　それに比べて学科認定校は、1994年の制度発足時に、3校 (No.3、4、22) 4学科が認定されているにとどまる。後に述べるように、それぞれの専門学校の差別化にとって意味がある場合の選択肢の一つになったのである。

　教育市場におけるサバイバルが、専門学校の類型間移動を促していることについてみてきた。では、情報系専門学校群のなかにおいて、Ⅰ類型 (専業) の専門学校は、安泰であるのだろうか。この類型の差別化に情報系職業教育の抱える困難が典型的にあらわれている。そしてそれぞれの差別化は、教育内容にも大きく影響を与えている。

(4) Ⅰ (専業) 類型の差別化競争にみる情報系職業教育の困難

　Ⅰ類型の大・中規模校(No.1、3)は、専攻科(三年制)や大学併修(四年制)を併設することによって差別化を行っている。それと対照的に小規模校 (No.2、11、13)は、多様な形で差別化した。経営のあり方や実績関係の違いが関わっている。ここでは差別化の型の異なる三つの専門学校(No.3、11、2)を事例に、具体的な差別化の方法やその限界について検討する。

1) 大規模校の差別化 (No.3の事例)

　この専門学校は、ソフトウェア開発企業と情報教育教材メーカーを傘下にもつグループ企業の一部である。また専門学校も全国に9校展開し、その頂点に情報系大学をもつ。

　学校関係者からの聞き取りによると、同じグループの専門学校でも地域が異なると、それぞれの競争相手との関係で差別化のあり方を変える、という。北海道

表4 2001年度入学者の学科別学生定員・数

	学科(定員)		コース	学生数(人)
二年制	マルチメディアCG科	(定員80名)	インターネットマルチメディアコース ゲームプログラムコース	70
	情報システム科	(定員120名)	なし	161
三年制	情報システム専門科	(定員100名)	なし	82
四年制	情報システム研究科	(定員200名)	なし	98
	合　計	(定員計500名)		411

出所)③専門学校提供資料。

における差別化は、「保守本流」である。この学校への聞き取りは、2001年に行った。

No.3は、4学科からなる。学科とそれぞれの1年生の学生数は、**表4**を参照してほしい。学生数は4学年トータルで、1000名を超すマンモス校である。また開校が1968年と古く、北海道のソフトウェア関係の専門学校では最古参になる。

「保守本流」の差別化とはどのようなものか。第一に、学士学位の取得である。情報システム研究科は、系列の情報大学の通信教育部の単位を取得することで学士を得ることができる。第二に教育内容は、実習に中心をおかず「座学中心」で、資格取得を中心としたカリキュラムをとっていることである。資格取得での合格率の高さを学校宣伝の重要なポイントにしている。そのために、過去に委嘱校となり学科認定も受けた。一貫して、国家資格を意識している。第三に情報系産業への就職率が高いことである。北海道情報系労働市場で専門学校が占めるシェアの半分近くを就職させている。また、道外就職も多い。グループの専門学校が全国展開をしている関係で、幅広い労働市場との接点をもっているからだと考えられる。第四に、資格のための教育を「企業の導入教育のつもり」でやっている、とのことであった。学校関係者が言う「老舗としての実績関係」が、企業の導入教育とすることを可能にしている。

企業との実績関係があるから、導入教育が可能になり、資格教育を中心における。だから、委嘱校制度や学科認定制度に依ることができる。こういった連関になっている。

単年度ではあるが、2000年度の就職状況をみておく。産業別では情報処理業の

比率が高く(69.8％)、次いで卸・小売・飲食業(10.2％)が占めている。プログラマ・SE・マルチメディア職種への就職が75.9％を占めている。確かに、先に述べた、実績関係を核とした差別化が成功していることがうかがえる。

しかし、この学校でさえ、現在定員の充足は困難になっている。特に、系列の情報大学と部分的に教育課程を互換する大学併修コースは、「危機的状況」にある。高等教育の大衆化の影響は、「学位取得も可能な専門学校」という教育市場における差別化の効力を低下させている。また、マルチメディアCG科の新設も、学生募集という点からいって「保守本流」の差別化が困難になっていることを物語っているのではないだろうか。

2) 小規模校の差別化（No.11の事例）

No.11は、札幌テクノパークに位置する、社団法人北海道ソフトウェア協会が中心になって設立した専門学校である。この学校への聞き取りは、2001年に行った。

No.11は、産学連携を特徴にしようと試みている。「資格では計ることができない実力」の養成と、非常に細分化された入学希望者の志向性を先取するコース設定が、差別化戦略である。No.11は委嘱校であったが、学科認定校にはなっていない。マルチメディア化という差別化にとって学科認定は意味がなかったということであろう。

しかし　学校関係者によると、この差別化に対する自己評価は、就職が困難であることから低下していた。

No.11は二年制の2学科と三年制の1学科から構成される。学科・コース編制は、マルチメディア科が6コース、情報システム科が5コース、応用情報工学科が5コースとなっている。それぞれのコースの学生数は非常に小さくなっている。学生数も含めてみたのが表5である。定員の充足ができていない学科もある。

情報処理産業への就職を、1995年度から2000年度でみておくと、良い年度（96年）で61.8％、苦戦した年度（95年）で25.0％と年によってばらつきがあることがわかる。企業との実績関係は少数確認できた。設立母体である協会加盟企業への就職である。また道外への就職はほとんどない。

そして、実績関係の強い企業が採用の計画をもっている場合、その企業の技術要求を配慮して、学生の教育に生かすということであった。個別企業の求人ニーズに分散的な形で対応してゆく努力を行っている。

表5　2001年度入学者の学科・コース編制、学生定員・数

	学科(定員)	コース	学生数(人)
二年制	マルチメディア科 (定員40名)	CGクリエイター・コース デジタルアニメーション・コース ゲームクリエイター・コース ホームページ・クリエイターコース デジタルサウンド・コース デジタル編集・出版コース	40
二年制	情報システム科 (定員80名)	システムエンジニア・コース システムアドミニストレータ・コース インターネットエンジニア・コース モバイルネットワーク・コース ゲームソフト・コース	68
三年制	応用情報工学科 (定員20名)	システムソフトプロデュース・コース マルチシステム・プロデュース・コース マルチメディアプロデュース・コース インターネットプロデュース・コース ゲームソフトプロデュース・コース	20
	合計(定員140名)		128

出所)⑪専門学校提供資料。

　産学連携の別の試みとして、設立母体との関係を生かした在職者の再訓練も可能性としてありうるが、その計画は考えていないとのことであった。
　カリキュラムは、実習重視で授業時間数に占める比重が高い。また人気の高い技術をタイムリーに教育している。マイクロソフト社（認定技術者資格取得のための教育プログラム「Windows 2000」の実施）やサンマイクロシステムズ社（「Java」技術者養成）との提携もNo.11の差別化戦略からきている。

3)　小規模校の差別化（No.2の事例）

　このNo.2の専門学校は、拙稿［2001］で事例分析を行ったB専門学校である。元になった調査は1997年になる。これにその後集めた資料も加えて分析を行う。
　この専門学校は、他の分野の専門学校を組織するα学園の一つである。種々の専門学校を総合した学園の構成をとっていることが、No.2の専業化や定員の弾力的運用を可能にしている。
　No.2の97年当時の差別化戦略は、マルチメディア・クリエイター養成への特化である。3DCGとゲーム作成がこの専門学校の特徴となっている。学科・コース構成の変化をみてゆこう。激変する教育市場へのドラスティックな対応がみえてくる（**表6**参照）。

投稿論文

表6 学科・コース編制の変化

入学年	学科(定員)	コース	2年後の卒業者数(人)
1990年	情報短大学科(定員200名)	情報処理短大コース 情報システム短大コース ソフトウエアコース システムエンジニアコース	不明
1991年	情報短大学科(定員200名)	情報処理短大コース 情報システム短大コース ソフトウエアコース システムエンジニアコース ビジネスOA短大コース	237
1992年	情報短大学科(定員200名)	情報処理短大コース 情報システム短大コース ソフトウエアコース 情報総合システムコース	185
1993年	情報短大学科(定員200名)	情報処理短大コース 情報システム短大コース ソフトウエアコース 情報総合システムコース	116
1994年	情報ビジネス短大学科(定員120名)	情報処理短大コース 情報システム短大コース	76
	情報処理学科(定員80名)	ソフトウエアコース 情報総合システムコース	
1995年	情報ビジネス短大学科(定員40名)	マルチメディアシステムコース システムアドミニストレイターコース	47
	情報処理学科(定員40名)	ソフトウエアコース	
1996年	情報ビジネス短大学科(定員40名)	マルチメディアインターネットシステムコース マルチメディア3DCGクリエイターコース	56
	情報処理学科(定員40名)	ソフトウエアコース	
1997年	メディアクリエイティブ学科(定員40名)	3DCGクリエイターコース インターネットプロデュースコース ミュージッククリエイターコース アミューズメントクリエイターコース	144
	情報システム学科(定員40名)	ソフトウエアコース	
1998年	メディアクリエイティブ学科(定員40名)	デジタルアニメクリエイターコース アミューズメントクリエイターコース 3DCGクリエイターコース ミュージッククリエイターコース インターネットプロデュースコース	221
	情報システム学科(定員40名)	ソフトウエアコース	
1999年	メディアクリエイティブ学科(定員120名)	ゲーム3DCGコース ゲームプログラミングコース 3DCGコース (Maya専攻・Softimage専攻) 3DCG映像編集コース デジタルアニメコース デジタルミュージックコース デジタルデザインコース	不明
	情報システム学科(定員80名)	ソフトウエアコース プログラマー&システムエンジニア専攻・インターネット専攻	

2000年	メディアクリエイティブ学科 (定員75名)	3DCGコース アミューズメントクリエイターコース ゲームプログラミングコース デジタル映像コース デジタルミュージックコース デジタルアニメコース	不明
	情報システム学科 (定員40名)	ソフトウエアコース Webデザインコース	
	自動車整備学科(定員40名)	なし	
2001年 (校名 変更)	メディアクリエイティブ学科 (定員45名)	3DCGコース ゲームグラフィックスコース ゲームプログラミングコース ビジュアルエフェクトコース ミュージッククリエイターコース	不明
	情報システム学科 (定員30名)	ソフトウエアコース (プログラマー・SE専攻、インターネットプロデュース専攻、ネットワークシステム専攻)	
	自動車整備学科 (定員80名)	なし	

出所)㈳北海道私立専修学校各種学校連合会作成『専修学校概要』各年度号と②専門学校提供資料により作成。

90年代前半までは、産業能率短大の通信教育部への併修による短大学歴の取得や、簿記教育の重視等の商業実務分野の色彩を強く出すという特徴をもっていた。そのため、一時Ⅱ-ⅱ類型になっている。またこの時、委嘱校であった。1994年の「専門学校設置基準の大綱化」をうけ、1995年から学科とコース編制の弾力化を進める。学科認定校にはなっていない。特に1997年からのコース設定の変化は凄まじいものがある。毎年のようにコース構成を変え、より学生の目を引くものに衣替えをする。この教育市場への対応は、学生募集という点で、データから判断できる1998年入学生までは間違いなく成功を収めた。これによって一時期80名まで縮小した定員を、200名にもどしている。

差別化のあり方を具体的にみてみよう。コンピュータによるコンテンツ作成、特に3DCGのグラフィック作成を教育内容の中心においている。「現場に強い」という特徴を出すため、CG関連メーカー(シリコングラフィックス社)と提携し、トレーニングセンターをつくり、最新設備の大量導入を行った。現在では、Avid社やAlias/wavefront社との提携体制をとっている。

「業界標準」といわれるソフトを用いたメディアコンテンツ作成実習等の、実習に極度に集中したカリキュラム構成、「実践的」という意味での差別化を図っている。その一方で、就職への「保険」として簿記を残している。

学生数の年次別の変化は大きく、入手した資料の範囲でも、237名(91年)から

47名 (95年) と差がある。そして1995年以降、先に述べた戦略の変更を行ったのである。また、学生者数の増減は、入学する学生の学力的な質にも大きく関わっていた。その意味でも、専門学校経営の基本は学生募集の成功にあることを痛感する。

1992年度から1996年度の就職状況をみておく。情報処理・ソフトウェア企業への就職は、良い年度 (96年) で56.3％、苦戦した年度 (93年) で10.8％と、年度によって大きく差がある。No.2の企業との実績関係は、幾つか確認できた。道外就職は非常に部分的である。また、印刷業、卸・小売業、サービス業、建設業というコンピュータの利用者側の就職の占める位置が高い。1996年度卒業生の情報サービス産業への就職は非常に良い。学生募集という点で最も「苦戦していた」1995年度入学者が、就職という点で最も成功したのは、専門学校が接続する二つの市場の関係が錯綜していることをあらわしている。そしてNo.2が専門学校設置基準の大綱化を契機に大きく展開してゆくことは、教育市場における成功を得ることが、専門学校経営にとって、最重要であることを再認識させる。

それ以降の学科編制の変化を資料により確認すると、この差別化の限界もうかがえる。またCGグラフィックスという差別化に、新たな競争相手（IV類型）が参入してきたことが、自動車整備科という全くこれまでとは異なる方向を模索したことにも現れている。No.2は、I（専業）類型にとどまることはできなかった。

「専修学校におけるマルチメディア教育」[日本電子専門学校、1995] において、マルチメディアクリエイター養成が抱える困難として、カリキュラム開発の困難、高価な設備コスト、教員養成の困難、就職先（ゲームメーカー等）の開拓の困難があげられていた。これらは、No.2にもあてはまる[8]。

(5) 小 括

旧通産省の委嘱校制度の廃止と、学校設置基準の弾力化は、情報系専門学校を教育市場における差別化競争に誘った。学科認定校となるのか、マルチメディア化を進めるのか、それ以外の道を探すのか、戦略は分かれた。教育と産業をつなぐ、中央集権的な媒介項（「標準カリキュラム」とCAIT）は、学校設置基準の弾力化以降、その影響力を低下させた。

専門学校の教育市場が縮小するなかで、学生を獲得することに焦点をあてた差

別化が進み、情報系教育の目標は分解していった。資格取得を目指す受験対策、「専門的・実践的」技術者養成、そしてマルチメディア・クリエイター養成への分解である。

資格取得のための受験対策は、企業にとっての準備教育の意味ももつようだが、受験勉強にはしった教育の弊害は想像に難くない。実践的な教育の欠けた専門学校卒業生が、企業でどのような可能性をもつのかは、非常に不確かである。

そして、「専門的・実践的」技術養成は、個別の企業ニーズに応ずることを意味するから、まとまった量の技術者を体系的に養成する学校という形態には馴染みにくく、この個別のニーズが、どれぐらいの期間意味をもちうるのか、という問題にも突き当たる。

マルチメディア・クリエイター養成は、学生獲得を短期的に成功させるには効力を発揮するが、教育内容を生かした就職は至難の業である。また、職業教育というには趣味的な要素が強く、基礎的な力量形成が弱くなる傾向があり、学生の職業志向にも大きく影響する。

以上のように、専門学校の差別化は、それぞれの固有の問題を生み出している。

5. まとめ

ここまでみてきたように、学校と企業の媒介は、まずは非常に巨大で中央集権的な人材養成策であった。CAITを中心にした人材養成の標準的カリキュラムと委嘱校制度そして資格制度は、爆発的な人材ニーズに応えた。しかし90年代中盤からの、人材ニーズの高度化・細分化、教育市場の縮小、それに重なる委嘱校制度から学科認定制度への転換は、中央集権的な政策の維持を困難にした。

それに変わって出てきたのが、市場主義スキームである。政策としては資格制度の現代化等の周辺的な対策にとどめ、競争のなかから人材の確保を目指す。

筆者は、市場主義スキームは、開発主義的な中央集権的対策よりも問題が多いと考える。

第一に、個別企業の個別的な人材ニーズに教育機関がバラバラに応えるしかないのであれば、効率は著しく下がるしかないだろう。カリキュラム開発、講師の再教育、このそれぞれの絶えざる現代化は、個別の専門学校の能力を大きく超える。チェーン展開する大規模な専門学校にとっても、資格への受験対策を超える

内容の教育を行うためには、職業の現場での実践を教育に集約するなんらかの仕組みが必要となるだろう。

　第二に、市場主義スキームは、学校と企業との力のバランスを圧倒的に企業よりに傾けることである。学校が「専門的・実践的」であろうとすると、企業の毎年のように変わる人材ニーズに受け身に応えるしかなくなる。学校という仕組みが弱みに転じてしまう。

　第三に、市場主義スキームは、企業と学校の時間的な視野を著しく短いものにし、余裕を奪う。教育や学習は中・長期的な営みである。企業のなかで技術を伸ばす技術者にとっても、中・長期的視野なくしては、学習の動機づけもありえないだろう。この中・長期的な学習の営みに位置づいてこそ、学校における職業教育も意味をもちうる。これは準備教育の問題としてもそうであるし、再教育・学習の問題でも同様だ。

　IT産業は、歴史的にも慢性的な人材不足で、企業内教育でそれを解消することはできなかった。市場主義スキームは、これまで以上に企業内教育を重要とするが、他方で人材を養成するゆとりを奪い、人材不足に拍車をかける。アジアからの人材の収奪しか道は残らないだろう。

　筆者は、学校と企業とを質的・量的に媒介する仕組みの、再構築に着手するしかないと考える。締めくくるにあたって、本研究から示唆される、この新たな仕組みを考える上での論点を提示したい。

①専門学校のカリキュラムについて、一律な中央集権的政策と市場主義スキームの間に、中間的な範囲を考えることはできないのか、という「範囲の問題」である。地域労働市場の特徴と結びつけた人材育成は考えられないのか。これは同時に、地域労働市場を代表する組織の問題を提起する。

②企業における技術革新の動向を見通しをもって人材養成に結びつける「再帰性を確保する仕組み」や、人材養成と雇用を量的に「調整する仕組み」等の、市場主義スキームに代わる仕組みの模索である。前者では、企業の個別的な人材ニーズを超えた横断的な人材類型と、それを確定し、カリキュラムに練り上げる組織が重要になろう。後者では、養成の「入り口」での調整、さらに養成と雇用の調整という二重の調整と、この両者を連動させる仕組みが問題になってくる。

③「教育の制度的な安定性と変化への対応力の両立」である。市場主義スキームは、制度的な安定性を下げることによって、変化への対応力があがると仮定している。刹那的な対応でなく、専門学校の教育資源の有効な活用を図るためにも、中・長期的な視野で経営戦略がたてられるような制度的な安定性が現在では、特に重要である。

その意味で、「21世紀専門学校研究会議」の提起する「専門大学」構想を評価したい[2001]。普通教育とは一線を画する、高等職業教育も包摂した職業教育の体系をつくるべきだ。制度的な基盤の脆弱な教育組織の不毛な差別化競争に歯止めをかけるためである。

④「個別の企業を超える実践的な教育の場をどうつくるか」という問題である。これには人材養成の全体像を異にする三つの方法が考えうる。この方法の違いによって学校の位置と役割が変わってくる。

まず、現在でも部分的に行われている企業におけるインターンシップを、先に述べたような個別の企業の特殊性を超えた横断性もたせるように改良することである。次に、「地域ソフト法」が目指したような「実践SE」養成のための企業外OJT施設（学校）をつくることである。最後に、低調になった企業内教育を活性化する、なんらかの規制や支援と同時に、技術者の企業を超えた横断的な移動を奨励する制度（再教育・追加教育のための機関創設も含めて）を構築することである。この場合は、産業全体が働く場であり「学校」であろう。

筆者は、この学校と企業を媒介する、市場主義スキームにかわるモノのイメージは、個別の企業を超える職業という存在の存否にかかっていると思う。その意味で、新しい労働組合のあり方に関わって職能組合主義を主張する木下武男氏の提案を示唆的なものとして受け止めたい[1996]。職能という新しい「結集軸」は、これからの職業教育の理念に重なってくる。総じて、社会的な存在として「職業」をどうつくるか、という問題が枢要であり、これは新しい労働運動の課題であるが、間違いなくこれからの職業教育の課題でもある。

〔注〕
(1)「e-Japan2002プログラム」では、文部科学省の大学・大学院改革の展望がひらけた

こともあって「IT関連専攻の新設・改組や入学定員の増加等」を強く打ち出している。IT関連の修士・博士号取得者の増加のねらいである。研究者の確保としては、一つの打開策であろうが、技術者の確保という点では疑問が残る。本稿全体の趣旨とも関わるが、実際の労働実践と分離された教育の効果は限定的だ。

(2) IT（情報技術）という言葉の使われ方は多様である。情報人材養成政策においても、時期によって、「ソフトウェア人材」、「情報化人材」と違っている。ITが一般的に使われるようになってからは、「IT人材」と呼ばれる場合も多い。ところで、IT産業と呼ぶ場合は、通信業等も含めるが、狭くとった場合には、コンピュータ産業と情報サービス産業を意味すると考えられる。このように、IT産業で働く技術者がIT人材とぴったり重なるわけではないことに注意が必要だ。ここでIT人材という場合には、「情報処理技術者試験」が対象とする技術者カテゴリーをさすと暫定的に考えておきたい。そのため時期によって問題となる人材像は異なる。専門学校の学科名称との整合性にも配慮し、ゆるやかな定義で「情報系」と呼ぶことにしたい。注(3)も参照のこと。

(3) 90年代以降の「情報系」という規定について詳しくは、3節2項を参照。専門学校の変化をみるために、ここでは情報処理技術者より、コンテンツ作成も一部加えて、広いカテゴリーとして考えている。

(4) 『情報産業の人的資源管理と労働市場』[「中小情報関連産業の雇用・労働問題に関する調査研究」研究会、2000] 等を参照した。

(5) 専門学校は、学校教育法においても未だ「一条校」ではなく、私立が多くを占めており、十分な公的財政的な援助を受けていない。また、専門学校の教育分野は多彩で、主にサービス産業分野を対象にしたものが多い。所管する官庁は、職業資格の取得に関連する「養成施設指定制度」を根拠にして、指定校になる専門学校のカリキュラム編成にも大きな規制力をもっている。これらそれぞれの分野に応じた専門学校の研究の必要性をもたらしている [韓民、1996]。

(6) 全国的な情報処理教育のレベルアップを図るため、旧通産大臣が、各地域の優れた情報処理教育機関を、「情報大学構想」を推進するための連携機関として委嘱を行った。CAITは、専門学校に対して、インストラクター研修、各種教育ノウハウの提携等により、「全面的なバックアップ」を行った。CAITが開発した情報処理技術の教材（CAROL）の先行使用と使用報告の義務も含め、CAITの実践部隊となった [通商産業省機械情報産業局監修、1990]。

(7) 注(1)でも述べたように、「情報大学構想」の放棄は、政府による大学・大学院改革にめどがついたこととの関係もあるように思う。ただし、これが問題解決に通じるかには、筆者は疑問をもっている。

(8) 専門学校の差別化の型が学生の職業志向性をリードする弊害については、拙稿[浅川、2001] を参照のこと。

〔参考文献〕

浅川和幸 [2001]、「情報処理産業と専門学校―北海道の情報系専門学校を事例に」『調査と社会理論』研究報告書18（北海道大学教育学部教育社会学研究室）。

伊東維年 [1994]、「地域情報化政策の再検討―地域ソフトウェアセンターとソフトウェア技術者の育成をめぐって」『経済学研究（九州大学経済学会）』60（3・4）。
韓民 [1996]、『現代日本の専門学校』玉川大学出版部。
木下武男 [1996]、「いま、なぜ職能ユニオンか―"労働市場の二元化"と『職能』的結集軸―」『賃金と社会保障』No.1976。
「中小情報関連産業の雇用・労働問題に関する調査研究」研究会 [2000]、『情報産業の人的資源管理と労働市場』日本労働研究機構調査研究報告書、No.134。
通商産業省機械情報産業局監修 [1990]、『ソフト人材の地域展開―地域ソフト法の解説を中心として―』通産資料調査会。
通商産業省機械情報産業局監修 [1999]、『戦略的情報化投資による経済再生を支える人材育成　産業構造審議会情報産業部会「情報人材対策小委員会」中間報告』通産資料調査会。
通商産業省機械情報産業局編 [1987]、『2000年のソフトウェア人材　高度情報化社会を担う人材育成について（産業構造審議会情報産業部会人材対策小委員会提言）』コンピュータ・エージ社。
通商産業省機械情報産業局編 [1993]、『新情報革命を支える人材像―ソフト新時代をめざして―（産業構造審議会情報産業部会中間報告）』コンピュータ・エージ社。
通商産業省機械情報産業局編 [1994]、『ソフト新時代と人材育成《改訂版》』通産資料調査会。
㈶日本情報処理開発協会編 [2001]、『情報化白書　IT社会の実現に向けて』コンピュータ・エージ社。
日本電子専門学校 [1995]、「専修学校におけるマルチメディア教育」『文部時報』No.1423。
三原詰章夫 [1994]、『産学協同教育への挑戦』実教出版。

投稿論文

⟨Abstract⟩

Special Training School and Vocational Education
―― With Special Reference to Special Training School in Hokkaido
in the Field of IT ――

Kuzuyuki Asakawa

(Hokkaido University)

This paper aims to examine the changes of special training school of IT, and to point out a new direction for vocational education.

In general, firms in Japan played a leading role in the vocational education of their employees. But until recently, special training schools were most important providers of vocational education in the field of IT.

In the late 1990s, due deregulation in education in general, vocational education was rendered into something that doesn't deserve it's name.

At present, IT industry is facing the problems of the shortage of engineers. Because in-house education cannnot provide enough engineers, so Japan goverment promotes emigration of Indian IT engineers.

A new direction for vacational education is suggested to replace in-house education.

書評

1 山下　充著
　『工作機械産業の職場史 1889 − 1945
　　──「職人わざ」に挑んだ技術者たち──』　　　柴田　弘捷

山下　充著
『工作機械産業の職場史 1889−1945
── 「職人わざ」に挑んだ技術者たち──』
（早稲田大学出版部、2002年、A5判、x＋251頁、4,800円）

柴田　弘捷
(専修大学)

　日本の明治維新後の工業化、戦後の工業化の「成功」の一翼を担ったのは機械装置の良好な生産性にあったことに間違いはないであろう。しかし、その機械装置は明治維新後も、そして戦後のそれも日本の発明品ではなく、まずは欧米から輸入したものであった。それでは何ゆえ輸入したものでありながら欧米よりも高い生産性を確保できたのであろうか。それは輸入された機械装置の改良・改善にあった。つまり、輸入機械の分解・再組立、調整をしながら機構を理解し、設計し、試作し、生産する──この過程で改良・改善を行う──という「一号機輸入、二号機以降国産の開発方式」であった。

　この過程で重要な役割を果たしたのは技術者であった。しかし、近年の機械装置の「開発」(改良・改善)は、熟練技能者を積極的に参加させ技術者との協働のチームを組織的に編成して行うのが一般的になっている。つまり、機械装置の「開発」は技術者と熟練技能者との協働による方がより生産的であることが明らかになっているからであろう。この点、NHKの「プロジェクトX」という番組は示唆的である。

　ところで、戦前の機械装置の「開発」(改良・改善)過程における技術者と技能者の関係はどうであったのであろうか。

　戦前・戦中の工作機械産業の歴史分析を実証的に重ねている沢井実は、明治期「導入すべき適切な技術の選択からその技術を基礎にした工場・鉱山の安定的な運営に至るまでの長い過程において」生じた「さまざまな問題」に対して、お雇い外国人技術者が帰国してからは、その「解決に中心的役割を果たしたのが、日本で技術教育を受けた日本人技術者であった」述べ、生産システムの改良・改善における技術者の果たした役割の重要性を明らかにしている（沢井「重化学工業化と技術

者」宮本又郎・阿部武司編『日本経営史2 経営革新と工業化』岩波書店、1995年、176頁）。同時に、熟練労働者の存在の重要性を指摘しているが（同202頁）、工作機械産業においては、「日露戦争後においても生産現場への学校出の技術者の進出は限定的であり、その日常的な運営は豊富な経験を有する現場上がりの幹部職員によって主導されて」おり、1910年代においても技術者の「生産の現場への進出は依然として限界があった」のであるが、技術導入の業務自体は学校出の技術者によってになわれていた」（同208頁）。しかし、「機械加工・組立工程が職工の熟練に決定的に依存して」おり、「学校出の技術者が介入できない、または把握不可能な、直接作業者とその集団の領域あるいは熟練の世界」、「学校出の技術者にとってはブラックボックスのように映じる生産現場、あるいは熟練の世界」（同215頁）が存在していたとし、技術者と現場熟練労働者との断絶を述べているが、技術者と熟練労働者とのコミュニケイションについては言及されていない。

　はたして、技術者と技能者（特に熟練工）との何らかの「共同作業」がなくして、より生産性の高い機械装置の「開発」が可能なのであろうか。必ずや何らかの形での「共同作業」が存在していたのではないであろうか。

　本書はこの問題に真っ正面から答えるものである。すなわち、戦前期の工作機械企業における機械の設計プロセスにおいて、限定的ではあるが技術者と技能者との「共同作業」があったこと、およびその「共同作業」の内容（性質）を、「生産合理化」との関連で実証したものである。

　まずは本書の成り立ちと内容を紹介しておこう。

　本書は、著者の大学院生時代の3年間（1996～98年）にわたる工作機械企業の調査研究に基づき、戦前期日本の工作機械産業の「合理化」・製品開発過程における技術者と技能者の情報交換・コミュニケーションの実態とその意味について明らかにしようとしたものである。

　本書の調査研究の具体的な対象および方法は以下のとおりである。

　調査研究対象は明治中期から第二次大戦までの工作機械メーカー、池貝鉄工と日立精機（1941年に合併し日立精機となる東京瓦斯電気工業、国産精機、篠原機械を含む）であり、対象企業に関する各種資料（対象企業および調査協力者の提供資料、社史、伝記等の刊行資料）と当時の関係者20名（上記対象企業に戦前期勤務していた技術者11、技能者6、事務職3）への聞き取りである。それを歴史社会学の

立場から「職場史」として構成したものである。

　本書は序章から終章まで以下の5章構成となっている。
　　序　　章　　課題と方法
　　第1章　池貝鉄工所──池貝喜四郎の「互換性生産」と早坂力の「多量生産」
　　第2章　日立精機「合併前」──転換期の技術者と技能者
　　第3章　日立精機「合併後」──W.ゴーハムの設計・生産合理化
　　終　　章　　結　論

　序章では、「技術者、役付工、熟練工の相互関係に注目し、生産現場の歴史的特徴を社会学の立場から考察すること」、つまり「生産現場の歴史をそこにおいて生成する社会関係」とくに「技術者と技能者の生産現場における日常的な相互関係」を「設計部門と現場の情報交換」に焦点を当て、戦前の「技術者の現場主義」と「生産管理・生産技術の合理化手法」の性格を明らかにすることを課題として提起している。そして、これまでの日本の社会学、経済学、経営史、労働史等の分野からの研究の整理がなされ、それらの研究は、技術者による生産管理・生産技術の展開については詳細に考察されているが、技能者（役付工、熟練工）との関係、戦前の身分制の位置付け等社会的側面の考察が不十分ないし欠落しているとし、これらの点を明らかにすることこそ、戦前期の技術者の歴史的役割や生産管理・生産技術の性格、合理化の実相をとらえる上で重要な点であると位置付ける。

　具体的には、各種資料の分析と当事者からの聞き取りにより「設計をめぐる部門間のやりとり」と「技術者と技能者との相互関係を通じて技術者に生じた変化」に着目して、戦前期の「合理化の実相」の迫ることを課題としている。

　以下、第1章から第3章について技術者と技能者との関係の分析に焦点をあてて紹介しておこう。

　第1章では、1889年に設立され、同年国産旋盤第一号を生み出し、近年まで日本の工作機械メーカーの中核企業の一つであった池貝鉄工所（→池貝鉄工→池貝）の戦前期を対象に、その創業期から製品企画と製造の中心的役割を果たした池貝喜四郎（職工出身、創設者池貝庄太郎の弟）、および第一次大戦後の生産方式の合理化と旋盤の量産化（「多量生産」）に貢献した早坂力（東京工業学校出身の技術者）の活動を事例に、池貝鉄工所の合理化過程と技術者と現場（技能者）との関係の明が明らかにされる。そこに見られる技術者と技能者との情報交換の特徴を、企業

内身分制との関連で次のように分析する。

　池貝では、設計部門と現場の職長が協議する制度は公式には存在しなかったが、さまざまな場面で設計に関わる情報交換が存在していた。それは「生産現場の技術的問題を解決し、技術者と現場との連絡役として重要な役割」を果たす各職場にその分野に秀でた現場の技術者＝「工師」（正式な職制ではない工具の最高位）の存在と、工具出身の技能者でも伍長以上は社員扱いとなっていたことにより、「工員の一部（伍長層以上―評者）と技術者との職種間の技術的コミュニケーションが円滑に行われる社会的条件が整っていた」ことによる。しかし、設計技術者が現場に行くことは「個人的判断」であり、「技術者は自分にとっての技術的課題を解決するために、職長層と選択的に接触」するという「限られた人の間のコミュニケーション」、「制度化されていないインフォーマルなもの」であり、「工師」に象徴される技能者の技能への「敬意」を基礎にしていた。

　第2章では、1941年に合併して日立精機となる、東京瓦斯電気工業の工作機械部門、国産精機、篠原機械製作所を対象に、大正から昭和初期の工作機械メーカーの合理化と技術者と技能者との関わりが検討される。

　第3章では、合併後の日立精機の川崎工場（合併前の東京瓦斯電気工業の大森工場＝造機部を継承）を対象に、徹底した生産合理化を実現したW.ゴーハムの思想と行動を通して設計プロセスにおける技術者と現場技能者との情報交換の特質が分析される。

　ゴーハムは、生産現場の職制支配、職工支配体制の打破、技術者による管理につながる、工程裁量を削減するための「図面の詳細化」（作業者の意志の介入ができないような図面）と生産の容易さを重視した「生産設計」を進めること（そのために設計技術者に現場経験を積むことを要求）により、設計と現場を行き来するゴーハム自体が情報媒体となり、また図面が情報伝達媒体の役割を果たすことにより、「技術者と現場技能者とのあいだの対面的な情報交換の重要性は低下した」点を明らかにしている。

　終章「結論」では、1章から3章までの内容が、1「情報交換の歴史的意義」、2「戦前期の合理化」、3「結語――戦前期の技術者と技能者」としてまとめられている。

　1では、戦前期の技術者と技能者の情報交換は、設計者＝技術者の「個人的判断」にもとづき「現場の加工・組立の方法を知るために、現場役付工から必要な情

報を得る」タイプと設計のさまざまな段階で「図面を媒介とした話し合い」をするタイプとがあったこと、それは共に現場経験を備えた技能者と生産に関わる知識に乏しい技術者との「知的な補完関係」としてあった。しかし、それは「限定的な共同作業」の域を出ていなかった。つまり、企業として組織的に行われたのではなく、技術者の「個人的判断」にもとづいた「インフォーマル」なものでしかなかった。その理由は、良い設計とは元になる外国製品の忠実なコピーであり、そこに修正を加えるのは改悪につながる、という「当時の技術的な問題」——というよりも当時の「技術思想」と言うべきであろう(評者)——と学歴を背景とした権威的存在としての技術者(職員)と職工としての技能者という「身分的関係」が壁(企業内の社会関係の反映)になって、組織化、制度化されなかった。

2では戦前期の合理化の特徴が次のように分析される。
①「科学的管理法」が工務部門の設置を中心とした組織合理化として導入されていた。
②「互換性生産方式」や「治工具」を導入し、「工作図」(部品の加工手順ごとに加工要領を記載したもの)と部品検査の徹底により、未熟練でも作業が可能となり高い生産性をあげた。

戦前の製品開発、設計、生産管理等で日本の技術者と一線を画していたW. ゴーハムは図面に加工に必要な技術情報を詳しく記載した「生産設計」を奨励し、設計者に生産工程の知識を要求し、現場技能者が判断していた作業のいくつかを取り除いた。

3では、技術者の現場主義的態度は、協調的関係の基盤ではなく、広範な合理化の解決策を見い出すための「探求的な態度」であり、「現場の技能者たちのウデに敬意を払いつつも、技術者の主導権確立をめざす」ものであり、技能者との対峙の中から徐々に形成された態度であった」としている。

「このような技術者の意識形成と生産現場における主導権獲得の試み、解決方法の模索がこの時期(戦前期合理化過程)の生産現場の特徴」である、とする。

本書の最大の功績は、この戦前期における「技術者と技能者との情報交換の存在」の「発見」とその「実態」およびそれを「生産合理化」との関係で明らかにしたことにある、と言えるだろう。

すなわちは、戦前期生産合理化過程で、日本の工作機械の改良・開発過程における技術者と技能者の関係、具体的な仕事（本書の場合は設計）に関わる問題をめぐって現場の技能者と生産合理化の推進者となった技術者との緊張をはらみつつ展開される情報交換（「共同作業」）の存在とその実態を明らかにしこと、そして「日本的生産システム」と言われる戦後期との異同と連続性（戦前期―職工身分制を前提とした技術者主導のインフォーマルな情報交換、戦後―身分格差の撤廃と平等を前提とした組織的な協力関係）を明確にすることにつながる業績であると評価できる。

 本書に関して評者の若干の疑問点を以下に述べておこう。
 一つは技術者と技能者とのコミュニケーション(共同)における「身分制」の問題である。両者の協力関係のあり方に身分制の存在が一定の限界をあたえていたことは事実であろうが、身分関係よりも技能者のウデに技術者が依拠せざるを得なかった、だから技能者のウデに対するの評価（制度化された身分としての「工師」も含めて）によるインフォーマルな選択的接触となったのではないか。
 二つ目は、技術者の「個人的」資質にもとづく技能者との情報交換という共通点があっても、池貝の現場の経験的知恵借り型と「設計と現場の分離」を目指すための技術者の現場経験の重視型のゴーハムの違いをどう理解すればよいのだろうか。戦前期は歴史的に池貝型からゴーハム型に歴史的に変化した、と理解すればよいのか、違ったタイプの併存と理解すればよいのか。前者であるならば、変化を促した要因は何なのであろうか。後者の場合だとすると、本書の主題の一つ「戦前期の生産合理化過程の分析」という観点からみた場合どう評価すればよいのであろうか。
 これとの関連で、第2章の副題が「転換期の技術者と技能者」となっているが、「転換期」とは具体的にどういうことなのであろうか。池貝型からゴーハム型への転換への橋渡しをしたということになるのであろうか。この点の分析、評価、位置付けが不十分ではないであろうか。
 なお、ゴーハム評価については、技術者からの評価と『ゴーハム伝』に依拠しすぎているきらいがあるという印象を受ける（「伝記」は主人公を美化することが往々にしてある）。技能者からの評価はどうであったのだろうか。

ともあれ、今後、工作機械メーカーだけでなく、さらに分野を広げ研究を重ね、戦前の製造業の「合理化」・製品開発過程の特質と「合理化」あるいは「開発」における技術者と技能者の関係について実証的に分析され、その戦前と戦後の異同・連続性をに明らかにされることを期待したい。

　最後に、本書が主要な研究対象とした池貝鉄工所（現・池貝）の事実上の倒産（2001年）に言及されているが(序章の注19)、日立精機も2002年に同じく事実上倒産したことを付け加えておこう。ここに、本書の課題とは別であるが、倒産要因の分析から日本の戦前からの歴史をもつ工作機械メーカーの持っている問題点を見い出すことが可能かもしれないと感じる。

　以上で、著者のような若い研究者が時間をかけてこのような地道な実証研究をされ続けていることに敬意を表し、かつ評者の知識・能力不足もあってまだ十分読み切れず誤読・誤解により著者に失礼をしてしまってる点があることを恐れながら、評者の責任を果たすこととしたい。

日本労働社会学会会則

(1988年10月10日　制定)
(1989年10月23日　改訂)
(1991年11月5日　改正)
(1997年10月26日　改正)
(1998年11月2日　改正)

[名　　称]

第1条　本会は、日本労働社会学会と称する。

　　2　本会の英語名は、The Japanese Association of Labor Sociology とする。

[目　　的]

第2条　本会は、産業・労働問題の社会学的研究を行なうとともに、これらの分野の研究に携わる研究者による研究成果の発表と相互交流を行なうことを通じて、産業・労働問題に関する社会学的研究の発達・普及を図ることを目的とする。

[事　　業]

第3条　本会は次の事業を行う。

(1)　毎年1回、大会を開催し、研究の発表および討議を行なう。

(2)　研究会および見学会の開催。

(3)　会員の研究成果の報告および刊行(年報、その他の刊行物の発行)。

(4)　内外の学会、研究会への参加。

(5)　その他、本会の目的を達成するために適当と認められる事業。

[会　　員]

第4条　本会は、産業・労働問題の調査・研究を行なう研究者であって、本会の趣旨に賛同するものをもって組織する。

第5条　本会に入会しようとするものは、会員1名の紹介を付して幹事会に申し出て、その承認を受けなければならない。

第6条　会員は毎年(新入会員は入会の時)所定の会費を納めなければならない。

　　2　会費の金額は総会に諮り、別途定める。

　　3　継続して3年以上会費を滞納した会員は、原則として会員の資格を失うものとする。

第7条　会員は、本会が実施する事業に参加し、機関誌、その他の刊行物の実費配布を受けることができる。

第8条　本会を退会しようとする会員は書面をもって、その旨を幹事会に申し出なければならない。

　　［役　　員］

第9条　本会に、つぎの役員をおく。
- (1)　代表幹事　1名
- (2)　幹　　事　若干名
- (3)　監　　事　2名

　　　　役員の任期は2年とする。ただし連続して2期4年を超えることはできない。

第10条　代表幹事は、幹事会において幹事の中から選任され、本会を代表し会務を処理する。

第11条　幹事は、会員の中から選任され、幹事会を構成して会務を処理する。

第12条　監事は、会員の中ら選任され、本会の会計を監査し、総会に報告する。

第13条　役員の選任手続きは別に定める。

　　［総　　会］

第14条　本会は、毎年1回、会員総会を開くものとする。

　　2　幹事会が必要と認めるとき、又は会員の3分の1以上の請求があるときは臨時総会を開くことができる。

第15条　総会は本会の最高意思決定機関として、役員の選出、事業および会務についての意見の提出、予算および決算の審議にあたる。

　　2　総会における議長は、その都度、会員の中から選任する。

　　3　総会の議決は、第20条に定める場合を除き、出席会員の過半数による。

第16条　幹事会は、総会の議事、会場および日時を定めて、予めこれを会員に通知する。

　　2　幹事会は、総会において会務について報告する。

　　［会　　計］

第17条　本会の運営費用は、会員からの会費、寄付金およびその他の収入による。

第18条　本会の会計期間は、毎年10月1日より翌年9月30日までとする。

[地方部会ならびに分科会]
第19条　本会の活動の一環として、地方部会ならびに分科会を設けることができる。

[会則の変更]
第20条　この会則の変更には、幹事の2分の1以上、または会員の3分の1以上の提案により、総会の出席会員の3分の2以上の賛成を得なければならない。

[付　　則]
第21条　本会の事務執行に必要な細則は幹事会がこれを定める。
　　2　本会の事務局は、当分の間、代表幹事の所属する機関に置く。
第22条　この会則は1988年10月10日から施行する。

編集委員会規定

(1988年10月10日　制定)
(1992年11月3日　改訂)

1. 日本労働社会学会は、機関誌『日本労働社会学会年報』を発行するために、編集委員会を置く。
2. 編集委員会は、編集委員長1名および編集委員若干名で構成する。
3. 編集委員長は、幹事会において互選する。編集委員は、幹事会の推薦にもとづき、代表幹事が委嘱する。
4. 編集委員長および編集委員の任期は、幹事の任期と同じく2年とし、重任を妨げない。
5. 編集委員長は、編集委員会を主宰し、機関誌編集を統括する。編集委員は、機関誌編集を担当する。
6. 編集委員会は、会員の投稿原稿の審査のため、専門委員若干名を置く。
7. 専門委員は、編集委員会の推薦にもとづき、代表幹事が委嘱する。
8. 専門委員の任期は、2年とし、重任を妨げない。なお、代表幹事は、編集委員会の推薦にもとづき、特定の原稿のみを審査する専門委員を臨時に委嘱することができる。
9. 専門委員は、編集委員会の依頼により、投稿原稿を審査し、その結果を編集委員会に文書で報告する。
10. 編集委員会は、専門委員の審査報告にもとづいて、投稿原稿の採否、修正指示等の措置を決定する。

付則1.　この規定は、1992年11月3日より施行する。
　　2.　この規定の改廃は、編集委員会および幹事会の議を経て、日本労働社会学会総会の承認を得るものとする。
　　3.　この規定の施行細則(編集規定)および投稿規定は、編集委員会が別に定め、幹事会の承認を得るものとする。

編集規定

(1988年10月10日　制定)
(1992年10月17日　改訂)
(幹事会承認)

1. 『日本労働社会学会年報』(以下本誌)は、日本労働社会学会の機関誌であって、年1回発行する。
2. 本誌は、原則として、本会会員の労働社会学関係の研究成果の発表に充てる。
3. 本誌は、論文、研究ノート、書評、海外動向等で構成し、会員の文献集録欄を随時設ける。
4. 本誌の掲載原稿は、会員の投稿原稿と編集委員会の依頼原稿とから成る。

年報投稿規定

(1988年10月10日　制定)
(1992年10月17日　改訂)
(2002年 9月28日　改訂)
(幹事会承認)

1. 本誌に発表する論文等は、他に未発表のものに限る。他誌への重複投稿は認めない。既発表の有無、重複投稿の判断等は、編集委員会に帰属する。
2. 投稿された論文等の採否は編集委員会で審査の上、決定する。なお、掲載を決定した論文等について、より一層の内容の充実を図るため、補正、修正を求めることがある。
3. 原稿枚数は、原則として400字詰原稿用紙60枚以内とする。
4. 書評、その他の原稿枚数は、原則として400字詰原稿用紙20枚以内とする。
5. 投稿する会員は、編集委員会事務局に、審査用原稿コピーを2部送付する。
6. 原稿は所定の執筆要項に従うこととする。

日本労働社会学会役員名簿

幹　　事(任期　2000.11.21～2002.11.20)

河西　宏祐	(早稲田大学)	代表幹事	
北島　　滋	(宇都宮大学)	副代表幹事、『年報』編集担当	
鈴木　良始	(同志社大学)＊	研究活動担当	
兵藤　淳史	(専修大学)＊	同　　上	
中村　眞人	(東京女子大学)	同　　上	
松戸　武彦	(南山大学)＊	同　　上	
吉田　　誠	(横浜市立大学)	同上、『労働社会学研究』担当	
渡辺　雅男	(一橋大学)	研究活動担当	
青木章之介	(日本労働研究機構)＊	『年報』編集担当	
市原　　博	(城西国際大学)	同　　上	
山田　信行	(駒澤大学)＊	同　　上	
鈴木　　玲	(法政大学)	『労働社会学研究』担当	
清山　　玲	(茨城大学)	同　　上	
土田　俊幸	(長野大学)＊	同　　上	
佐藤　守弘	(常磐大学)＊	全般担当	
中囿　桐代	(釧路公立大学)＊	北海道地区担当、『年報』編集担当	
中田　重厚	(明星大学)＊	全般担当	
大黒　　聰	(東京自治問題研究所)	会計担当	
林　　大樹	(一橋大学)	『通信』編集、事務局担当	

＊(選任幹事)

監　　事

　　大梶　俊夫(創価大学)
　　八木　　正(広島国際大学)

年報編集委員会

　　山田　信行(委員長)
　　青木章之介
　　市原　　博
　　北島　　滋
　　中囿　桐代

事　務　局

　　林　　大樹

編 集 後 記

◆今年もなんとか『年報』の刊行にこぎつけることができました。年報編集委員、執筆者の皆様、および東信堂の二宮義隆氏のご協力に感謝いたします。

◆昨年までと比べて、ややコンパクトなものになりましたが、二つの特集をはじめとして内容は充実したものが刊行できたのではないかと思います。前任の編集委員会から継続して取り組んできた「フィールド調査"職人芸"の伝承」という特集企画も今回で3回目を迎えました。3回目の特集は、北海道地域で長年調査研究に従事してこられた会員の方々に執筆の労をとっていただきました。これで、ほぼ日本全国の調査研究の営みを網羅したことになり、この企画も一段落着くかたちになりました。今後、この企画をどのように継承するかは、新しい編集委員会の判断に委ねられることになります。

◆『年報』も13号を数えることになり、投稿申し込みも増えてきました。これに伴って、現状の投稿募集も見直す必要が出てきたようです。今号までの原稿募集には、他誌との重複投稿を禁じることが明記されておりません。いうまでもなく、『年報』への投稿は未発表のものに限られます。『労働社会学研究』も含めて、他誌への重複投稿ができないことを確認しておきたいと思います。

◆2年間にわたって編集委員長を担当させていただきましたが、スケジュールや編集作業の進め方に関して改善点はいろいろあるように思います。これらについては、次期編集委員会に委ねたいと思います。『年報』の発展をお祈り申し上げます。

(山田　信行)

ISSN 0919-7990

日本労働社会学会年報 第13号
―新しい階級社会と労働者像―
2002年11月10日　発行

□編　集　日本労働社会学会編集委員会
□発行者　日本労働社会学会
□発売元　株式会社 東信堂

日本労働社会学会　事務局
〒186-8601　国立市中2-1
一橋大学社会学研究科　林 大樹研究室
TEL　(042)580-8655
FAX　(042)580-8640

株式会社 東信堂
〒113-0023　文京区向丘1-20-6
TEL　03-3818-5521
FAX　03-3818-5514
E-mail　tk203444@fsinet.or.jp

ISBN4-88713-467-3　C3036

「日本労働社会学会年報」

日本労働社会学会年報4
日本労働社会学会編

〔執筆者〕大梶俊夫・吉田誠・浅生卯一・鎌田とし子・鎌田哲宏・R.マオア・神谷拓平・萬成博ほか

A5／198頁／2913円　4-88713-180-1　C3036〔1993〕

日本労働社会学会年報5
日本労働社会学会編

〔執筆者〕伊賀光屋・三井逸友・藤井史朗・R.マオア・辻勝次ほか

A5／190頁／2913円　4-88713-211-5　C3036〔1994〕

「企業社会」の中の女性労働者
──日本労働社会学会年報6──
日本労働社会学会編

〔執筆者〕能沢誠・木本喜美子・橋本健二・湯本誠・野村正實・山下充・蔡林海ほか

A5／210頁／2913円　4-88713-227-1　C3036〔1995〕

「企業社会」と教育
──日本労働社会学会年報7──
日本労働社会学会編

〔執筆者〕岩内亮一・猿田正機・竹内洋・苅谷剛彦・乾彰夫・山田信行・中囿桐代・京谷栄二ほか

A5／194頁／2913円　4-88713-257-3　C3036〔1996〕

転換期の「企業社会」
──日本労働社会学会年報8──
日本労働社会学会編

〔執筆者〕藤田栄史・長井偉訓・京谷栄二・北島滋・山田信行・仲野(菊地)組子・樋口博美・鎌田とし子・鎌田哲宏ほか

A5／248頁／3300円　4-88713-282-4　C3036〔1997〕

労働組合に未来はあるか
──日本労働社会学会年報9──
日本労働社会学会編

〔執筆者〕高橋祐吉・設楽清嗣・伊藤みどり・嵯峨一郎・河西宏祐・浅野慎一・合場敬子・駒川智子・池田綾子・土田俊幸・八木正ほか

A5／296頁／3300円　4-88713-316-2　C3036〔1998〕

国境を越える労働社会
──日本労働社会学会年報10──
日本労働社会学会編

〔執筆者〕秋元樹・山田信行・T.グローニング・A.イシ・塩沢美代子・田中直樹・河西宏祐・鎌田とし子・佐藤守弘・柴田弘捷・遠藤公嗣・橋本健二・京谷栄二・鎌田哲宏・鈴木玲ほか

A5／306頁／3300円　4-88713-345-6　C3036〔1999〕

在庫のお知らせ

フィールド調査"職人芸"の伝承
—日本労働社会学会年報11—
日本労働社会学会編

〔執筆者〕秋元樹・鎌田とし子・柴田弘捷・北島滋・田中直樹・河西宏祐・矢野晋吾・青木章之介・大槻奈巳・村尾祐美子・藤井治枝・渥美玲子ほか

A5／282頁／3300円　　4-88713-378-2　C3036〔2000〕

ゆらぎのなかの日本型経営・労使関係
—日本労働社会学会年報12—
日本労働社会学会編

〔執筆者〕藤田栄史・林大樹・仲野(菊地)組子・木下武男・辻勝次・八木正・嵯峨一郎・木田融男・野原光・中村広伸・小谷幸・筒井美紀・大久保武ほか

A5／276頁／3300円　　4-88713-416-9　C3036〔2001〕

※ ご購入ご希望の方は、学会事務局または発売元・東信堂へご照会下さい。
※ 本体(税別)価格にて表示しております。

━━━━━━━━━━━━ 東信堂 ━━━━━━━━━━━━

【シリーズ 世界の社会学・日本の社会学 全50巻】

タルコット・パーソンズ ─最後の近代主義者─ 中野秀一郎 一八〇〇円

ゲオルク・ジンメル ─現代分化社会における個人と社会─ 居安 正 一八〇〇円

ジョージ・H・ミード ─社会的自我論の展開─ 船津 衛 一八〇〇円

奥井復太郎 ─都市社会学と生活論の創始者─ 藤田弘夫 一八〇〇円

新 明 正 道 ─綜合社会学の探究─ 山本鎭雄 一八〇〇円

アラン・トゥーレーヌ ─現代社会のゆくえと新しい社会運動─ 杉山光信 一八〇〇円

アルフレッド・シュッツ ─主観的時間と社会的空間─ 森 元孝 一八〇〇円

エミール・デュルケム ─社会の道徳的再建と社会学─ 中島道男 一八〇〇円

レイモン・アロン ─危機の時代の透徹した警世思想家─ 岩城完之 一八〇〇円

米田庄太郎 ─新総合社会学の先駆者─ 中 久郎 一八〇〇円

高田保馬 ─理論と政策の無媒介的合一─ 北島 滋 続刊

現代日本の階級構造 ─理論・方法・計量分析─ 橋本健二 四三〇〇円

現代環境問題論 ─理論と方法の再定置のために─ 井上孝夫 二三〇〇円

東京研究 3〜5 東京自治問題研究所編 二〇六〇〜三二〇〇円

日本労働社会学会年報 4〜13 日本労働社会学会編 二三八一〜三五〇〇円

社会と情報 1〜4 「社会と情報」編集委員会編 一八〇〇〜二〇〇〇円

【研究誌・学会誌】

労働社会学研究 1〜3 日本労働社会学会編 各二八〇〇円

社会政策研究 1・2 「社会政策研究」編集委員会編 三〇〇〇〜三八〇〇円

〒113-0023 東京都文京区向丘1—20—6 ☎03(3818)5521 FAX 03(3818)5514／振替 00110-6-37828

※税別価格で表示してあります。

東信堂

【現代社会学叢書】

書名	副題	著者	価格
開発と地域変動	開発と内発的発展の相克	北島滋	三二〇〇円
新潟水俣病問題	加害と被害の社会学	飯島伸子・舩橋晴俊編	三八〇〇円
在日華僑のアイデンティティの変容	華僑の多元的共生	過放	四四〇〇円
健康保険と医師会	社会保険創始期における医師と医療	北原龍二	三八〇〇円
事例分析への挑戦	個人・現象への事例媒介的アプローチの試み	水野節夫	四六〇〇円
海外帰国子女のアイデンティティ	生活経験と通文化的人間形成	南保輔	三八〇〇円
有賀喜左衛門研究	社会学の思想・理論・方法	北川隆吉編	三六〇〇円
現代大都市社会論	分権化する都市？	園部雅久	三二〇〇円
インナーシティのコミュニティ形成	神戸市真野住民のまちづくり	今野裕昭	五四〇〇円
ブラジル日系新宗教の展開	異文化布教の課題と実践	渡辺雅子	八二〇〇円
イスラエルの政治文化とシチズンシップ		奥山真知	三八〇〇円
正統性の喪失	アメリカの街頭犯罪と社会制度の衰退	G・ラフリー／宝月誠監訳	三六〇〇円
福祉国家の社会学	21世紀における可能性を探る［シリーズ社会政策研究1］	三重野卓編	二〇〇〇円
福祉国家の変貌	グローバル化と分権化のなかで［シリーズ社会政策研究2］	小笠原浩一・武川正吾編	二〇〇〇円
ホームレス ウーマン	知ってますか、わたしたちのこと	E・リーボウ／堀田恭子著／吉川徹・碓井香里訳	四八〇〇円
新潟水俣病問題の受容と克服		E・リーボウ／吉川徹訳	三二〇〇円
タリーズ コーナー	黒人下層階級のエスノグラフィ	E・リーボウ／吉川徹監訳	二三〇〇円

〒113-0023　東京都文京区向丘1-20-6　☎03(3818)5521　FAX 03(3818)5514／振替 00110-6-37828

※税別価格で表示してあります。